JN273914

Therapist Guide
When Children Refuse School :
A Cognitive-Behavioral Therapy Approach

不登校の認知行動療法
セラピストマニュアル

C.A.カーニー, A.M.アルバーノ 著

佐藤容子・佐藤寛 監訳

岩崎学術出版社

Copyright © 2007 by Oxford University Press, Inc.

WHEN CHILDREN REFUSE SCHOOL : A COGNITIVE BEHAVIORAL THERAPY APPROACH, THERAPIST GUIDE, SECOND EDITION was originally published in English in 2007. This translation is published by arrangement with Oxford University Press

目　次

第1章　セラピストのための基本的知識　1
第2章　アセスメント　13
第3章　事前相談セッションと治療セッションの進め方　31
第4章　ネガティブな感情を引き起こす学校に関連した刺激を回避するために学校に
　　　　行かない子ども　45
第5章　対人場面や評価される場面を回避するために学校に行かない子ども　79
第6章　周囲から注目を得るために不登校になっている子ども　115
第7章　学校の外で具体的な強化子を得るために学校に行かない子ども　147
第8章　つまずきと再発の予防　181
付　録　アセスメント尺度　189

文　献　199
監訳者あとがき　203
著者の紹介　205
索　引　207

†記録用紙等

　不登校行動の行動観察　20
　行動観察記録表　21
　記録日誌（子ども用）　26
　記録日誌（保護者用）　27
　不安と回避の階層表　50
　エクスポージャー記録用紙　92

†トピック

　トピック4.1　重度の苦痛を示す子どもへの薬物療法　46
　トピック4.2　ホームスクーリング　52
　トピック4.3　子どもに学校を休ませるのはどういう時か　56
　トピック4.4　バスに乗って通学できない子ども　62
　トピック4.5　日曜日の夜に憂うつになる　67
　トピック4.6　学校にいる時間を段階的に増やすための方法　70
　トピック5.1　パニック発作　82

トピック 5.2　課外活動　　88
トピック 5.3　完璧主義　　99
トピック 5.4　からかい　　108
トピック 5.5　体育の授業　　111
トピック 6.1　家で子どもと過ごすために仕事を休む親　　119
トピック 6.2　学校にいかず家にいる子ども　　132
トピック 6.3　午前中遅くに登校する　　143
トピック 7.1　504プランと個別教育プログラム　　151
トピック 7.2　オルタナティブ・スクール　　158
トピック 7.3　警察への通報　　165
トピック 7.4　起床に関する問題　　174

第1章　セラピストのための基本的知識

プログラムの背景と目的

　本書で扱う治療プログラムは，主に不登校行動を示す子どもを対象として作成されたものである。プログラムの内容は不登校行動の機能分析モデルに基づいており，長期欠席が何によって強化されているかによって子どもを分類している。

　①ネガティブな感情を引き起こす刺激を回避するために学校に行かない子どもには，心理教育，身体コントロール法，通常の学級場面への段階的エクスポージャー，および自己強化といった，子ども本人を対象とした治療法が用いられる。この治療パッケージは，不快な身体症状を減らし，学校に関連したさまざまな物や場面に子どもを触れさせ，出席を徐々に増加させることを意図したものである。

　②対人場面や評価される場面を回避するために学校に行かない子どもには，心理教育，身体コントロール法，認知再構成法，通常の学級場面への段階的エクスポージャー，および自己強化といった，子ども本人を対象とした治療法が用いられる。この治療パッケージは1つめに示したタイプのものとよく似ている。しかし，学校において対人場面や評価される場面を回避している子どもはより年齢が高く，認知面の成熟度も高いことが多いために認知再構成法が取り入れられている。このタイプでは，ロールプレイを含めた社会的スキル訓練も適用できる可能性がある。この治療パッケージは，鍵となっている学校内の場面で生じる社交不安やパフォーマンス不安を低減させ，社会的スキルや対処スキルを身につけて，出席を徐々に増加させることを意図して作成されている。

　③周囲から注目を得るために学校に行かない子どもには，親からの指示の出し方の変容，日常生活習慣の確立，出席に対するごほうびと欠席に対するペナルティの導入，過度に確認を求める行動の減少，および特定条件下での出席の強制といった，親を対象とした治療を実施する。この治療パッケージは，随伴性マネジメントを用いて親のコントロール力の再形成を目指す技法に基づいている。このタイプにおいても学校に徐々に戻ることが強調される。

　④学校の外で具体的な強化子を得るために学校に行かない子どもには，随伴性契約法，コミュニケーションスキル訓練，学校・学級での子どもへの付き添い，断り方スキルの訓練を含む，家族を対象とした治療が実施される。この治療パッケージは，出席に対するごほうびを増加させ，欠席することで得られていたさまざまな活動を抑制し，問題解決スキル，交渉スキル，コミュニケーションスキルの向上を目指すといった技法に基づいている。スーパービジョンや学校に徐々に戻ることも重視される。

　上記のうち，治療パッケージ①と②は主に子どもを対象としたものである。一方で，治療パッケ

ージ③は主に親を対象とし，治療パッケージ④は主に家族全体を対象としている。それぞれの治療パッケージは内容がかなり異なっているが，すべてに共通している目標は，子どもが学業場面にもう一度戻り，苦痛を最小限に抑えながら学校のすべての校時への出席を達成できるようになることである。

問題の焦点

不登校行動とは，子どもが自分の意志で学校に行こうとしないか，もしくは学級に1日中居続けることに困難を示している状態を指す。問題になるほどの学校の長期欠席は，歴史的にさまざまな形で定義されてきた。たとえば，「ずる休み（非行による長期欠席）」，「学校恐怖症（恐怖による長期欠席）」，「登校拒否（不安による長期欠席）」といった呼び名は一般的によく用いられてきたものであるが，**学校に行くことに問題を示している子どものすべての側面を表しているわけではない**。一方で「不登校行動」という用語は，学校への出席や学校に関連したストレッサーに対して，年齢相応にうまく対処することができないという子どもの状態を包括的に表す用語である。厳密には，不登校行動とは以下のいずれかに該当する5～17歳の子どものことを指す。

- 学校に一定の期間まったく登校していない
- 学校に来ても途中で帰ったり特定の授業を休んだりする
- 学校に遅れて来る（常態化した遅刻）
- 朝方学校に来る前に，休むために激しい問題行動（かんしゃく，動こうとしないなど）を示す
- 学校にいる間に強い苦痛を示して，もう学校には行きたくないと親や周囲の人に訴える

このように，不登校行動とは長期にわたって学校を欠席している子どもから，欠席はめったにしないものの相当な苦痛を感じながら登校している子どもまでを含む，連続性を持った概念である。さらに，不登校行動を示す子どもは登校パターンが変動することがよくある。たとえば，月曜日には欠席し，火曜日には遅刻して登校し，水曜日には午前中だけ出席して，木曜日は問題なく登校し，金曜日にはテストがあるのでしぶしぶ登校したりする。

初期の不登校行動はしばしば自然に軽快することが明らかにされているため，少なくとも2週間以上続いている事例か，それに満たない場合には家庭の日常的な機能が大きく損なわれている事例を**実質的な不登校行動**として定義する。2週間から1年にわたって続き，その期間の大部分に問題を示している事例を**早期の不登校行動**とする。また，1年以上，すなわち2学年以上にまたがって続いている事例を**慢性的な不登校行動**とする。

この不登校行動の定義に基づくと一部のケースは基準からはずれてしまうが，そうしたケースはこの治療ガイドブックの対象には含まれないことになる。主な**除外基準**は以下の通りである。

- 学校への出席に支障や問題をきたすような身体疾患（喘息など）がある
- 親が意図的に子どもを学校に行かせず，登校を禁止している

- 子どもの生活を大きく左右するような家庭状況がある（たとえば，ホームレスである，虐待から身を守るために家を離れているなど）
- 不登校行動に**先行する**精神医学的問題などが存在する（たとえば，学業不振，学習障害，うつ病，双極性障害，多動，素行障害，精神病，発達障害，物質乱用，動機づけの欠如など）
- 深刻な家庭機能不全（たとえば，極端な放任主義，親の監督不行き届きなど）
- 学校に精神的・身体的に脅威となる対象が存在する（たとえば，いじめ，生徒－教師間のトラブル），もしくは学校の教育的な意識が低い（子どものニーズに注意を払わないといった，合理的理由に欠けるもの）

　アメリカでは，特定の学校や地域において偏りは見られるものの，学齢期の子どもの28％が少なくとも1回以上の不登校を経験している。加えて，不登校の子どもの多くが内在化問題や外在化問題を示していることも特筆すべき点である。不登校行動は男子と女子に同じ割合で出現し，どのような社会経済状況の家庭にも同じように見られるのが通常である。不登校行動を示す子どもで最も多いのは10～13歳で，子どもが新しい学校に進学する5～6歳と14～15歳の時期にもピークがある。しかしながら，どの年齢層においても不登校行動を示す可能性はあると言える。

　不登校行動の大きな特徴はその**多様性**にある。すなわち，不登校行動には何十種類もの行動が含まれている。内在化問題の代表的なものは，全般性不安，社交不安，引っ込み思案，抑うつ，恐怖，疲労，そして身体愁訴（特に腹痛，頭痛，吐き気，振戦）である。外在化問題の代表的なものは，かんしゃく（泣く，叫ぶ，じたばたするなど），言語的・身体的攻撃，過度に確認を求める，まとわりつき，動こうとしない，不従順，学校の抜け出しや家出である。多くの子どもたちが複数の内在化問題や外在化問題を併せ持っている。

　不登校行動は，もし治療されないまま放置された場合には深刻な短期的・長期的問題に結びつく。短期的な問題としては，重大なストレス，学業成績の下降，孤立，法に触れるリスクの上昇，家族内のトラブル，日常的な家庭機能の深刻な崩壊，児童虐待や育児放棄の可能性，経済的な出費が含まれる。長期的な問題としては，大学進学の可能性が低くなることによる経済的窮乏，職業上の問題，結婚の問題，物質依存や犯罪行為，心理社会的機能の低下（不安や抑うつが多い）が含まれる。このように不登校行動は教育関係者や保健・精神保健関係者にとって，頻繁に見られる頭の痛い問題である。

この治療プログラムの開発とエビデンスについて

　不登校行動に対する伝統的治療法については本章において後述する。しかしながら，これらのアプローチの不利な点は，不登校行動の**すべての**ケースに適用できないことである。一方，この治療プログラムは，クライエントの個別の特徴に合わせて治療技法を応用することによって，不登校行動を示すすべてのケースに対応できるように作成されている。

　このガイドブックや子どもの臨床心理学においてよく用いられる治療技法には，系統的脱感作，認知再構成法，モデリングとロールプレイ，随伴性マネジメント，随伴性契約法，コミュニケーションスキル訓練といった要素が含まれている。このガイドブックでは，精神的問題を持つ子どもに

対するこれらの技法の有効性について詳しく述べることはしない（Mash & Barkley, 2006 を参照）。また，不登校行動や関連する問題への有効性についての全般的な議論についても他著に譲ることとする（Kearney, 2001, 2005 を参照）。

本書で紹介されている技法は不登校行動の機能分析モデルの観点から検討が行われている。このような研究としては，統制群を設けない予備的な研究と，複数の治療法を比べた比較試験が実施されている（Chorpita, Albano, Heimberg, & Barlow, 1996; Kearney, 2002a; Kearney, Pursell, & Alvarez, 2001; Kearney & Silverman, 1990, 1999）。後者の研究においては，機能分析モデルに基づく質問紙（不登校機能アセスメント尺度改訂版，第2章を参照）の結果から導き出された不登校行動の機能に合わせた介入を実施した場合の治療結果は良好であり，不登校行動の機能と合っていない介入を行った場合には治療が有効ではないことが示されている。

本書の技法は精神的問題と不登校行動を示す子どもに対して非常に有用であることが明らかになっているが，この機能分析モデルは現在でも開発が進められている途上にある。そのため，臨床家が本書を用いる際には十分に注意を払うことを推奨する。また，臨床家は必要に応じて適切な補助的治療（たとえば，学習障害や学級内の問題行動に対する薬物療法，家族療法，教育的介入など）についても考慮する必要がある。

不登校行動を示す子どものための認知行動療法

このガイドブックで紹介されている技法のほとんどは認知行動療法に基づいている。その主な目標は，認知や行動を適切に変容することによって，苦痛を最小限に抑えながら学校のすべての校時への参加を促すことである。本書で用いられている技法の中には家族システムとの関連が深いものもある。該当するものとして随伴性契約法，コミュニケーションスキル訓練などが挙げられるが，こうした技法では行動的・問題解決的な観点も重視されている。本書を使用する臨床家に認知行動的観点に基づいたトレーニングや実践の経験がある場合には，非常になじみやすいと思われる。

不登校行動の認知行動療法モデル

本書に書かれている認知行動療法モデルの中心となるのが機能分析モデルである。不登校の子どもは実に多様な行動を示す。そのため，不登校の子どもの問題整理，分類，アセスメント，治療についての共通理解は困難になりがちである。**したがって，セラピストは多岐にわたる不登校行動の形態に焦点を当てるだけでなく，維持要因にも焦点を当てるべきであると著者は考えている**。一般に，子どもは以下に述べる理由（すなわち，機能）のうち1つ以上によって不登校となっている。

- ■学校にある，苦痛やネガティブな感情（たとえば，恐怖，不安，抑うつ，身体愁訴などの症状）を引き起こす対象や場面（刺激）を回避するため
- ■学校にある，不快な対人場面や評価される場面を回避するため
- ■学校の外で，周囲の人から注目を得るため
- ■学校の外で，具体的な強化子を手に入れるため

1つめと2つめの機能は，**負の強化**（すなわち，学校の中にある何か不快なものを避けること）によって**不登校**になっている子どもに関するものである。学校で子どもが回避することのある**対象**の例としては，通学バス，火災警報器，体育館，運動場，廊下，教室で使っている道具などがある。学校で子どもが回避することのある**対人場面**の例としては，教師，校長先生，言語的・身体的な攻撃をする子と接することなどが挙げられる。学校で子どもが回避することのある**評価される場面**の例としては，テスト，発表会，体育の実技，人前で話したり書いたりすること，他人に見られながら教室に入ることなどがある。

　3つめと4つめの機能は，**正の強化**（すなわち，学校の外で魅力的な何かを得ようとすること）によって**不登校**になっている子どもに関するものである。年齢の低い子どもは，親にそばにいてもらったり，もっと注目してもらおうとして不登校を示す。この機能は分離不安と関係していることがある。また，年齢の高い子どもは，家でテレビを観る，寝る，スポーツをする，買い物に行く，ギャンブルをする，友だちが集まっているところに行く，アルコールやドラッグを使用するなどといった，具体的な強化子のために不登校を示すことがしばしばある。こうした子どもたちにとっては，学校に行くよりも休んだ方が単純に楽しいのである。セラピストは来談した子どものことを正の強化による不登校であるとは考えず，負の強化による不登校であると考えがちになることがある。しかしながら，どのタイプの不登校行動であっても強い悪影響を及ぼす可能性はある。

　全体の3分の1ほどの子どもは，2つ以上の機能によって不登校を示している。たとえば，始めは学校の活動が苦痛で，それを回避するために学校に行かない子どもたちがいる。この子どもたちはその後，家にいることの楽しさに気づいてしまい，正の強化と負の強化によって不登校になることがある。また反対に，正の強化のために長い間学校を休んでいたが，いざ学校に戻ろうとすると新しいクラス，新しい先生，新しいクラスメイトに直面しなければならなくなる子どもたちがいる。この状況は不安を高め，負の強化による不登校行動につながる場合もある。

　複数の理由によって不登校となっている子どもは，1つの理由で不登校となっている子どもよりも複雑な治療方略を必要とする。すなわち，いくつかの治療アプローチを組み合わせたり，より長期的な治療期間を設けることとなる。複数の理由によって不登校となっている子どもは長い期間学校から離れていることが多いため，こういった子どもに対する複合的な治療方略はとりわけ重要なものである。このような慢性的な状況では個々の治療アプローチに対する抵抗が強くなる傾向がある。**複数の理由によって不登校となっている子どもは多いため，読者は自分のクライエントに最もよく当てはまる章を読むだけでなく，関連しそうな他の章についても目を通しておく必要がある**。

この治療プログラムの長所と短所

　この治療プログラムには，不安が背景となっている不登校の子どもだけでなく，不登校行動を示すあらゆる子どもを対象にしているという長所がある。本書で述べられている技法は効果が実証されており，子どもを専門とする心理臨床家に広く用いられている。子どもの特徴に合った治療を提供できるように，これらの技法は機能ごとに入念に作成され，詳細なアセスメントに基づいて実施される形となっている（第2章を参照）。

　この治療プログラムの重要な注意点として，紹介されている技法を重篤な精神的問題，併発診断，

家庭機能不全，身体疾患，身体障害などを抱える子どもにそのまま当てはめることはできない場合がある。重度の不安，うつ病，注意欠如・多動性障害，精神病などを示しているケースでは，精神科への相談が特に推奨される。加えて，主な問題行動が不登校行動ではない子どもや，不登校行動に合理的な理由がある（たとえば，登校すると身に危険が及ぶなど）子どもにもこれらの治療技法は適さない。ただし，大きな問題がいくつか併存している場合でも，早い段階で対処が始められていて，親と学校関係者が集中的な治療に取り組む準備ができていれば，ここで紹介されている技法の多くはより有益なものとなる。治療を始める前の留意点については第3章で詳しく述べる。

本書の技法は典型的な不登校行動のケースを念頭に置いて記述されている。したがって，読者は自分の担当しているケースに応じた変更を加える必要があるかもしれない。予想外の事態は常に起こりうるので，著者らは本書の技法に柔軟性を持たせることを心がけている。読者がこのプログラムを使用する場合にも，同じように柔軟性を持つようにしてほしい。たとえば，本書に書かれているよりも短期間で解決してしまう不登校行動のケースもあれば，解決により長期間を要するケースもある。このガイドブックはあくまでも「ガイド」として使うべきであり，セラピストは決して保守的にはならず，不登校の子ども――興味深くてしばしば予測不能な子どもたち――と向き合ってもらいたい。

読者は本書に書かれている技法を，自分の臨床スタイル，子どもの認知発達の状態，家庭の問題，およびその他の関連する要因に応じて修正して構わない。ただし，このプログラムの大部分は認知行動的アプローチと家族システムアプローチに基づいている。読者がこれらのアプローチに精通していない場合には，参考図書を読んだり，トレーニングを受けたり，構造化されたスーパービジョンを受けたりすることが，読者とクライエントの双方にとって有益であろう。これは本書全体を通じて言えることではあるが，第5章で紹介する認知再構成法においては特によく当てはまる点であると言えよう。

そして，精神力動的アプローチなどの他の理論を，本書で用いられているアプローチと「まぜこぜ」にして使用してはならない。こうした行為は子どもや親を混乱させ，このプログラムで用いられている技法の実証的根拠から遠ざかってしまうことにつながる。加えて，このプログラムの技法を集団形式で適用してはならない。柔軟性を持ってプログラムを運用するのはよいことであるが，本書の技法から大きく離れた方法を適用すると効果を弱めてしまう可能性がある。

代替となる治療法

精神保健の専門家や教育関係者によって用いられてきた伝統的な不登校行動の治療法として，代表的なものを以下に挙げる。

- ■分離不安を低減させるために親子間の距離を置いたり，学級における子どもの自尊感情を改善したりすることを目指す精神力動的心理療法
- ■学校に関連したものに特定の恐怖を示す子どもに対する，系統的脱感作に基づいた行動療法
- ■強制登校法
- ■コミュニケーションスキル訓練，家族間での契約を書面もしくは口頭で交わす，といった家

族療法に基づく技法
　■抗うつ薬や抗不安薬による薬物療法
　■慢性的な不登校行動を示す子どもに対する入院治療や入居施設におけるプログラム

　上記のそれぞれの治療法は，一部の子どもにはよく効くが，不登校行動を示すすべての子どもに効果的なわけではない。たとえば，親子間の距離をとって子どもの自尊感情を改善することを目指した治療は，家族構成が複雑で，分離不安を示している小さな子どもに対して最も効果がある。しかしながら，このような問題を持たない児童期後期・青年期の子どもには効果は小さい。また，系統的脱感作は学校に関連した特定の対象に恐怖を示している子どもには有効であるが，そのようなケースは不登校の中でも少数派である。強制登校法は小さな子どもや学校に行かなくなり始めたばかりの子どもにはよく効くことがあるが，大きな子どもや慢性的に欠席が続いている子どもにはあまり効果的ではない。コミュニケーションスキル訓練や契約を用いた家族療法的アプローチは，家族のメンバー全員を含めた話し合いをたくさん設ける必要がある。そのため，小さい子どもはその話し合いの中に参加することが難しいかもしれない。薬物療法は一部の子どもにはよく効くものの，すべての子どもに効くわけではなく，深刻な副作用が起きる可能性もあって多くの親はこの治療法を選びたがらない。入院治療や入居施設におけるプログラムは効果にばらつきがあり，慢性的なケースに適用されることが多く，親のサポートの程度によって効果が大きく左右される。

　これらのさまざまな治療法は有効な条件が限られている。したがって，不登校行動を示す子どもを対象とした詳細かつ包括的なアセスメントと治療アプローチが必要とされていることは明らかである。このようなアプローチは，不登校行動が中心的な問題となっている**すべて**の子どもに適用することができ，治療者が簡単に実施することが可能であり，かつ効果的な治療要素から構成されている必要がある。このような基準を満たすべく開発された著者らによるアプローチの概要を以下に述べる。

不登校行動のアセスメントと治療のアプローチ

　著者らは不登校行動を主な問題として示しているすべての子どもに対するアセスメントと治療のための**規範となるアプローチ**を開発してきた。著者らは，不登校行動を示す子どもは学校に行かない理由（すなわち，維持要因，機能）に基づいて4つのグループにわけることができると考えている。そしてその理由とは，ネガティブな感情を引き起こす刺激の回避，不快な対人場面や評価される場面の回避，注目を得ること，そして具体的な強化子を得ることである。

　子どもの問題を理解して上記のどの機能に該当するか判断する際には，第2章で紹介される記述的機能分析と実験的機能分析が用いられる。**子どもの不登校行動が上記の4つの機能グループのうちいずれかに該当すると判断されれば，具体的な治療法を適用することができる**。この治療法は機能グループによって異なる。子どもが2つ以上の理由によって不登校となっている場合には，複数の治療法が併用される。多くの異なったタイプの不登校行動を示す子どもに対応するためには，総合的に判断してこのアプローチが最適の方略であると著者らは考えている。それぞれの機能に対応した具体的な治療法の簡単な例が，本章の冒頭に書かれている。

不登校行動のケースにおいて重要となる情報

不登校行動は関連する問題が数多く存在するため，臨床家は自分の担当しているケースにこのガイドブックが本当に適切であるかどうか気になることがある。ここでは，スクリーニングの段階でセラピストの頭に浮かぶ可能性のある疑問の例をいくつか紹介したい。以下の疑問への回答は，本書が有用であるかどうか読者が判断する際の参考になるかもしれない。

学校に行かなくなり始めたばかりの子どもにはどうすればよいか？

この疑問への回答は，本書を使うかどうか判断する上で決定的な材料になるかもしれない。2週間に満たない不登校行動が単発的に起こっている場合，問題はすぐに終息することが多い（**自己回復が可能な不登校行動**）。このようなケースでは，セラピストは問題がさらに1週間以上続いた場合には連絡を入れるようにと家族に伝えるか，あるいは1週間後に面接の予約を入れておくといった対応をしてもよい。こうしたケースの多くでは子どもが自分で学校に戻ってしまうため，この予約は不要になることだろう。

しかしながら，不登校行動が少なくとも1週間毎日のように続いていること**に加えて**，その不登校行動が家族内に重大なトラブルをもたらすほど深刻であるか，もしくは家庭の日常生活に大きな支障をきたすほどである場合には，始まったばかりのケースに対しても本書で紹介する技法を用いることが適切であるかもしれない。このような場合や不登校が2週間以上続いている場合であれば，本書の技法は適用可能で役に立つことだろう。

主に問題となっている行動は何だろうか？

主に問題となっている子どもの行動を明らかにしておくことはスクリーニングの段階において不可欠であり，本書の技法が適切であるかどうか判断する上でも役に立つことがある。この疑問をそのまま尋ねると親はなかなか答えられないかもしれないので，不登校行動よりも深刻な他の行動があるかどうか尋ねてみるとよい。重要な点として，子どもが示している症状を説明できる診断やその他の問題の有無を明らかにしておくことが挙げられる。

- ネガティブな感情を引き起こす刺激を回避するために学校に行かない子どもによく認められる診断および関連する問題としては，パニック障害と広場恐怖，全般性不安障害，特定の恐怖症，うつ病と自殺行動がある。
- 対人場面や評価される場面を回避するために学校に行かない子どもによく認められる診断および関連する問題としては，社交不安障害，うつ病と自殺行動がある。
- 周囲から注目を得るために学校に行かない子どもによく認められる診断および関連する問題としては，分離不安障害，反抗挑戦性障害，親の指示への全般的な不従順がある。
- 具体的な強化子を得るために学校に行かない子どもによく認められる診断および関連する問題としては，素行障害（たとえば，窃盗，放火，攻撃行動），物質乱用，全般的な動機づけの欠如がある。

上に挙げられたすべての診断や問題は，不登校行動のどの機能においても該当する可能性はあることに注意してほしい。ここではそれぞれの機能と最も関係が深い診断と問題をリストアップしているのである。また，上に挙げられていない注意欠如・多動性障害，学習障害，学業不振，広汎性発達障害などの他の診断や問題についても，いずれかの機能に該当する可能性がある。
　これらの行動が不登校行動よりも主要な問題であった場合には，このガイドブックは部分的に役立つ程度に留まるかもしれない。ここで"部分的に役立つ"と書いたのは，不登校行動への対応が他の主要な問題を解決する最初のステップになることがあるからである。学校を欠席するのは差し迫った問題であることが多く，親が最初に対応してもらいたいと希望する問題でもある。たとえば，反抗的な子どもを持つ親の多くが，学校に行きなさいという親の指示に従うことから治療を始めてほしいと希望する。全体的な治療計画の最初のステップが子どもを学校に戻すことであるなら，本書の技法は役に立つ可能性がある。
　多くの親は混乱して暗中模索の状態にあったり，子どもの問題のことでとまどっていたりするため，主な問題についての情報を詳しく説明できない場合もある。さらに，多くの親に見られやすい傾向として，外在化問題（たとえば，門限を破る，宿題をしないなど）を重視しがちで，内在化問題（たとえば，不安，抑うつなど）をあまり重視しない点が挙げられる。その場合には，正式なアセスメントセッションを設定して，その中でさらに的を絞った質問をすることがよい対処法となるだろう。その一方で，より有益な情報を提供してくれそうな他の人たちに（親の同意の上で）連絡をとっておくとよい。たとえば，読者の担当しているケースについてよく知っている教育・医療・精神保健の専門家などが挙げられる。

不登校行動を説明できる可能性のある他の要因は何だろうか？

　不登校行動の多くのケースにおいて，他の要因によって問題を説明できる場合がある。スクリーニングの段階で尋ねる質問の方針を立てる上で，前述した除外基準が参考になるかもしれない。たとえば，その子どもの不登校行動は，喘息，痛み，不眠，糖尿病，感染症，あるいは感覚運動面の障害などの，医学的な問題が直接の原因となっていないだろうか。もしその可能性があれば，医学的検査を受けるようにと家族に勧めるべきである。また，必要な場合には治療期間中に医師と情報交換を行わなければならない。
　不登校行動を説明できるもう1つの状況として，親が意図的に子どもを学校に行かせていない場合（**登校の禁止**）がある。その場合には親が現状を維持したいと考えていることが多いため，登校の禁止が存在するケースはセラピストから見えにくくなってしまいやすい。しかし，万が一に備えてその典型的なパターンについては知っておいてもらいたい。親が登校を禁止している場合においてよく見られる理由は，親が不安を抱えていて"安心するため"に子どもを必要としている，経済的な助けとして子どもを使っている（たとえば，働かせる，子守をさせる），児童虐待を隠そうとしている，別居中の配偶者によって子どもが学校から連れ去られることを怖れている，友だちと過ごす際の安全上の問題，教師や学校の質や適切性に関する不満などである。登校の禁止が行われているケースでは，親や関係者を対象とした介入が必要となる可能性があり，本書の技法を適用すべきではないかもしれない。
　家庭内に重大な問題が存在する場合にも本書の有用性は薄められてしまう。たとえば，子どもが

性的虐待から逃れるためにいつも家出をしていて学校を欠席しているような場合には，登校の再開は差し迫った問題とはならない。さらに，住む家を失ってしまったために学校に来ることができない子どもも多い。このようなケースではより幅広い治療アプローチが必要なことは明らかである。

子どもの年齢は？

子どもの年齢を知っておくことは3つの理由から重要であると言える。第一に，5歳以下の子どもが幼稚園や他の活動に行こうとしないために親に治療に連れてこられることがある。このような問題は就学期以降の不登校行動ともつながる点はあるが，本書は就学前の子どもを想定して書かれてはいない。読者が本書を就学以前の子どもに適用しようと考えているのであれば，紹介されている技法に大きな修正を加えた上で注意深く用いなければならない。

第二に，常に正確とは限らないが，子どもの年齢は学校に行かなくなった理由を予測する重要な因子となる。一般的に，5～11歳の子どもは，ネガティブな感情を避けるためか，注目を得るために不登校を示す傾向にある。一方，12～17歳の青年期では，不快な対人場面や評価される場面を逃れるため，もしくは学校の外で具体的な強化子を得るために不登校となっている傾向にある。例外も多く，複数の理由から不登校となっている子どもも多いが，子どもの年齢を知っておくことは不登校行動の機能について最初の仮説を考え出す上で役に立つ。そして，正式なアセスメントにおいてさらに具体的な質問をすることができる（第2章を参照）。

第三に，子どもの年齢を知っておくと早期の治療方針を立てる上で参考になることがある。たとえば，認知療法のような言語的な要素に支えられた治療法は，年齢の低い児童よりも青年に対してより適切かもしれない。反対に，強制登校法は16歳の子どもよりも6歳の子どもに実施する方が容易である。やはり例外は多いものの，子どもの年齢と認知的な機能水準を把握しておくことは，効果的で有用な治療計画を立てる上で役に立つ。

不登校行動が極度に重くはないか？

本書は極度に重い不登校行動のケースには適用できないかもしれない。該当するケースには，①学校に近づくことがほとんど不可能なくらい極度のネガティブ感情を示している，②重度の非行行動が認められる，③1年以上にわたる長期の欠席，といった点が見られる場合が多い。このようなケースでは他の治療法が必要となるかもしれない。たとえば，極度の不安を示しているケースであれば，身体的な不安症状をコントロールして，その後に実施される学校でのエクスポージャーへの導入を容易にするために薬物療法が最初に適用される可能性がある。重度の非行行動が見られるケースでは，家族と一緒に外来治療を受ける前に怒りやすい行動をコントロールしたり登校パターンを形成したりする目的で，入居施設や入院治療の利用が役に立つこともある。欠席が長期にわたっている場合にも，他の教育プログラムが必要となるかもしれない。このようなプログラムの例として，オルタナティブ・スクール（フリースクールやサポート校など）の利用，個別学習，自宅学習，就職支援プログラムなどが含まれる。

自分のケースに本書のモデルがうまく合わない場合はどうすればよいか?

　読者の担当しているケースに本書の定義やモデルがうまくあてはまらない場合には，当然ながら他の技法がより適切ということになる。ただし，本書で紹介されている技法の多くは不登校行動以外の問題にも適用することができる。たとえば，リラクセーションや呼吸法などの身体コントロール法，エクスポージャーによる練習，認知再構成法は全般性不安や社交不安のケースに適用可能である。また，随伴性マネジメントや随伴性契約法は家庭内のトラブルがあるケースや子どもが指示に従わないケースに適用できる。しかしながら，本書で紹介されている技法はいずれも不登校行動を主な問題とする子どもに特化して作成されていることに留意する必要がある。

薬物療法を受けている子どもについて

　本書の技法は，不登校行動に関連した問題（たとえば，不安，抑うつ）や，不登校行動とはおそらく関連がないと思われる問題（たとえば，注意欠如・多動性障害，双極性障害）に対する薬物療法を現在受けている子どもにも適用することができる。アセスメントや治療を実施している期間には，処方医との継続的な相談を行うことを強く推奨する。多くのケースでは併発する精神医学的問題に対応するために治療を拡張する必要が出てくる。そのような場合でも，本書の技法は大きな治療プロトコルの中の一部として組み込むことが可能である。

このセラピストマニュアルの構成

　このセラピストマニュアルは不登校行動を示す子どものアセスメントと治療についてのアプローチの**概要**を説明するために作成されている。すべての技法が本書で議論し尽くされているとまでは言えないが，読者の臨床活動において指針となる重要な情報は述べられている。第2章では著者らの推奨するアセスメント法と治療の適用法について紹介する。第3章では事前相談セッションについて説明し，アセスメント結果をまとめて家族に治療方針を勧める際の留意点について述べる。第3章では治療実施する段階において考慮すべき重要なポイントについても説明する。
　第4章から第7章では不登校行動の機能ごとに推奨される治療パッケージをそれぞれ紹介する。やりとりの例やトラブルシューティング，特別な配慮を要する状況についての解説も述べられている。第4章ではネガティブな感情を引き起こす刺激を回避するために学校に行かない子どもに対して推奨される治療法について述べる。第5章では対人場面や評価される場面を回避するために学校に行かない子どもに対して推奨される治療法について議論する。第6章では周囲から注目を得るために学校に行かない子どもに対して推奨される治療法を紹介する。第7章では学校の外で具体的な強化子を得るために学校に行かない子どもに対して推奨される治療法を説明する。最後に，第8章ではつまずきと再発の予防に関する問題と，慢性的な不登校行動を示す子どもにおいて推奨される点について述べられている。
　第4章から第8章には不登校行動を示す子どもの治療に関するトピックも含まれている。このトピックはそれぞれ最もよく当てはまると思われる機能に関連づけて書かれているが，すべてのト

ピックに目を通すことを推奨する。第4章には,「重度の苦痛を示す子どもへの薬物療法」,「ホームスクーリング」,「子どもに学校を休ませるのはどういう時か」,「バスに乗って通学できない子ども」,「日曜日の夜に憂うつになる」,「学校にいる時間を段階的に増やすための方法」,といったトピックが含まれている。第5章では,「パニック発作」,「課外活動」,「完璧主義」,「からかい」,「体育の授業」,といったトピックが紹介されている。

第6章には,「家で子どもと過ごすために仕事を休む親」,「学校に行かず家にいる子ども」,「午前中遅くに登校する」,といったトピックが掲載されている。第7章では,「504プランと個別教育プログラム」,「オルタナティブスクール」,「警察への通報」,「起床に関する問題」,といったトピックが紹介されている。第8章では,「子どもの登校時間より前に親が仕事に出かけてしまう」,「家庭に不登校の子どもが複数いる」,「子どもが発達障害を抱えている」,「子どもが学校に行かないために法的な措置がとられている」,といった特別な配慮を要する状況について解説されている。加えて第8章では,新入生の子どもなどに対する全般的な解説も述べられている。

保護者向けワークブックと自助本の使用について

本書で解説されている臨床的技法は『不登校の認知行動療法:保護者向けワークブック』においても紹介されている。保護者向けワークブックを読んだ親たちは,資格を持ったセラピストと一緒にそれを実行に移したいという思いに強くかられるものである。読者の担当するクライエントにも保護者向けワークブックを一部渡すことをお勧めする。そうすることで,親たちはアセスメントや治療に向けた心の準備を整えることができるようになり,治療中のホームワークをやり遂げるための動機づけを理想的に高めることができる。読者の担当するクライエントから具体的な質問が出ることに備えて,セラピストも保護者向けワークブックに書かれているアセスメントや治療技法の内容に親しんでおくことを推奨する。

軽度の不登校行動を示す子どもを持つ親のために書かれた自助本『子どもに「学校に行く」と言ってもらおう:不登校の子どもを持つ親のためのガイドブック(原題:*Getting Your Child to Say "Yes" to School: A Guide for Parents of Youth with School Refusal Behavior*)』も出版されている(Kearney, 2007)。この本では本書や親向けワークブックで紹介された技法が数多くまとめられていて,治療を終えたクライエントのための参考書として特に有用である。また,この本は機能ごとに整理されており治療後の子どもと親が再発を予防する際に役に立つ。不登校行動を示す子どもにかかわる教育関係者のための本も出版される予定である。この本は不登校のケースについて学校のスタッフとの相談をよく行う臨床家にとって役立つかもしれない。

第2章　アセスメント

　この章では，不登校行動を示す子どもに対して推奨されるアセスメント法を紹介する。不登校行動を示す子どもにアセスメントを実施する目的は，以下の3つの重要な質問に対する回答を得ることである。

問題となっている行動は何か？

　どのような不登校行動が存在し（一般的な例については第1章を参照），どのくらい行動が深刻であるか厳密に見極めること。行動の深刻さについては，子どもが実際に登校している頻度をはっきりさせ，登校していない場合には子どもが日中に何をしているのか把握しておくこと。不安が背景にあるケースであれば，どのような要素（回避行動，認知の歪み，身体的反応など）が最も問題となっているか明らかにする。また，最近数日間，数週間，数カ月間の不登校行動についての情報は有用である。このような情報を，子どもと親，および教育・医療・精神保健の専門家といったさまざまな情報源から必要に応じて得ておくことは，多様な観点から問題を統合的に理解する上で必須となる。

　アセスメントにおいて他の重要な要因を明らかにすることも可能である。たとえば，不登校行動が起きる状況は明確にしておくべきであろう。差し迫った要因によって不登校行動や治療が影響されていることもある。たとえば，危機的事態，性格や文化に関する要因，医学的・発達的問題，併発している問題，学校に関する要因（たとえば，学校関係者からのサポートの程度，校内暴力，地域や経済的要因など），親の態度やしつけのやり方，家族の意見や動機づけ，家庭内のストレッサーや資源などである。あるいは，さらに周辺的な要因の影響が明らかになるかもしれない。たとえば，家庭内のトラブルやダイナミクス，離婚，学業不振，友人関係の乏しさ，親の精神的問題，宗教，栄養，経済面，就業状態，学歴などが含まれる。そして最後に，問題となっている行動について初期の段階で話し合っておくことは家族とのラポール形成を促進し，後々まで治療のコンプライアンスを維持するための大切な要因となる。

何が不登校行動を維持しているか？

　セラピストは不登校行動を維持している要因（すなわち，その子どもの不登校行動の主な機能は何か）を明らかにしなければならない。初期のアセスメント段階において，不登校行動が子どもの

要因によって主に維持されているのか，それとも親や他の家族の要因によって維持されているのかという点を明らかにしておくこと。たとえば，その家族はまとまりがあって健全なのに子どもが不安の問題を示しているのだろうか。それとも，親や家族が故意や過失によって子どもの不登校に注目，同情，物やお金といった強化子を与えてしまっているのだろうか。不登校行動を維持している要因を明らかにするための詳しい方法については，この章において後述する。

不登校行動に対する最善の治療法は何か？

　この質問は最も重要なものであり，アセスメントが終了するまでに回答を出さなければならない。不登校行動を強めている要因をアセスメントすることで，その行動の機能について検証可能な仮説を立てやすくなる。不登校行動の機能は著者らが推奨するモデルの大きな部分を占めており，治療を行う上での基礎となっている。本章ではそれぞれの機能と治療法を結びつけるための方法を紹介する。

不登校行動を機能分析によってアセスメントすることの重要性

　不登校行動とその維持要因のアセスメントにはさまざまな方法を用いることができる。たとえば，特に制約を設けずに臨床面接を実施することも可能であるが，あまりにも多様な行動が存在するために圧倒されてしまう場合もある。また，厳密な診断によるアプローチを用いることもできるが，不登校行動を示している子どもの多くはさまざまな併発診断を示していたり，診断がつかなかったりする。それでは，こうした子どもたちを効率的かつ効果的にアセスメントし，先に述べたような質問に回答するためにはどうすればよいのだろうか。

　不登校行動を示す子どもに正式なアセスメントを実施するための優れた方法が，機能分析である。特に，記述的機能分析と実験的機能分析は，何が不登校行動を維持していてどのような治療を行えばよいか，効率的かつ効果的に明らかにすることができる。本書では，不登校行動を示す子どもに機能分析を実施する方法を，明快，簡潔，かつ効果的にステップを踏まえて説明する。本書を通じて，不登校行動の具体的なケースの核心に踏み込むためのアプローチを簡潔に紹介する。

アセスメントセッションと推奨されるアセスメントの形式

　ここでは2つの部分に分けて説明していく。前半の部分では「問題となっている行動は何か？」という第一の質問に答えるための方法について説明する。具体的には，面接法，子どもの自己評定尺度，親や教師が評定するチェックリストについて述べる。後半の部分では第二・第三の質問，すなわち「何が不登校を維持していて，不登校行動の最善の治療法は何か？」という質問への回答を得るための機能分析に基づいた方法を紹介する。ここでは，①不登校行動の維持要因をまずは質問紙法などによって明らかにする記述的方法と，②これらの維持要因の存在を観察法などによって確かめる実験的方法について述べる。その後に，最適な治療法の選択についての議論を述べる。

問題となっている行動のアセスメント法

面接法

　問題となっている行動をアセスメントする際に，ほとんどのセラピストは何らかの形で面接法を使用している。体系的な臨床所見に基づいた信頼性と妥当性のある半構造化面接法がいくつか開発されているが，代表的なものとして「子どもの不安障害診断面接 Anxiety Disorders Interview Schedule for DSM-IV：Child and Parent Version（ADIS for DSM-IV：C/P），Silverman & Albano, 1996）」がある。ADIS for DSM-IV：C/P には子どもと親に実施するバージョンがそれぞれ存在し，さまざまな診断上の問題についてアセスメントを行うことができる。したがって，多様な問題に関する情報を集めることが可能であり，不登校行動を示す子どもが抱えている主要な問題を明らかにすることができる。さらに，ADIS for DSM-IV：C/P には不登校に関連した問題についてのセクションが特に設けられており，本章の冒頭で述べたような質問の回答を見つける際に役立てることができる。また，この面接法で用いられている気持ちの温度計は本書で紹介されている治療法を実施する際に有用かもしれない。

　当然のことではあるが，多くのセラピストは構造化されていない自分の臨床スタイルに沿ったアプローチを中心に面接することを好む。もし読者もそうであれば，本章を読むことは面接の中で質問するとよい点について知る上で参考になる（もちろん，自分の担当している具体的なケースについて質問してみたいと読者が思うような点についても書かれている）。以下の質問は親に尋ねることを想定したものだが，セラピストがそのケースにおいて必要であると判断すれば，できるだけ多くの人たち（子ども本人も含めて）から回答を得ておくべきであろう。

あなたのお子さんは，学校につらいことや嫌なものがあるからという理由で学校に行かないことがどのくらい頻繁にありますか？（以下の質問を続ける）

- 学校を嫌がることが同年代の子どもたちよりも多いですか？
- 学校の中で，お子さんが避けているものや状況（たとえば，通学バス，教室で使っている道具，運動場，食堂，体育館，廊下，火災警報器など）は具体的にはどのようなものですか？
- 最近あった嫌な出来事について何か話していませんでしたか？　お子さんの行動が急に変わったと気づいたことはありましたか？
- 学校に行くことについてお子さんが何か特別な気持ちや身体症状を訴えたり，あなたがそれに気づいたりしたことはありましたか？　それはどのようなものでしたか？
- こういった問題は毎日起こりますか，それとも学校のある日に起こることが多いですか？

あなたのお子さんは，学校の対人場面や評価される場面を避けたいからという理由で学校に行かないことがどのくらい頻繁にありますか？（以下の質問を続ける）

- こういった場面を避けようとすることが同年代の子どもたちよりも多いですか？

- ■お子さんが避けている対人場面や評価される場面（たとえば，人前で字を書いたり話したりすること，初対面の人に会うこと，友だちと接すること，発表会で発表すること，テスト，スポーツの試合，グループで一緒にいたり仲間に入ったりすること）は具体的にはどのようなものですか？
- ■対人場面や評価される場面であった嫌な出来事について最近話していませんでしたか？ お子さんの対人行動が急に変わったと気づいたことはありましたか？
- ■対人場面や評価される場面に参加することについてお子さんが何か特別な気持ちや身体症状を訴えたり，あなたがそれに気づいたりしたことはありましたか？ それはどのようなものでしたか？
- ■こういった問題は対人場面や評価される場面であればいつも起こりますか，それとも学校に関係のある対人場面や評価される場面で起こることが多いですか？

あなたのお子さんは，あなたや周囲の人から注目してほしいからという理由で学校に行かないことがどのくらい頻繁にありますか？（以下の質問を続ける）

- ■注目を得ようとする行動が同年代の子どもたちよりも多いですか？
- ■注目してもらうためにお子さんがしている具体的な行動（たとえば，まとわりつく，甘える，動こうとしない，かんしゃく，電話をかけてくる，不平不満を言う，言葉で注目を求める，罪悪感を起こさせる，学校を抜け出して親に会いに来る）は具体的にはどのようなものですか？
- ■最近あった嫌な出来事について何か話していませんでしたか？ お子さんのあなたに対する行動が急に変わったと気づいたことはありましたか？
- ■親と接したり，親と離れることについてお子さんが何か特別な気持ちや身体症状を訴えたり，あなたがそれに気づいたりしたことはありましたか？ それはどのようなものでしたか？
- ■こういった問題は日常的にどんな場面でもだいたい起こりますか，それとも学校に関係のある場面で起こることが多いですか？

あなたのお子さんは，学校以外のどこかで好きなことをしたいからという理由で学校に行かないことがどのくらい頻繁にありますか？（以下の質問を続ける）

- ■学校の外で好きなことをしようとすることが同年代の子どもたちよりも多いですか？
- ■学校に行かずにやろうとすること（たとえば，友だちと一緒に過ごす，タバコやアルコールの使用，家でテレビを観たりゲームをする，自転車に乗る，寝る，ショッピングセンターやゲームセンターに行く）は具体的にはどのようなものですか？
- ■最近あった嫌な出来事や学校であったことについて何か話していませんでしたか？お子さんの行動が急に変わったと気づいたことはありましたか？
- ■学校にいることや，学校に行かないことについてお子さんが何か特別な気持ちを訴えたり，あなたがそれに気づいたりしたことはありましたか？ それはどのようなものでしたか？

■お子さんはだいたいいつも好きなことをやろうとしていますか，それとも学校のある時にそうすることが多いですか？

お子さんは，今話したような理由がいくつか組み合わさって学校に行かないのでしょうか？もしそうであれば，どれが最も大きな理由になっていますか？

原則として，不登校行動のケースでは親の面接の前に子どもの面接を実施する。不登校のケースの場合，その問題のせいで子どもが親や学校関係者から「問題児」のレッテルを貼られたり叱責され続けていることが多い。実際に問題児であるかもしれないが，そうではないこともある。子どもに先に面接を実施することには多くの利点がある。第一に，子どもからの情報を親からの情報と同じくらい重視して大切に扱うことになる。子どもとのラポールや信頼関係を築く上でこのことは有用である。

第二に，子どもと先に面接を行うことで，セラピストが親と手を組んで子どもを責めようとしているわけではないことを強調できる。セラピストは子どもを学校に無理矢理行かせようとする新たな権威者の一人なのではないかという誤解を解いておくことは，アセスメントや初期治療の段階における最優先事項である。しかしながら，学校に行くことが重要な治療目標の1つであることをセラピストはどこかの時点できちんと伝えなければならない。そうすることによって，セラピストは子どもを含めたすべての人が**納得できるような**援助をするつもりであることを説明することができるようになる。第三に，面接の順序をこのように設定することで，守秘義務の説明やセラピストが他の人に伝えなければならなくなる情報の種類についての話し合いが早い段階でできるようになる。こうしたメッセージを治療過程の早い段階で伝えておくことはすべての子どもにおいて重要なことであり，中でも具体的な強化子を得るために学校に行かない子どもにおいてはおそらく特に重要となる。

自己評定尺度

不登校行動を示す子どもに適用することのできる自己評定尺度は多数存在する。しかしながら，これらの尺度の多くは内在化問題に特化したものであり，関連する行動（たとえば行動化などの外在化問題など）にすべて対応しているわけではない。この点を考慮すると，親評定や教師評定も参考にすることが望ましいと言える。不登校行動のアセスメントを行う上で有用な子ども向けの自己評価尺度を以下に挙げる。

■ Negative Affect Self-Statement Questionnaire（NASSQ）（Ronan, Kendall, & Rowe, 1994）は全般的な不安や抑うつに関連する自己陳述を測定する尺度である。児童用（7〜10歳；14項目）と青年用（11〜15歳；39項目）がそれぞれ作成されている。この尺度は，ネガティブな感情を引き起こす刺激を回避するために学校に行かない子どものアセスメントとして最も適していると思われる。

■ Children's Depression Inventory（CDI）（Kovacs, 1992）は最近の抑うつ症状を測定する27項目の尺度である。負の強化によって不登校となっている子どものアセスメントとして適

しており，抑うつが不登校行動の主要な理由であるかどうか情報を得る際に有用と思われる（訳者注：CDI の日本語版は真志田ら（2009）において作成されている）。

- Revised Children's Manifest Anxiety Scale（RCMAS）（Reynolds & Paget, 1983）および State-Trait Anxiety Inventory for Children（STAIC）（Spielberger, 1973）：これらの尺度は，全般的な不安，特定の状況における不安，不安の身体反応，そして心配と集中困難を測定の対象としている。これらは負の強化によって不登校となっている子どものアセスメントとして適していると思われる（訳者注：STAIC の日本語版は曽我（1983）において作成されている）。

- Fear Survey Schedule for Children-Revised（FSSCR）（Ollendick, 1983）：FSSCR は全般的な恐怖に関する 80 項目の尺度である。不登校行動を示す子どもに特定の恐怖が認められることはあまり多くはないが，特定の恐怖が認められる子どもにはこの尺度が適しているかもしれない。学校に関連のある項目には特に注意する必要がある。

- Daily Life Stressors Scale（DLSS）（Kearney, Drabman, & Beasley, 1993）：DLSS は一般的な日常の出来事において子どもが感じている苦痛を測定する 30 項目の尺度である。朝方に起きる出来事や学校に関連した出来事には特に注意する必要があり，とりわけ負の強化や注目によって不登校となっている子どもにおいては重要な情報となる。

- Social Anxiety Scale for Children-Revised（SASC-R）（La Greca & Stone, 1993）：SASC-R はネガティブな対人評価に関する 22 項目の尺度であり，対人場面や評価される場面を回避している子どものアセスメントとして適していると思われる（訳者注：SASC-R の日本語版は岡島ら（2009）において作成されている）。

- The Multidimentional Anxiety Scale for Children（MASC）（Stallings & March, 1995）：MASC は，不安の身体反応，危険の回避，および社交不安と分離不安を測定する 45 項目の尺度である。MASC は負の強化によって不登校となっている子どものアセスメントとして特に有用である。

- Youth Self-Report（YSR）（Achenbach, 1991c）：YSR は内在化行動と外在化行動の問題について子どもに回答を求める 118 項目の尺度である。YSR は 11 〜 18 歳を対象に作成されており，不登校を示す青年期の子どもに広く適用することができる。

親評定および教師評定尺度

親評定尺度と教師評定尺度もさまざまな子どもの行動や家族内要因に関する情報を収集する際に有用である。いずれも不登校の子どものアセスメントに適してものである。代表的なものを以下に挙げる。

- Child Behavior Checklist（CBCL）（Achenbach, 1991a）および Conners Parent Rating Scale（CPRS）（Conners, 1990）：これらの尺度は不登校に関連したさまざまな内在化問題と外在化問題について親に評定を求めるものである。不安，抑うつ，身体症状の訴え，過活動，攻撃性，不従順，注目獲得，対人関係の問題といった行動が含まれている。

- Family Environment Scale（FES）（Moos & Moos, 1986）：FES は家族のダイナミクスを測

定する90項目の尺度であり，凝集性，葛藤，表現性，独立性などを含んでいる。これらの要因の多くは不登校行動の機能にも関連がある（Kearney & Silverman, 1995を参照）。一般に，不登校の子どもの家庭は標準的な家庭と比較して独立性が低く，葛藤，分離，孤立が高い。（訳者注：FESの日本語版は河口（1993）において作成されている）

■ Teacher Report Form（TRF）(Achenbach, 1991b）および Conners Teacher Rating Scale（CTRS）(Conners, 1990）：これらの尺度は構成と視点がCBCLとCPRSにそれぞれ対応しており，対象となる子どものことを最もよく知っている教師や学校関係者に評定を求める。

行動観察

可能であれば，子どもと家族の朝の様子を直接行動観察するとよい。セラピストはこうした観察を通じて新たに情報や質問すべき点を知ることができるので，不登校行動を明らかにしたり具体的な維持要因の存在を確かめたりする上で有用となることがある。行動観察を実施する際のプロトコルの例を**図2.1**と**2.2**で紹介する。

不登校行動の維持要因のアセスメント法

不登校行動がどのようなものであるか十分に把握することができたら，その問題を維持している要因について検討していく。その方法としては，すでに述べたように機能分析が最も適している。機能分析は2つのステップからなっている。すなわち，記述的機能分析と実験的機能分析である。不登校を対象とする場合，記述的機能分析では，子どもが不登校をしている理由について子どもと親に評定してもらうよう求める。実験的機能分析では，子どもが不登校をしている理由について直接観察を行う。これらの分析を総合的に理解することによって，どのような治療法を実施するか選択することができる。

記述的機能分析

不登校行動の記述的機能分析を行うには，School Refusal Assessment Scale-Revised（SRAS-R）(Kearney, 2002b, 2006）を用いるのが最も適していると思われる。SRAS-Rは24項目から構成され，不登校行動の4つの機能の相対的な影響力を測定する尺度である。それぞれの項目について，「0（**まったくない**）〜6（**いつも**）」で得点化を行う。子ども版（SRAS-C）と保護者版（SRAS-P）がそれぞれ開発されている。

1つの機能ごとにそれぞれ6項目ずつが割り当てられている。第一の機能（ネガティブな感情）では，学校の中にある何かのせいで嫌な気持ちになるからという理由で学校に行かないことがどのくらい頻繁にあるか，という点について子どもと親に質問する。第二の機能（対人場面と評価される場面）については，学校で他の人と接したり他の人の前で発表したりするのが苦手だからという理由で学校に行かないことがどのくらい頻繁にあるか，という点について質問する。第三の機能（注目）については，親と一緒に過ごすために学校に行かないことがどのくらい頻繁にあるか，という点について尋ねる。第四の機能（具体的な強化子）では，学校の外で楽しく過ごすために学校を休むことがどのくらい頻繁にあるか，という点を質問する。

不登校行動の行動観察

子どもの氏名：＿＿＿＿＿＿＿＿＿＿＿＿＿＿＿＿＿＿＿＿　　日付：＿＿＿＿＿＿＿＿＿＿＿＿＿＿

必要なもの：　ストップウォッチ，記録日誌の用紙

記録をつける際の注意：
家庭訪問を実施する前に，0～10点の評価のつけ方について子どもと親に説明する。嫌な気持ち（不安や抑うつなどを含むネガティブな気分全般）と指示不従事（親の言いつけやお願いごとを守ろうとしないこと）がそれぞれどういうことであるか詳しく説明する。記録日誌の用紙を渡して参考にしてもらう。
学校がある日に家庭訪問の日を設定する。子どもを起こす時間（たとえば，午前6：30）を決めて，それよりも15分早く家に着くようにする。ストップウォッチを使いながら，学校に行くための準備に子どもが抵抗している時間を記録する。特に，以下の点についてかかった時間を分単位で記録につける。

1. 決められた時間に起床する時に起こる言語的・身体的な抵抗
起床時に起こる登校と相反した発言，発声，身体を使った行動は，言語的・身体的抵抗と定義する。具体的な行動の例としては，言葉や身体を使って指示に従わない，布団にしがみつく，寝室に鍵をかける，動こうとしない，などがある。

2. 着替え・歯磨き・洗顔・朝食時に起こる言語的・身体的な抵抗
着替え，歯磨き，洗顔，朝食の時間に起こる登校と相反した発言，発声，身体を使った行動は，言語的・身体的抵抗と定義する。具体的な行動の例としては，言葉や身体を使って指示に従わない，物にしがみつく，叫ぶ，泣く，物を投げる，攻撃的な行動，部屋に閉じこもって鍵をかける，逃げ回る，動こうとしない，などがある。

3. 通学時に起こる言語的・身体的な抵抗
通学中に起こる登校と相反する発言，発声，身体を使った行動は，言語的・身体的抵抗と定義する。具体的な行動の例としては，言葉や身体を使って指示に従わない，見送りの車から出てこない，叫ぶ，泣く，攻撃的な行動，逃げ回る，動こうとしない，などがある。

4. 学校の建物に入る時に起こる言語的・身体的な抵抗
学校の建物に入る時に起こる登校と相反する発言，発声，身体を使った行動は，言語的・身体的抵抗と定義する。具体的な行動の例としては，言葉や身体を使って指示に従わない，物にしがみつく，叫ぶ，泣く，攻撃的な行動，逃げ回る，動こうとしない，などがある。

5. 子どもの評価（嫌な気持ち）と親の評価（子どもの嫌な気持ち，指示不従事）を0～10点で記録する（0＝なかった，2＝少しあった，4＝まあまああった，6＝かなりあった，8＝ひどくあった，10＝とてもひどくあった）
この評価を（a）朝の準備をしている時，（b）学校の建物に入る時（学校まで行くことができた場合），に回答してもらって記録しておくこと。

＊学校を欠席していた時間の合計を分単位で記録しておくこと。
＊『行動観察シート』に記入をしておくこと。

図 2.1　不登校行動の行動観察

行動観察記録表

観察対象者氏名：＿＿＿＿＿＿＿＿＿＿＿＿＿＿＿＿＿＿＿＿＿＿＿＿＿＿＿＿＿＿＿＿

日　　時：＿＿＿＿＿＿＿＿＿＿＿＿＿＿＿＿＿＿＿＿＿＿＿＿＿＿＿＿＿＿＿＿

1. 決められた時間に起床する時に起こる言語的・身体的な抵抗にかかった時間を記入せよ。

   合計の時間：＿＿＿＿＿＿＿＿＿＿＿分

2. 着替え・歯磨き・洗顔・朝食時に起こる言語的・身体的な抵抗にかかった時間を記入せよ。

   合計の時間：＿＿＿＿＿＿＿＿＿＿＿分

3. 朝の準備をしている時の嫌な気持ちはどの程度だったか，子どもの評価を記入せよ。

   嫌な気持ちの評価：＿＿＿＿＿＿＿＿＿＿＿

4. 朝の準備をしている時の子どもの（a）嫌な気持ち，（b）指示不従事，はそれぞれどの程度だったか，親の評価を記入せよ。

   嫌な気持ちの評価：＿＿＿＿＿＿＿＿＿＿＿

   指示不従事の評価：＿＿＿＿＿＿＿＿＿＿＿

5. 通学時に起こる言語的・身体的な抵抗にかかった時間を記入せよ。

   合計の時間：＿＿＿＿＿＿＿＿＿＿＿分

6. 学校の建物に入る時に起こる言語的・身体的な抵抗にかかった時間を記入せよ。

   合計の時間：＿＿＿＿＿＿＿＿＿＿＿分

7. 学校の建物に入る時の嫌な気持ちはどの程度だったか，子どもの評価を記入せよ。

   嫌な気持ちの評価：＿＿＿＿＿＿＿＿＿＿＿

8. 学校の建物に入る時の子どもの（a）嫌な気持ち，（b）指示不従事，はそれぞれどの程度だったか，親の評価を記入せよ。

   嫌な気持ちの評価：＿＿＿＿＿＿＿＿＿＿＿

   指示不従事の評価：＿＿＿＿＿＿＿＿＿＿＿

9. 学校を欠席していた時間の合計を記入せよ。

   合計の時間：＿＿＿＿＿＿＿＿＿＿＿分

10. 学校を欠席していた時間と登校に抵抗していた時間の合計を記入せよ。

    合計の時間：＿＿＿＿＿＿＿＿＿＿＿分

11. 起床時刻から校時がすべて終わるまでの時間を記入せよ。

    合計の時間：＿＿＿＿＿＿＿＿＿＿＿分

12. 欠席・抵抗に費やしていた時間の割合を算出せよ。（問10の回答÷問11の回答）

    合計の時間：＿＿＿＿＿＿＿＿＿＿＿分

図 2.2　行動観察記録表

親向けと子ども向けの SRAS-R は**本書の巻末に付録として掲載されている**。

記述的機能分析を行う際には，子どもと親にそれぞれ SRAS-C と SRAS-P への回答を個別に求める。回答には数分程度しかかからない。小さい子どもの場合には項目を読み聞かせてあげる必要があるかもしれない。可能であれば，子ども，母親，父親の全員に SRAS-R への回答をしてもらうのが理想である。

質問紙への回答が済んだら，それぞれの機能ごとに項目平均得点を算出する。まず，SRAS-C と SRAS-P の合成得点を以下のとおり算出する。

- 項目 1, 5, 9, 13, 17, 21 を合計（機能 1）
- 項目 2, 6, 10, 14, 18, 22 を合計（機能 2）
- 項目 3, 7, 11, 15, 19, 23 を合計（機能 3）
- 項目 4, 8, 12, 16, 20, 24 を合計（機能 4）

この 4 つの合成得点をそれぞれ 6（すなわち，機能ごとの項目数）で割って項目平均得点を算出する。子どもの回答において以下のような合成得点が得られたと仮定した場合の計算例を示す。

- 機能 1 が 18 点の場合，項目平均得点は 3.00
- 機能 2 が 12 点の場合，項目平均得点は 2.00
- 機能 3 が 36 点の場合，項目平均得点は 6.00
- 機能 4 が 6 点の場合，項目平均得点は 1.00

子ども，母親，父親の回答に対してそれぞれこの計算を実施する。その後，SRAS-R の機能ごとにすべての回答者を合わせた平均を算出する。計算例を以下に示す。

- 子どもの回答（SRAS-C）の項目平均得点は，3.00，3.50，6.00，0.50
- 母親の回答（SRAS-P）の項目平均得点は，4.00，4.50，5.50，1.00
- 父親の回答（SRAS-P）の項目平均得点は，3.50，4.50，5.00，1.50

この例の場合には，機能ごとの全体得点は以下のようになる。

- 機能 1 の全体得点：（3.00 + 4.00 + 3.50）÷ 3 = 3.50
- 機能 2 の全体得点：（3.50 + 4.50 + 4.50）÷ 3 = 4.17
- 機能 3 の全体得点：（6.00 + 5.50 + 5.00）÷ 3 = 5.50
- 機能 4 の全体得点：（0.50 + 1.00 + 1.50）÷ 3 = 1.00

最も得点の高い機能は，その子どもが不登校となっている主な理由であると考えられる。機能間の得点差が 0.25 点以内の場合には同程度であると見なされる（ある治療研究によれば 0.50 点以内の得点差であっても同程度であると見なすことができる）。上の例では，最も得点が高いのは機能

3，すなわち注目の機能であることがわかる（5.50点）。一方で，これらの数字を**プロフィール**として読みとることもできる。たとえば，上の例の子どもは機能1（ネガティブ感情を引き起こす刺激の回避；3.50）と機能2（対人場面や評価される場面の回避；4.08）によっても不登校になっている可能性がある。しかしながら，機能4（具体的な強化子）の影響は低いので（1.00），重要な要因ではないのかもしれない。**ただし，これらは子どもと親の評定に基づく仮説であることに留意する必要がある。**

以上のプロセスが記述的機能分析の最も重要な点である。当然ながら，子どもによるSRAS-Rの評定，親によるSRAS-Rの評定，および面接で得られた情報の間の不一致には注意しなければならない。もし不一致が認められた場合には，その点について家族のメンバーと話し合った方がよい。場合によってはSRAS-Rの再実施が必要になることもある。もし時間が限られている場合や，実験的機能分析を実施できない場合には，この記述的機能分析に基づいた治療が推奨される。しかしながら，その場合には慎重に進める必要がある。理想としては記述的分析の結果を以下に示す実験的機能分析を用いて確認するべきである。

実験的機能分析

実験的機能分析の要点は，子どもや家族の行動をさまざまな状況下で観察することである。たとえば，ある子どもが親の注目を得るために不登校になっている，とセラピストが考えているとする。このようなケースの場合，その子どもが母親と一緒に学校に行こうとしている時の行動と，セラピストや他の人と一緒に学校に行こうとしている時の行動とを比較してみる。もし子どもの行動に大きな違い（たとえば，母親と一緒にいると問題を示さないが，他の人と一緒にいるとかんしゃくを示す）が見られれば，不登校行動を維持している要因（すなわち注目）についてのセラピストの仮説は支持されたことになる。アセスメントの際に参考となるシナリオの例を以下に示す。

その子どもの不登校の理由はネガティブ感情（恐怖，不安，抑うつ，身体症状）を引き起こす刺激の回避であるとセラピストが考えた場合には，普段どおりの状況で学校に行くかどうか聞かれた時の子どもの行動と，以下の状況での行動とを比較してみる。

- 一部だけでよいから学校に行くかどうかと聞かれた場合（たとえば，全校時に参加しなくてもよい，体育の授業は出なくてよい，友だちと一緒に昼食を食べなくてもよい，運動場には行かなくてよい，などと伝えた場合）
- セラピストと一緒に，学校によく似た同じような大きさの建物（たとえば，学校と同じような課題に取り組む相談室など）に行くかどうかと聞かれた場合

その子どもの不登校は対人場面や評価される場面の回避であるとセラピストが考えた場合には，普段どおりの状況で学校に行くかどうか聞かれた時の子どもの行動と，以下の状況での行動とを比較してみる。

- 一部だけでよいから学校に行くかどうかと聞かれた場合（たとえば，演奏会，人前での発表，スポーツの試合，人とたくさん接する時間などに参加しなくてもよいと伝えた場合）

■人がいない時や，ほとんど人がいない時に学校に行くかどうかと聞かれた場合

　その子どもの不登校は注目を得るためであるとセラピストが考えた場合には，普段どおりの状況で学校に行くかどうか聞かれた時の子どもの行動と，以下の状況での行動とを比較してみる。

　　■親が学校やクラスまで一緒についてくる場合
　　■学校にいる間，いつでも親に連絡したり迎えに来てもらったりしてよいという許可をその子に与えた場合

　その子どもの不登校は具体的な強化子を得るためであるとセラピストが考えた場合には，普段どおりの状況で学校に行くかどうか聞かれた時の子どもの行動と，以下の状況での行動とを比較してみる。

　　■学校に行くとごほうびをもっともらえるようにした場合
　　■学校に行かないと外での活動が厳しく減らされたりペナルティを受けるようにした場合

　普段の状態と比べて，上記のシナリオのように手が加えられた状態において子どもの行動に大きな変化があれば，それが不登校行動の機能を示す根拠となる。セラピストが注意して観察しておくべき行動を以下に挙げる。

　　■まとわりつく，動こうとしない，逃げ出す，指示に従わないといった回避行動
　　■腹痛，頭痛，振戦，悪心，嘔吐などの身体反応
　　■学校についての不快感に関連した認知の歪みや発言
　　■内在化行動と外在化行動の急激な変化
　　■観察をやめてほしい，家に帰らせてほしいといった訴え
　　■家庭内のトラブルの増加（特に，友だちとの活動を制限した後に見られることが多い）
　　■親の行動の大きな変化
　　■子どもの学校での行動に変化があったという教師からの報告

　正式な行動観察を実施できない場合でも，面接場面において重要な行動に注目しておくと，子どもの不登校の理由を確かめる上で有用である。たとえば，アセスメントの間に涙ぐんでいたり，消極的だったり，引っ込みがちだったりする子どもは，学業場面に対する不安のために不登校となっている可能性がある。クリニックにおいて人と接することに不安な様子を見せる子どもは，対人場面や評価される場面の回避によって不登校になっている可能性がある。一人でセラピストと話すのが嫌でなかなか親から離れようとしない子どもは，親からの注目によって不登校を示している可能性がある。最後に，自分の生活パターン変えるのは絶対に嫌だと言って親に反抗している年齢の高い子どもは，具体的な強化子を手に入れようとして不登校になっている可能性がある。しかしながら，これらはあくまでも初期段階での仮説であり，正式なアセスメントを追加で実施しながら検討

する必要があることに留意しなければならない。

適切な治療法を選択する

記述的・実験的機能分析を終えたら適切な治療法の選択を行う。適切な治療法とは，その人が抱える障害や問題のタイプをもとに個人に合わせて計画された治療法のことである。**不登校行動の場合，適切な治療法は不登校の主な機能に基づいて選択される。**

日常における不登校行動のモニタリング

正式なアセスメントの後も，子どもの日常的な不登校行動と登校に関する情報は継続して収集する。そうすることで，治療者は家族がどの程度ホームワークを実行しているか把握したり，その日にあった出来事に家族が気づくよう促したり，行動のポジティブな変化やネガティブな変化を時系列に沿って理解したりしやすくなる。

クライエントに記録日誌をつけてもらうことは特に有益である（図 2.3 と 2.4 を参照）。セラピストはこの記録日誌の用紙をコピーにとってクライエントに配布して構わない。記録日誌の用紙は保護者向けワークブックにも同じものが掲載されている。**子どもと親にはそれぞれ別に記録日誌を書いてもらうようにお願いする。**そうすることで，子どもと親による評価の違いを検討することができ，子どもからの情報を親からの情報と同じくらい大切にしていることを子どもに伝えられるという利点が得られる。子どもがこの課題を真面目にやっていなかったり，親とまったく違った評価をしていても，子どもがつける評価には影響を与えないようにと親には頼んでおく。子どもが毎日忘れずにこの課題に取り組めるように，親に声かけをしてもらうとよい。子どもには，どのように評価をつけたらいいかわからない時にはできるだけ早くセラピストに連絡するようにと伝えておく。

評価は「0（なし）〜 10（とても強い）」でつける。子どもの不安（緊張，あがり），ゆううつ（悲しみ，不幸感），つらさ（全体的な恐怖や動揺）の程度をそれぞれ評価する。加えて，親は子どもの指示不従事（親の指示に従わない）や，乱暴な行動についても評価する。さらに親には，子どもの問題となっている他の行動と，学校に行っていない時間についても記録するよう求める。子どもや親が重要だと思うその他の出来事について，記録日誌の空欄に書いてもらってもよい。

記録日誌のつけ方をクライエントに簡単に説明する。やり方を教える際に，記入済みの記録日誌のサンプルを見せてもよい。また，記録日誌は 1 日がほぼ終わった夜につけるように子どもと親に伝えておく。クライエントが帰る前に質問がないかどうか尋ね，もしあればここで話し合っておく。そして，やり方について何か疑問が出てきたらセラピストに連絡することと，次回のセッションに記録日誌を持ってくることを家族に伝える。事前相談セッションを 5 〜 7 日後に設ける必要があるが，急を要する場合には早めてもよい。

学校関係者への連絡

親の了解のもとで学校関係者と連絡をとり，さらに多くの情報を集める。力になってくれる可能

記録日誌（子ども用）

名　前：＿＿＿＿＿＿＿＿＿＿＿＿＿＿＿＿＿＿＿＿＿＿＿＿＿＿＿＿＿＿＿＿＿＿＿＿

その日に「不安」「ゆううつ」「つらさ」がどのくらいあったか，0〜10点で毎日記録をつけましょう。0＝なし，2＝弱い，4＝中くらい，6＝やや強い，8＝強い，10＝とても強い。（※小さい子どもの場合には，0＝なし，2〜3＝ちょっと，5＝まあまあ，7〜8＝たくさん，10＝とてもたくさん，などに置き換える）

日　付	不安	ゆううつ	つらさ

前回の相談が終わってから，学校や家で何かこまったことがあったら書いてください。

＿＿＿
＿＿＿
＿＿＿
＿＿＿
＿＿＿
＿＿＿

図 2.3　記録日誌（子ども用）

記録日誌（保護者用）

子どもの氏名：_____

以下の点について，お子さんの様子を 0 〜 10 点で毎日記録してください。0 ＝なし，2 ＝弱い，4 ＝中くらい，6 ＝やや強い，8 ＝強い，10 ＝とても強い。

日　付	不安	ゆううつ	つらさ	指示不従事	乱暴な行動
_____	_____	_____	_____	_____	_____
_____	_____	_____	_____	_____	_____
_____	_____	_____	_____	_____	_____
_____	_____	_____	_____	_____	_____
_____	_____	_____	_____	_____	_____
_____	_____	_____	_____	_____	_____

前回の相談が終わってから，学校や家で何か問題があったら具体的に書いてください。

_____
_____
_____
_____

前回の相談が終わってから，お子さんが学校を欠席していた時間を書いてください。

_____
_____
_____
_____
_____

図 2.4　記録日誌（親用）

性のある学校関係者には，教員（専科の教員も含む），スクールカウンセラー，生徒指導教員，校長，教頭，巡回指導員，養護教諭，図書館司書などが含まれる。治療期間中は学校関係者との連絡を定期的にとり続けること。重要な情報として，以下の点が役に立つかもしれない。

- 学校のスケジュール，成績，作文，作品について
- その子どもへの学校側の目標や周囲の態度
- 学校に再登校する方法や時期
- 学校に再登校する上で予想される阻害要因
- 過去の不登校行動の確認
- 学校内におけるその子どもの全体的な対人行動やその他の行動
- ロッカー，食堂，図書館の場所などといった学校の大まかな配置
- 治療効果のフィードバック
- 生徒指導の方法や，親との連絡方法
- 個別教育計画の実施可能性
- 欠席，学校での行い，学校を抜け出すことについてのルール
- オルタナティブスクールについての情報
- これまでに親に対して行った不登校への対応に関するアドバイス（たとえば，自宅学習，薬物療法，強制登校法など）

多くの親や子どもが，学校関係者との間に大きな対立が生じてしまっているために，セラピストには学校とは連携してもらいたくないと思っている可能性があることに留意してほしい。しかしながら，子どもの不登校行動を解決する上で学校関係者との連携は極めて重要になることが多い。たとえば，子どもが再登校を開始して登校を継続しようとする時に，協力的な学校関係者の存在は不可欠である。親と学校の間にトラブルが生じている場合には，セラピストが親と学校との間に入るということを伝えて親の側を説得することもできる。**どのようなケースにおいても，アセスメントの段階から学校関係者と緊密な協力関係をつくり始めるべきである。**

医療関係者への連絡

必要な場合には，医療関係者とも親の了解のもとで連絡をとって情報を集める。身体症状の訴えなどの健康面の問題が登校に影響している場合には，小児科医との相談が必要となることも多い。こうした相談を通じて，子どもの訴える身体症状が不安によって生じている実際の症状であるのか，それとも注目獲得行動による大げさな訴えであるのか判断できることもある。また，より深刻で複雑な医学的所見が認められるようであれば，専門医（たとえば胃腸科専門医など）に相談することが必要となる場合もある。**いかなる不登校のケースにおいても，本著で紹介されている技法を用いる前に主要な医学的問題は必ず除外しておかなければならない。**

同様に，一部の不登校のケースでは児童精神科医への相談が重要となる。たとえば，重度の不安が認められる子ども，注意欠如・多動性障害（ADHD）などの併発が認められる子ども，非常に

複雑な臨床症状を示している子どもがこれに含まれる。ケースによっては，薬物療法によって子どもの不安が低減したためにエクスポージャーに取り組むことができたり，ADHD を抱える子どもが薬物療法を受けたことで他の治療を実施する際にも集中力が高まったりといった形で，薬物療法が本書の技法の効果を促進することもある。

アセスメントと治療法の選択の例

　ここで，3 カ月にわたって断続的な登校困難を示している 9 歳の男の子のケースについて簡単に紹介する。主に見られた行動は，泣く，まとわりつく，休みたいと訴える，学級から逃げ出すといったものであった。これらの問題は日を追うごとに悪化していて，4 週間続けて学校に来ていなかった。両親は彼を治療に連れてきたが，学校に無理につれていくことはためらっていた。そうこうしているうちに，彼は日中に母親とゲームをして遊んだり，テレビを観たり，自転車で近所を走り回ったりするようになった。

　SRAS-R などの本章で説明した方法によって記述的機能分析が行われた。子ども，母親，父親によって回答された SRAS-R の 4 つの機能の全体得点は，それぞれ 1.50（機能 1），2.00（機能 2），5.00（機能 3），5.17（機能 4）であった。この結果によれば，彼は機能 3 と機能 4，すなわち注目と具体的な強化子によって不登校となっていることが見て取れる。

　この仮説は実験的機能分析においても支持された。母親が職員室で待機していて好きなときに連絡が取れるようにすると，彼は学校に来るのに乗り気になった。学校にセラピストが待機するようにしても彼は乗り気にはならなかった。さらに，彼はいつもしている楽しい活動が禁じられるとひどいかんしゃくを起こした。以上の点から治療法の選択が行われた。推奨されたのは，随伴性マネジメントに基づく親訓練と，親子間の随伴性契約法との組み合わせであった。

第3章 事前相談セッションと
　　　治療セッションの進め方

　本章では，事前相談セッションの適切な進め方について概説する。特に，アセスメント結果のまとめ方，家族に治療を勧める方法について説明する。また，本書で紹介している治療の各段階において考慮すべき点についても説明する。

事前相談セッション

最近のことについて話し合う

　事前相談セッションは，子どもと親から別々に話を聞くことから始まる。このとき，まず子どもから話を聞く。必要に応じて守秘義務について確認した上で，ここ数日間のことについて尋ねる。不登校の状態がすでに変化してしまっていたり，劇的な変化を見せていることも多いため，セラピストは子どもや親にさまざまな要因について質問する。たとえば，学校に行かなくなった期間，行動の急激な変化，子どもの行動に対する両親の反応，ネガティブな感情のレベル，学校や家庭での活動，家族とのやり取りや，その他の要因について情報を得ることができる。

　子どもの不登校や家族の状況に大きな変化が生じたら，第2章で説明したアセスメント（たとえば，面接，質問紙，観察）を再度実施する場合もある。具体的には，親子別の面接をもう一度行ったり，不登校機能アセスメント尺度（付録参照）で不登校行動の機能に変化が生じているかどうかを検討したりする。以前は1つの理由や機能によって不登校を示していた子どもが，現在では複数の理由や機能で不登校を示すようになるという変化がよく見られる。これは，学校を休んで家にいることを両親が認め，気づかない間に多くの特別な注目や具体的な強化子を与えてしまっていることによって生じる場合が多い。ここ数日の間に不登校状態が大きく変化している場合は，治療は必要ないかもしれないし，不登校状態の変化に合わせて治療を修正する必要があるかもしれない。小さな変化しか見られない場合には，次の段階に進んでもよい。

記録日誌について話し合う

　家族と記録日誌（第2章の図2.3, 2.4）について話し合うのは重要なことである。それには2つの理由がある。第1に，記録日誌は家族の治療に対する動機づけをアセスメントするのに用いることができる。もし，記録日誌を忘れていたり，記録日誌が不完全だったりでたらめだったりしたら，クライエントと家族の行動変容に対する関心や期待が少ないと考えられるだろう。この場合，記録日誌のつけ方を再検討して家族が記録日誌のつけ方に疑問を持っていないか確認する必要がある。さらに，動機づけとコンプライアンスについて探るようにする。アセスメントや治療に応じるべきかどうか迷っているクライエントに対しては，教示的で指示的なアプローチが非常に有効である。また，家族が記録日誌に書くことと口頭で言うこととの間には違いがあるという点に注意する。

　第2に，第2章で述べたような要因のアセスメントや治療の管理において，記録日誌は必要不可欠である。特に不安，抑うつ，苦痛，指示不従事，乱暴な行為といった傾向についてすぐに調べることができる。たとえば，不登校行動を示す子どもが，新しい週が始まる日曜日や月曜日の夜に強い不安を示すのは珍しいことではない。このような情報は，治療の焦点をどこに当てればよいかを示してくれる。

　また，行動の急激な改善がみられる場合にはその信憑性を詳細に調べる。たとえば，子どもが評価尺度の得点を変えて治療を早く終わらせ（「ね？　私は治ったよ！」），不登校状態を維持しようとすることがある。このため，子どもの評価を親の評価や実際の学校への出席状況と比較検討しなければならない。一方で，行動の急激な改善は自己回復が可能な不登校行動においても見られるものである。この自己回復は不登校行動を示す子どもの約3分の1に認められる。

　行動が急激に悪化している場合には，治療開始の時期を早める必要があるかどうかを慎重に検討しなければならない。たとえば，家庭が危機的な状況に陥っており，すぐに集中的な治療が必要な場合もある。他にも，家族の中の誰かが治療に不安を抱いていると評価が急激に変化することがある。たとえば，自分の不登校行動に親が厳しい態度をとりそうだと思って子どもが不安になっている場合などによく見られる。さらに，記録日誌に書かれたコメントは詳細に検討しなければならない。記録日誌に書かれている出来事はわざわざ時間をかけてそのことを書いているため，家族にとって非常に重要であることが多い。たとえば，家族のいさかい，不登校行動について特に困っていること，不登校に対する気持ちなどについて書かれていることがある。

アセスメント結果についての話し合い

　記録日誌についての話し合いが終わったら，アセスメント結果について子どもと両親それぞれに説明をしなければならない。特に，以下に書かれた点を網羅する必要がある。

- ■面接結果と診断についての情報
- ■質問紙や心理テストの結果（問題となっている点を測定した尺度や下位尺度を含む）。
- ■行動観察から得られた情報
- ■不登校行動の機能についての情報

■子どもからの報告と親からの報告の違い
■教師や学校関係者からの報告
■学校からのその他の報告（学業成績など）
■その他の情報源（医療機関など）からの報告
■関係があると考えられるその他の情報（たとえば，危機的状況，家族，考え方，生育歴，環境，対人関係，現在のストレッサー，ストレッサーに対処するための資源など）

アセスメントの情報を家族に説明する際に，まず，子どもの不登校行動についてさまざまな視点（たとえば，子ども，親，教師，精神科医）からの情報を整理する。ケースを理解するのに最も役立つ的確な情報に焦点を当ててまとめていく。次に，面接，質問紙，観察やそのほかのデータを個々に検討したり，組み合わせて検討したりする。さらに，第2章で述べた3つの質問に答える形で，不登校問題の全体像を伝える。特に，①主な不登校行動は何か，②不登校行動を維持しているのは何か，③治療目標，予後，今後のスケジュール，についてのセラピストの考えを説明する。

説明をしている間，相手を責めるような雰囲気にしないこと，不登校は多面的な問題であることを強調するように留意する。親は不登校行動の原因を求め，非難の矛先を子どもに向けようとする場合がある。しかし，原因を追及することは難しく，有益にはならないことが一般的である。不登校行動の原因が明確で（たとえば，学校でのいじめ），治療につながる場合には話し合うこともある。不登校行動の原因が明確でなければ，原因について議論しすぎると治療の妨げになることが多い。したがって，過去の原因ではなく現在の行動を維持している要因を見るように促す必要がある。

以上の点について話し合いを行ったら，クライエントと意見の相違がないかどうか確認する。不登校行動に関する個人的な問題について話し合うことや，問題となっている子どもの行動を解決するために親の行動を変える必要があるという事実を受け入れられずに困惑する親は多いことを心に留めておくこと。また，多くの情報について話し合うことになるため，話を進めるごとに質問がないかどうか尋ねるとよい。クライエントがさらに話し合いを望んでいたり，セラピストが提示した情報に付け足しをしたいと考えている場合は，柔軟に治療計画に組み込んでゆく。

治療の根拠を説明する

セラピストはアセスメントの結果について話し合いを行ったあとに，治療の根拠について説明する必要があると感じるだろう。この説明は最初は大まかに，次第に細かくしてゆく。子どもに対して行う治療の根拠についての説明例を以下に示す。もちろん，話すことばは子どもの認知発達レベルや特性に合わせる必要がある。苦痛やネガティブな感情を引き起こす刺激を回避するために学校に行かない子どもや，嫌悪的な対人場面や評価される場面を回避するために学校に行かない子どもに対して，以下の説明は有効である。

ここまで話したように，あなたはときどき学校に行くのが嫌になるようですね。今までは，嫌な気持ちを楽にするために学校を避けたり，外出しなかったりしてきたのですね。もしかしたら気づいているかもしれないけれど，学校を避けたり外出しないというやり方は，短い間はいいけれど実は長い

目で見ると問題を悪化させているのです。それに，学校のことを考えるときに嫌なことばかり考えたりいつも嫌な気持ちになっていませんか。実はこういう考えや気持ちを持っていると，よけい学校を避けてしまうのです。
　あなたは，ネガティブな気持ち（もしくは，嫌な気持ち）にならないように学校に行かないという方法を使ってきました。これから私が教えるのは，ネガティブな気持ちに対応するための別の方法です。これからは，ネガティブな気持ちに向き合って，嫌な場面に対応する練習をします。最初のうちは，私の言ったとおりにするとネガティブな気持ちが今までよりも強くなることがあるかもしれません。今までと同じ気持ちというわけにはいきません。けれど，前進するためにはネガティブな気持ちを経験しながら自分で努力することが大切です。努力すればするほど，早くよくなりますよ。

家族，特に親に対する治療の根拠の説明例も下に示す。この場合も，話すことばは対象者の認知発達レベルや特性に合わせる必要がある。この説明は，注目を得るために学校に行かない子どもや，具体的な強化子を得るために学校に行かない子どもを持つ親に特に有効である。

　今お話をしてきたように，お子さんは学校に行くことが嫌だと思っているようです。この段階では，家族は問題をどうにかしようとして，言い争いをしたり，どうすればいいか悩んだり，問題を無視しようとしたり，学校を休むことを許したりすることが多いものです。お気づきかもしれませんが，無視をしたり学校を休むことを許したりすると短期的にはうまくいきますが，長い目で見ると学校を休むのを許すことで問題は悪化していきます。それから，今までのやり方に疑問を感じていませんでしたか。こういう疑問を持っていると，不登校行動を変えにくくなってしまいます。
　学校と行く時に言うことを聞かなくなるなどの問題が起こった時に，家族は基本的に同じような方法で対応しようとするものです。ここで私がお伝えしたいのは，これまでとは違う方法です。言い争いや衝突の代わりに使うことのできる方法をお伝えしたいのです。（○○さん）は，子どものネガティブな行動に向き合って，難しい場面に対応することになります。さらに，家族で問題解決の方法を練習していただきます。最初のうちは，私の指示したことをするとネガティブな気持ちが今まで以上に強くなることがあるかもしれません。今までと同じ気持ちというわけにはいかないでしょう。しかし，前進するためには難しい場面に取り組み，努力することが重要です。家族で協力して前進すればするほど，治療も早く進みます。

必要に応じて，さらに詳しく治療の根拠について説明を行ってもよい。子どもが苦痛やネガティブな感情を引き起こす刺激を回避するために学校に行かない場合には，心理教育，身体コントロール法，学校場面への段階的エクスポージャー，自己強化を用いることが以下の点で役立つだろう。

　■不快な身体症状の軽減
　■不快な場面に対処する方法を教える
　■再登校をしやすくする

子どもが嫌悪的な対人場面や評価される場面を回避するために学校に行かない場合は，心理教育，ロールプレイ，現実場面での練習，認知再構成法を用いることが以下の点で役立つだろう。

■社会的スキルを身につけ，他者からのポジティブなフィードバックを引き出す
■登校を妨げる社交不安を低減する
■授業への出席を妨げるネガティブな考え方のパターンを修正する

　子どもが注目を得るために学校に行かない場合は，随伴性マネジメントに基づく親訓練について説明することが以下の点で役立つだろう。

■指示不従事に対応するスキルを親に伝える
■登校などのポジティブな行動に親の注目を向ける
■家庭で起きていることに対して親が責任をとるようにする

　子どもが具体的な強化子を得るために学校に行かない場合は，家族内での随伴性契約について説明すると，以下の点に役立つだろう。

■問題解決法によって家族のトラブルを減らす
■出席に対する強化子を増やす
■欠席に対する強化子を減らす

　不登校行動が，**2つ以上の機能**によって維持されているケースの場合，**2つ以上の治療法とその根拠**について説明を行わなければならない。必要に応じて，他の治療要素を加えてもよい。また，家族が治療の根拠を理解したかどうかを確かめるために，説明した内容を家族に自分のことばで言い換えてもらう必要がある。もちろん，今後の治療について質問がないか尋ね，治療への同意を得なければならない。

治療の前に考慮すべきこと

　不登校行動の形態，機能，治療，治療の根拠について話し合ったら，治療の成功に影響する媒介要因に注意を払うようにする。治療の媒介要因は，場合によっては治療成果を損ねる方向に作用することがある。たとえば，不登校状態にある子どもにとって，動機づけは重要な治療の媒介要因である。子どもに見られる治療の媒介要因として，以下のものがある。

■気質／パーソナリティ（たとえば，敵意，感受性，変化に対する動機づけや反応性，内向型か外向型か）
■自尊感情，自己効力感，自制心の程度（たとえば，満足遅延に対する意思の強さ，治療における粘り強さ）
■社会的地位（たとえば，人気がある，無視されている，拒否されている）
■認知レベルや学業成績（たとえば，言語的能力，知的能力，学年）
■身体の状態（たとえば，過体重，身長が高い，運動神経がよい）

- 併発する問題や障害（たとえば，注意欠如・多動性障害，攻撃性，学習障害，学校からの脱走）
- 出生順や兄弟がいるかどうか
- トラウマとなるライフイベントの存在
- 治療やセラピストに対する態度（たとえば，積極的に話そうとするか）
- セッション以外の場面で治療に手を抜くかどうか（たとえば，ホームワークを拒否する，不登校行動を隠そうとする）

親や家族に見られる治療の媒介要因として，以下のものがある。

- しつけのスタイルや子どもとの関係（たとえば，威厳がある，権威主義的，放任，無秩序）
- 親が1人か，2人か
- 夫婦・家族におけるトラブルの程度
- 家族全体のダイナミクス（たとえば，巻き込み，対立，孤立，分離）
- 親の精神疾患の有無と程度（特に，不安障害，うつ病，物質関連障害）
- 経済的資源と時間的資源
- 治療計画に対する期待，どれくらい楽観的か悲観的か（治療計画への参加度も含む）
- 家族内のコミュニケーションと問題解決スキルの程度
- 文化的要因（たとえば，文化的な違い，言葉の違い，民族的アイデンティティ，セラピストへの不信）
- セッション以外の場面で治療に手を抜くかどうか（たとえば，子どもにわざわざ下の子の面倒を見させようとするなど）

その他の治療媒介要因として，以下のものがある。

- 学校関係者が協力的かどうか，その他の学校に関する要因
- 即効性がありそうな治療（たとえば，登校の強制，薬物療法）や指示された方法以外の治療に学校関係者が固執し，家族を説得しようとしているかどうか
- 家族が治療を申し込んだのか，裁判所など外部の機関からの紹介か
- セラピストの時間などの制約（たとえば，毎日家族に連絡を取ることができない，家族に頻繁に会うことができない）
- 学校でのいじめ被害

　最後の項目は，登校すると何らかの形でいじめ被害を受けていると感じている子どもに関するものである。たとえば，窃盗，持ち物を壊される，脅しや傷害といったいじめの被害を受けている子どもは多い。他にも，嫌な教師や不公平なルールに苦しんでいる場合もある。さらに，アメリカの学校で生じることのある暴力事件や銃犯罪は多くの親や子どもを不安にさせる。このような事件はさまざまな形で不登校行動を引き起こしたり，影響を与えたりする。たとえば，傷つけられたりや

脅迫にあったりする可能性をひどく心配して学校を休む子どももいるかもしれない。また，学校で受けたいじめを誇張して，家にいられるように親を操作するかもしれない。学校でいじめを受けている子どもの割合が多いと，子ども自身に被害意識がなくても親が子どもを学校に行かせない場合もある。

　学校でのいじめや治療前に考慮すべきことが見つかったら，治療計画の変更を提案する必要がある。たとえば，学校で被害を受けている可能性があるケースでは，転校した方がよいのか，その他の介入を行った方がよいのかを調べる必要がある。子どもが教室に戻るのを援助することに学校が積極的ではない場合は，親が主体的に治療に関わるようにすることもある。ひとり親家庭で親が働いているために親トレーニングを実施する時間がない場合は，他の人（たとえば，友人，近所の人，かつての配偶者）に連絡をして，援助してもらう必要がある。**状況が変わった時には柔軟に対応し，本書に書いてある手続きはケースに応じて随時変更してよい**。また，治療を実施している間は保護者向けワークブックに書いてあることを厳密に守ろうとする親もいるため，柔軟な対応を促す必要がある。

　上記の治療媒介要因は，**最も多く見られ，重要だと考えられるものだけ**を示している。したがって，ケースごとに特異的に見られるその他の要因を考慮しなければならない。深刻な治療媒介要因が存在する場合は，懸案事項を家族に伝え（ただし，伝えた方がよい場合に限る），直ちに対応をとって，治療手続きを変更したり治療の範囲を広げたりすること。

その他の考慮すべきこと

難しいクライエントに対応する

　臨床場面では対応の難しいクライエントを相手にすることが多い。これは不登校のケースにおいても例外ではない。むしろ「危機的な」雰囲気が存在する分，さらに対応が難しいこともある。臨床場面でよく見られる最も対応が難しいケースには以下のようなものがある。①現状を変えようという動機づけが欠如している（特に，子どもの側が），②セラピストに会うのを拒否する，③ホームワークや記録日誌をやらない。

　このような問題には，自分の臨床のスタイルに沿ってケースごとに対応する必要がある。**ただし，1週間の間に家族と頻繁に連絡を取ることを強く勧める**。さらに難しいケースでは，家族と毎日連絡を取ってラポールを形成し，参加の意欲を確認し，治療に対する意見を聞いて，家族が楽観的かつ意欲的でいられるようにする。このようなケースでは治療計画を簡潔にする必要が生じる場合もある。通常は，セラピストと強い絆ができると，家族はより意欲的に不登校を解決しようとすることが多い。

今後のセッションのスケジュールを立てる

　子どもの不登校行動に対応するためのスケジュールを家族に説明する。本書は4週間から8週

間で行う8セッションから構成されている。4週間から8週間という期間は平均的な治療期間であることを家族に伝える。しかし，これよりも時間がかからないケースもあれば，もっと時間がかかるケースもあるだろう。可能であれば1週間に2回，少なくとも1週間に1回は家族に会うようにする。もちろん治療期間は，上記の治療媒介要因など多くの要因によって左右される。これらの要因について家族と十分に話し合いをし，必要に応じて予測される治療期間を変えることもある。

　この段階で家族の1週間のスケジュールを話し合っておくと，治療に入った時のセッションの計画を立てるのに役立つ。不登校に関わるケースでは多くの場合，特に治療後期に子どもが頻繁に学校に行き始めると，午後遅くか夜間にセッションを行う必要がある。週末のセッションを検討する場合もあるが，学校に関係するストレスが生じる平日にクライエントと会う方が治療に役立つことが多い。こうすることで，問題にすぐ対処することができる。

　この時点で，親の仕事などでセッションを休んだ場合や治療にかける時間が制限されている場合に，どうするかを話し合わなければならない。不登校行動に対する治療を成功させるためには集中的な治療が必要であるため，セッションを休むと治療の効果が薄れてしまう。**欠席がないようにスケジュールを立て，休んだ場合にはできるだけ早く該当するセッションを実施するようにする。**

治療セッションとセラピストの時間についての留意点

　治療セッションの時間は，多くのメンタルヘルスの専門家が採用している50分のセッションよりも長くなる可能性が高いことを考えておく。本書にあるそれぞれのセッションは50分で実施することができる。しかし，治療に対する家族の不安や疑問，危機的な状況，治療に非協力的である，関連する問題に治療を広げる必要があるなど，さまざまな問題が生じてセッションを延長する場合があるだろう。

　不登校のケースでは特に，柔軟な対応をすることとセッションとセッションの間に連絡を頻繁にとることが必要となる。クライエントが1日に（特に仕事や学校に行く準備をする早朝に）何回も連絡してきても驚いてはならない。学校に行く途中に携帯電話から電話をかけてくることも珍しいことではない。したがって，さまざまな状況においてセラピストに連絡をとる場合のルールを説明しておくのもよい。

　最後に，「駐車場セラピー」になった場合の対応を考えておこう。これは，子どもが治療室に入ることを拒否して，セラピストが子どもと話をするために車まで行かなければならなくなる場合に生じる。これは不登校行動のケースの多くに見られる。このような状況では，子どもにネガティブな気持ちを自由に表現させ，支持する。やさしく説得したり，何について話し合おうとしているのかについて情報を提供するのも有効である。しかし，治療室に入ってもらうために，子どもが好きなものを使用することは推奨できない。問題行動に対して「ごほうび」を与えることになるからである。子どもが治療室に入るのを拒否し続け，車の中にいても安全な場合は，親と話をする。こうすることで，子どもは退屈になったり，親が一方的な情報をセラピストに話すのを心配したり，不安が低減したり，単に気が変わって治療を受けるようになることがある。

セッションとセッションの間の課題

事前相談セッションの終了に向けて，不登校を解決していくにはセッションとセッションの間に親がしなければならないことがたくさんあることを伝える。例として，記録日誌への記入，治療技法の練習，子どもを学校に連れて行く，養育行動を変えるために指示されたことをやり続ける，セッションで作成した契約書の内容を間違いなく実行するなどがあげられる。**治療の成功は，セッションとセッションの間に親がどれくらい努力するかにかかっていることを強調する**。これは，治療の間何度も繰り返して伝える必要のあるメッセージである。さらに，学校関係者と連絡を取り続けるようにする。

初回治療セッションの日程を決める

緊急のケースの場合，事前相談セッションが終了し同意を得た後に，**すぐ初回の治療セッションを始めなければならない**。さらに，1回目と2回目の治療セッションは同じ週に行い（たとえば，月曜日と木曜日），事前相談セッション終了後1週間以内に実施するようにする。緊急ではないケース，特に定期的に学校に登校しているケースや治療時期が重要な要因ではないケースでは，初回の治療セッションは数日後に実施すればよい。しかし，どんな不登校のケースであっても，治療はできるだけ早く開始する必要がある。

前回のセッションの振り返りとフィードバック

治療セッションを始める際に，毎回家族と前回のセッションで扱った内容について話をする。特に，家族の状態や子どもの不登校行動の変化，その他重要だと考えられるものについて情報を収集する。この時に，必ず家族が心配していることや疑問を聞き出すようにする。さらに，前回のセッションで出されたホームワークをどれくらいしてきたか確認する。何か問題があれば，この時点で話し合いをする。子どもが抱えている問題だけでなく，子どもがうまくいったことにも注目するように親を促す。

過去数日間の子どもや親の行動についてフィードバックする必要を感じることがあるかもしれない。家族の言うことを慎重に聞いて，今後起こる可能性のある問題に取り組んで修正を図ることは重要である。治療の手順に賛成していない人がいるかどうかを聞いて，できるだけ障害を取り除くようにする。

毎日の記録日誌についての話し合い

毎回セッションを始める際に，親と子どもが記録日誌に記入しているかどうかを確認する。評価の急激な変化や評価のパターン，子どもと親の評価の食い違い，自由記述や評価を記入していない部分に特に注意する。この情報は非常に重要で，治療の進展や家族の動機づけのレベルを確認したり，最善の治療を実施する上で役に立つ。記録日誌に関して何か問題があれば，すぐに解決してお

く。

治療セッションの全体的な手続き

セッション1

セッション1では，できるだけ学校のスケジュールに合わせて生活するように家族を促す。これには，早起きをする，学校に行く時と同じように制服や服を着て準備をする，学校の宿題をするといったことが含まれる。子どもが長期間学校に行っていない場合は，就寝時間が遅かったり，朝遅くなってから服を着替えたりして，学校がある日も休日のような生活を送っているかもしれない。生活習慣を直して学校の用意をすることで，治療が進むことを子どもと親に強調する。子どもには，治療プログラムの目標は学校に戻って学校を楽しむ手助けをすることだということを知らせる必要がある。再登校が予定されていない週であっても，子どもには学校に行く時と同じように起きて用意をするように求める。

子どもや親と，学校に行く日と学校に行かない日の朝の用意の手順を確認し比較するのも有効である。子どもが家にいることを許されていたら，遅くまで寝て，パジャマでのんびりと過ごし，自由に何かを食べることができる場合が多い。また，就寝時間は深夜にずれ込んでゆくだろう。必要があれば，注目を得るために学校に行かない子ども（第6章）や，具体的な強化子を得るために学校に行かない子ども（第7章）に対する手続きを提案する。これは，学校の準備に随伴してごほうびを与える手続きや，子どもが決められた準備をしたら特権やごほうびを獲得できる契約をする手続きを親に教示することが含まれる。

セッション2

セッション2では，いくつかの側面について重要な情報を得る必要がある。第一に，この時点までには家族の治療に対する動機づけがあるかどうかを確認しておかなければならない。たとえば，家族がセッション2に来て，ホームワークと記録日誌を完成させてきた場合，家族の動機づけのレベルや予後はよいと考えられる。第二に，子どもの不登校行動の傾向をより明確にする必要がある。記録日誌を見れば不登校行動の傾向がわかるだろう。これは，治療を急いで行うべきか，ゆっくり行ってもよいかの判断材料になるだろう。最後に，この時点で家族とのラポールを十分に形成しておく必要がある。そうすることで，不登校行動に焦点を当てた治療手続きが導入しやすくなる。

家族が治療に慣れてくると，治療を「よりよく」するアイディアが家族から出てくることもある。画期的なアイディアが提案されることもあるので，その場合は治療に取り入れてもよい。たとえば，親は治療手続きを自分の子どもに合った形に微調整したり改善する独創的なアイディアを思いつくことがある。しかし，これらの新しいアイディアを取り入れない方がよい場合もある。たとえば，不安を感じる状況から子どもを保護しようとして，子どもがその状況を避けることができる行動を家族が提案する場合がある。しかし，この回避行動は，本書や保護者向けワークブックにあるよう

なエクスポージャーを基盤とする手続きとしばしば矛盾する。もちろん，このような場合は臨床的判断と同時に，クライエントの治療を選択する権利を考慮しなければならない。しかし，多くの不登校のケースを改善するためには，問題解決をするための新しいスキルが必要だということを忘れてはならない。したがって，新しいスキルを習得してもらうためにも，本書で書かれた手続きを大きく逸脱するのは推奨できない。

セッション3～4

セッション3～4までには治療手続きを決定するだけでなく，家族や家族の状況を十分に把握しなければならない。さらに，行動変容に対する家族の動機づけをより明確にし，治療の範囲，ペース，方向性を決定する。また，学校関係者と密接な関係を作り続けなければならない。このような関係を作っておくと，子どもがクラス場面に戻りやすくなる。

セッション3～4は，「難しい」セッションになることが多い。このセッションの期間には子どもが学校に行き始め，さまざまな結果が生じることになる。したがって，これらのセッションが長期に及んでも驚いてはならない。家族の心配ごとに耳を傾け，治療手続きを実施し，ケースに合わせて手続きを調整し，ホームワークを出し，関連する問題に対応していると，1時間以上はかかるだろう。この治療期間には，家族へのサポートとフィードバックをしたり，ホームワークをするように促すことが毎日必要となる。家族が難しい選択を迫られたり，不登校行動に対応するために努力をしなければならないため，この期間はドロップアウトの危険が高い。特に，治療手続きを妨害したり，行動変容よりも子どもやセラピストを非難をしたくなる家族もいる。このような状況を変えるためにセラピスト側が努力することで，治療は成功しやすくなるだろう。ここで行うサポートの例としては，ネガティブな感情について自由に話してもらう，治療手続きに対するとらえ方を変容するといったものがある。

セッション5～6

セッション5～6までにはかなり集中的に治療を実施し，不登校行動に焦点を当てる必要がある。必要であれば二次的な問題について話し合うが，多くの時間は子どもの不登校行動への対応に費やされる。セッション5～6の手続きは，治療が非常にうまく進んでいる場合のみ適用する。子どもが学校に行き始めたり，もっと定期的に学校に通い始めたら，セッション5～6の手続きについて話し合う。しかし，子どもや家族が前の段階治療に留まって苦戦している場合は，その段階の治療手続きに時間を費やすことになるだろう。難しい不登校のケースの多くで，問題や再発を修正するために「引き返す」ことが必要である。本書の手続きは，さまざまなケースに適用できるように柔軟に書かれている。前にも述べたように，解決に時間がかかるケースもあれば，時間がかからないケースもある。治療のスケジュールが本書のとおりにならなくても，心配し過ぎることはない。

セッション7～8

　セッション7～8になると，子どもの不登校問題はほぼ解決されているだろう。したがってセッション7～8の焦点は，未解決の問題，全校時への出席の達成，他の問題への対応の拡大，長期的なフォローアップの準備，終結の準備，治療後の情報を得る方法などに当てられる。本書に示されている8セッションよりも長く治療を行う必要がある場合は，本書に書いてある技法や方針に沿って追加のセッションを計画する。特に，重度の不登校行動，再発，併発する問題などを示すケースには治療の延長を行うのが適切である。

　不登校に対する治療の成功，少なくとも2週間の間すべての校時に出席すること，もしくは日常のストレスを測定する尺度の得点が十分に低減（＞75％）することと定義される場合がある。もちろん，状態はケースによって異なるため，治療の成功についての定義はケースによって変えてもよい。多くのケースでは，治療が成功したと判断する前に，数週間から1ヶ月間すべての校時に出席することが必要となる。また，学校に関する苦痛が少しでも残っていると，再発のきっかけとなることがある。したがって，学校に関する不安を子どもがほぼ感じなくなることが必要となる。しかし，もっと慢性的なケースの場合には，オルタナティブスクールに部分的に出席するようになったら治療を成功したものと定義することもある。

治療プログラムを減らしていく

　治療の後半のセッションは，新しいスキルに挑戦し，これまであまりはっきりしていなかった学校に関する不安を明らかにするために，セッションとセッションの間の期間をあけていく。ホームワークは初期のホームワークと類似したものを適度に出せばよい。セッションのスケジュールは1週間おきか，月に1回のペースにして学期末まで続ける。治療セッションを少しずつ減らしていくことで，治療関係を体系的かつ支持的に終結することができる。少しずつ治療を減らしながら，体系的に治療を終結させる必要がある。つまり，セラピストにさようならを言い，今後の計画について話し合わなければならない。

治療の終結

　いつ治療を終結させるべきか？　最終的には，この問いはクライエントとの話し合いを通して最善の答えが出るものである。子どもが学校に戻ったらすぐに治療を終結したいと考える親や子どももいる。しかし著者らは登校後すぐには終結しないことを強く勧める。多くのケースで問題や疑問が残されていたり，数週間後に子どもが登校を拒否して親を「試す」ことがある。抗生物質を処方されたときのたとえ話を親に伝えてもよい。抗生物質は症状がなくなった後も10日間服用しなければならない。症状がなくなってすぐに抗生物質を飲むのを止めると，治療が不十分なために再発する危険がある。同様に，クライエントは終結の前にきちんと治療を終わらせておく必要がある。

終結のための手続きには，時間をかけてセッションを減らす，再発の防止に焦点を当てるなどがある。第8章で，悪化や再発を防ぐためにセラピストが使う技法を紹介する。

また，不登校行動の範囲を超えた問題に家族が悩むこともある。したがって，子どもが学校に戻ったとしても，不登校以外の問題に対する治療は継続しなければならない。不登校の子どもが示す不登校以外の問題には，家族内のトラブル，不安，抑うつ，動機づけの欠如，非行や反抗的行動，学習障害，多動などがある。このような問題が複数見られるケースでは，治療を延長して子どもが学校に登校し続けることを確認し，これらの問題にも対応した方がよい場合がある。

本書を読むにあたって

第4章から第7章は不登校行動に対するさまざまな治療について書かれている。ネガティブな感情を引き起こす刺激を回避するために学校に行かないケースについては第4章，対人場面や評価される場面を回避するために学校に行かないケースについては第5章，注目を得るために学校に行かないケースについては第6章，具体的な強化子を得るために学校に行かない子どもケースについては第7章に進むこと。**複数の理由によって**，学校を拒否している場合には該当する章をそれぞれ参照してほしい。

本書は，子どもが学校を拒否するさまざまな要因に適用することができる。子どもを学校に送り届ける，過剰な安全確保行動に取り合わないといった例にも言及している。したがって，必要に応じて本書を読み，自分のケースに合った部分を見つけてほしい。家族も同じようにすることを勧めるが，新しい治療技法を自分で試そうとする前にセラピストと話し合いをするように伝えておくこと。

さまざまなクライエントに本書を適用する場合には，セッションを実施する前に該当するセッション（たとえば，セッション1）を十分に読み返すようにする。セッションの主要なポイントを把握し，セッションで網羅したいポイントをまとめておく。治療に関係する家族やその他の要因について考慮する。こうすることで，治療技法をより確かで効率的かつ効果的に適用することができる。

第4章　ネガティブな感情を引き起こす学校に関連した刺激を回避するために学校に行かない子ども

セッション1：治療の開始

必要な教材

- 不安のモデル
- 不安と回避の階層表
- 気持ちの温度計
- リラクセーションと深呼吸のスクリプト
- リラクセーションの記録表
- 録音機器

セッションの概要

- 子どもに不安について教える。
- 子どもと一緒に不安と回避の階層表を作成する。
- 子どもにリラクセーションと深呼吸を教える。

　学校に関連した特定の刺激によって起こる恐怖，不安，パニック，抑うつといった症状を回避したいという欲求によって不登校行動が動機づけられていることは多い。ネガティブな感情を引き起こす刺激を回避する子どもに対する主要な治療目標は，子どもの回避行動を変容し，対処法や積極的な登校行動を培うことである。治療には以下のような手続きがある。

- 不安や回避を引き起こす刺激の階層表を作成する
- ネガティブな感情の生起を減少させる身体的マネジメントスキルを教える
- 階層表で特定された不安のきっかけについて，ステップ・バイ・ステップ方式で系統的なエ

> **トピック 4.1　重度の苦痛を示す子どもへの薬物療法**
>
> 苦痛が非常に大きい子どもには，薬物療法が望ましい選択肢となることがある。**子どもの苦痛に対して薬物療法という選択肢を検討するのであれば，子どもの不安やうつに対する薬物療法に精通している児童精神科医に相談しなければならない。**薬物療法は苦痛の大きい子どもに効果的であり，子どもの身体症状の苦痛を和らげることができる。薬物療法に関するいくつかの注意点について言及しておく。第一に，苦痛を感じている子どもの中には薬物療法が有効ではない子どももいる。たとえば，苦痛が軽度から中等度の子どもは，重度の子どもほどには薬物療法の効果が得られないことがある。クライエントの苦痛の程度が軽度から中等度である場合は，本書で述べている心理学的技法の方が役立つだろう。第二に，薬物の副作用が起きる可能性がある。第三に，薬物療法は身体症状の苦痛を和らげるのには有効であるが，「認知」や「行動」に関する症状を軽減することはできないかもしれない。学校に関する苦痛に対して薬物療法を受けている子どもは，身体症状は改善していても学校にはまだ出席したくないと思っていたり，学校を避けようとしたりするかもしれない。

　　クスポージャーを実施する
- 子どもに再登校を徐々に促す
- 一時的なネガティブな感情に対処できたら自己強化するように子どもに働きかける

　このように，治療では子どもが自己コントロール法を用いることができるように訓練する。この治療プログラムにおいてセラピストは，ネガティブな感情のきっかけとなるものや状況を明らかにすることと，悪循環にはまって強い不安反応を引き起こしてしまうのを防ぐための具体的な身体コントロール法を用いることを子どもに教える。これらの身体コントロール法は，不安の悪循環が始まらないよう予防するために用いることができる。身体コントロール法を用いることで，子どもは徐々に強い不安を引き起こす状況にも身を置くことができるようになる。

　治療時間の大半を子どもと共にするが，各セッションの最後には，セッションの内容を説明するために親と面接をするべきである。各セッションでは，親のサポートや積極的な参加が必要となるホームワークや，家族で活動しなければならないホームワークを課す。親は，他の子どもに邪魔させないようにしたり，逆に関わらせたりする重要な人物である。また，ホームワークに集中できるように家族の時間を確保する際にも親は大切な役割を担う。

心理教育

　治療の初期では，子どもが不安の性質や仕組みを理解できるように援助する。子どもの不安について理解が進んだら，子どもが自分自身の不安反応を観察すること，不安反応が生じる状況を明らかにすること，そしてネガティブな感情に対処する具体的なスキルや道具を使うことをセラピストは支援する。子どもに不安が起きるプロセスについて説明した例を以下に示す。幼い子どもや特別な支援が必要な子どもに対してはより簡潔化すること。不安のモデルについて子どもに説明する際には図や紙を用いるとよい（**図 4.1**）。

あなたが怖いと感じる（不安，緊張を感じる）とき，大きくて嫌な感じのするものが，自分めがけて転がってくるような気がして，どうすることもできない感覚に襲われるみたいですね。まるで電車にひかれそうになっているときみたいです！　もし，不安を感じることについて，そんなふうに考えていたら，嫌な感じが続き，場面に対処できないと感じてしまうでしょう。でも，緊張（不安）というのは，実は3つの部分からできています。

　1つ目は，あなたが感じていることです。つまり，体に感じることのすべてが，自分は怖いと感じているということを，あなたに知らせているのです。心臓がドキドキしている，震えている，手が湿っている，お腹が痛くなるといったことは，全部あなたが怖がっているという合図なのです（<u>円を描いて「感じていること」と書き込む</u>）。

　2つ目は，あなたが心の中で考えていることです。よくあるのは，「ここから逃げよう」，「怖い！そんなことできない」，「お家に帰りたい」，「お母さんか誰かに助けてほしい」といったことを心の中で考えたりします（<u>円を描いて「考えていること」と書き込む</u>）。

　そして3つ目は，怖いと感じたときにしている行動です。これは，その場所から離れたり，はじめから行くのをやめたり，気分を楽にしてくれそうな人のそばにいようとするといったことです（<u>円を描いて「していること」と書き込む</u>）。

　モデルを示した後，不安の3つの構成要素について，その子どもに関係したそれぞれの反応を尋ねる（「感じていること」，「考えていること」，「していること」）。

　子どもと一緒に，それぞれの構成要素について変容の目標を決める。認知行動療法ではソクラテス式質問法，すなわちクライアントに治療に積極的に参加してもらうための質問法を重視している。質問によってクライアントは自分自身のバイアス，信念，行動パターン，対処資源を明らかにすることができる。始めのうちはセラピストが中心になって質問を進めていくが，理解が深まるにつれ

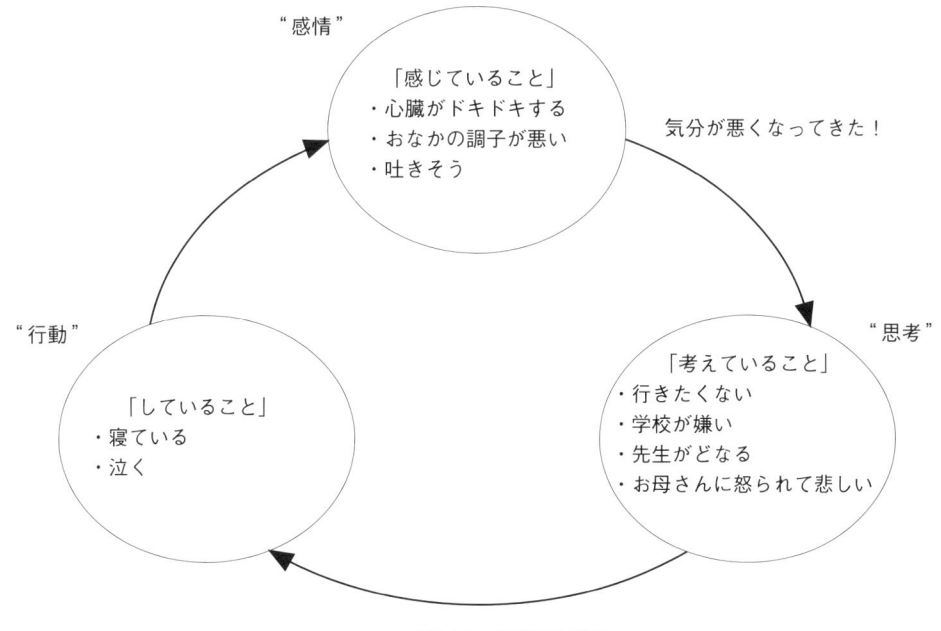

図4.1　不安モデル

て子どもが自ら演繹的で合理的な思考に取り組むことができるようになる。以下は子どもとのやり取りの例である。Cは子ども，Tはセラピストを表している。

ケース例

T：この3つの丸を見てください。この「感じていること」と書いてあるのは，自分の体が感じていることを表しています。こちらは「考えていること」，こっちは「していること」と書いてありますね。最近あなたが学校に行きたくないと思った時のことをちょっと考えてみましょう。そんなことがいつあったか覚えるかな？

C：うん。先週学校に行きたくなかったけど，行かなくちゃいけなかったんです。

T：それじゃあ，その時のことを考えてみて。それは朝，学校に行く前だったの？

C：そう。お母さんが私を起こして，学校に行くから服を着なさいって言ったんです。

T：それで，服を着るようにお母さんが言った時，あなたはどんなことを考えたの？

C：わかんない。行きたくなかった。

T：いいよ，あなたは「行きたくない」と考えたんだね。それじゃあ，それをこの丸の中に書こう（セラピストは，思考の丸の中に「行きたくない」と書く）。他にどんなことがあったかな？

C：私が寝てたらお母さんが来て，どなったの。

T：それじゃあ，ここに「寝ている」と書こう（「していること」の丸に書き込む）。学校に行きたくないと考えた時にしていたことはこれだね。お母さんがどなった後，あなたはどうしたの？

C：泣きました。

T：（行動の丸に「泣く」と書く）どういうことを考えて泣いちゃったの？

C：学校が嫌い。先生にどなられるからこわいって。

T：（思考の丸に「学校が嫌い」，「先生がどなる」と書く）あなたが，学校に行かなくちゃと思って，先生からどなられるかもしれないと心配になった時，体が何か変な感じにならなかったかな？

C：気持ち悪かったです。なんか吐きそうな感じだった。

T：それは，お腹が変になっちゃうような感じかな？

C：そう。それに心臓がすごくドキドキした。

T：（感情の丸に「心臓がドキドキする」，「お腹の調子が悪い」と書く）うまくできたね。見て，あなたが怖いと感じる時に，あなたの中で起こっていることがわかるよ。

次に，これらの3つの構成要素が循環的に相互に影響して不安の感情をより大きなものにすることを子どもに説明する。

T：3つの丸を見てみましょう。あなたが寝ていた時（「していること」を示しながら），あなたは，学校が嫌いで，行きたくないと思った。そして，先生はどなるかもしれないと考えたんだね。合ってる？

C：うん。

T：学校で嫌なことが起こるかもしれないと考えたら，気分はよくなったかな？

C：ならなかった。

T：泣いてた時に，お腹の調子はよくなったかな？

C：ううん。もっとひどくなった。
T：それじゃあ，そのとき心の中でどんなことを考えたかな？
C：お母さんに怒られたこと。お母さんがどなるから悲しいって。
T：（思考の丸に「お母さんに怒られて悲しい」と書く）これを見て。1つの丸で何かが起こるたびに，他の丸でも何かが起こってるね（それぞれの丸から矢印を引き，隣の丸とつなぐ）。つまり，あなたが心の中で「先生がどなる」と思うと，あなたのお腹の調子はもっと悪くなるんだね。それであなたは起きられなくなっちゃう。そうするとお母さんがあなたのところに来て怒って，あなたはそのことを考えて悲しくなるんだね。見て，私たちの気持ちって，こういう3つの部分からできていて，この3つはお互いに影響しているんだね。

不安と回避の階層表の作成

　不安と回避の階層表は，子どもが不安を感じるものや状況のリストであり，積極的に治療のターゲットにされるものである。このリストは，最も容易な（または最も低い）ことから最も難しい（最も高い）段階へとゆるやかなステップに沿って子どもが取り組めるように作成されている。不安を感じる状況や活動のすべてを克服するまで，いくつかの階層表を作成して取り組むことになる子どもがほとんどである。**図4.2**は，分離不安のため不登校になった7歳の女児の階層表の例を示している。なお，空欄の階層表も**次のページ**に掲載している。この階層表はコピーをとって使用して構わない。

　不安と回避の階層表を作成するには，アセスメントで子どもと親から集めた情報を精査し，現在回避しているものや状況を追加しなければならない。1枚のカードにつき1つのものや状況を書いてもらって情報を整理する。治療過程で明らかになった追加情報を書くために白紙のカードを何枚か余分に持っておくとよい。カードを子どもに示し，気持ちの温度計にしたがってその状況がどのくらい不安なのか尋ねる（**図4.3**）。気持ちの温度計は，子どもがそれぞれの状況で経験した不安や全体的な苦痛の程度を特定し，評価できるように支援する。評定の範囲は，0（ぜんぜんこまっ

問題：家や親から離れることへの不安による不登校

私がいやな場面	不安は何点？	回避は何点？
1. お父さんとお母さんに電話をせずに，1日中学校にいる	8	8
2. お父さんとお母さんに電話をかけたり，保健室に行ったりせずに，午前中だけ学校にいる	8	8
3. 一人でスクールバスに乗る	7	8
4. お母さんを待っているのになかなか迎えに来てくれない	6	7
5. 家で留守番をしているのに，お母さんが電話をかけてきてくれない	5	5
6. 次の日着ていく服を，前日の夜に準備する	5	3
7. 学校で個別指導を受ける	4	2
8. 宿題を受け取りに学校に行って，先生に会う	3	2
9. 学校でお昼を食べる	3	2
10. お母さんが買い物に行っている時に家庭教師の先生が来る	3	2

図4.2　サンディの不安と回避の階層表

不安と回避の階層表

問題：＿＿＿＿＿＿＿＿＿＿＿＿＿＿＿＿＿＿＿＿＿＿＿＿＿＿＿＿＿＿＿＿＿＿＿＿＿

私がいやな場面	不安は何点？	回避は何点？
1.		
2.		
3.		
4.		
5.		
6.		
7.		
8.		
9.		
10.		

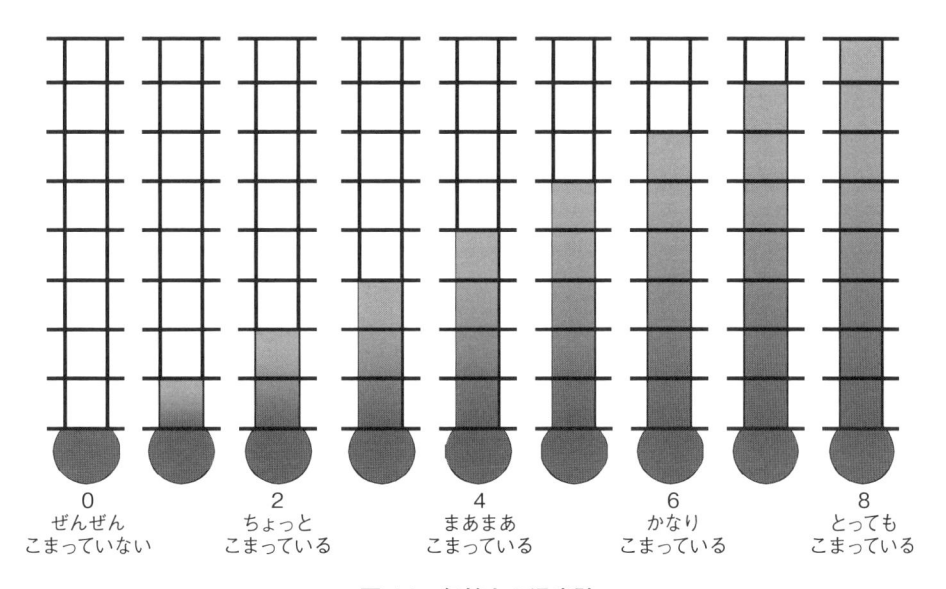

図 4.3　気持ちの温度計

0　ぜんぜんこまっていない
2　ちょっとこまっている
4　まあまあこまっている
6　かなりこまっている
8　とってもこまっている

ていない）〜 8（とってもこまっている）である。子どもの評定において最も点数が低かった 10 項目を使って階層表を作成する。空欄の階層表は保護者向けワークブックにも掲載されている。治療の後半では，フィードバックや行動変容の進み具合を知るために，子どもに階層表のそれぞれの項目に対する不安をセッションごとに評定させる。親にも階層表の評定を子どもとは別にしてもらう。こうすることで，複数の評定者による有益な情報が得られ，子どもの様子や機能を幅広く正確な視点から見ることができる。すべてのセッションにおいて，子どもと両親にそれぞれ階層表の用紙を配布して記入してもらうところから始めるとよい。

リラクセーション訓練と呼吸法

　次の治療要素は，以下に示すスクリプトを用いて子どもにリラクセーション訓練や腹式呼吸を教えることである。このセッションは，家で子どもが使えるように録音することが理想である。もし録音機器がない場合，親は保護者向けワークブックに掲載されているリラクセーションと呼吸法のスクリプトを用いるとよい。

　リラクセーション訓練では，緊張時と安静時の身体感覚を区別することを目指した筋緊張と筋弛緩のエクササイズを子どもに教える。まず，椅子かソファに楽に座るようにと子どもに伝える。次に，子どもに目を閉じさせるか，部屋の一所に焦点を当てて見つめさせる。それぞれのステップにおいて，緊張を解いて気持ちを落ち着けることに集中するようにと子どもに伝える。筋肉を一度に一個所ずつ意識できるようになるために，一個所の筋肉だけを緊張させる方法を子どもに教える。より年少の子どもに教える場合は，セラピストがそれぞれのステップを実演するのを見てまねるように指示したり，イメージを使って練習したりする。リラックス状態を長時間維持してより上手にできるようにするために，腹式呼吸による呼吸法を導入する。

　リラクセーションは全体でも 20 分間ほどで終わるはずである。この後に親もセッションに加わ

> **トピック 4.2　ホームスクーリング**
>
> 学校に行きたがらない子どもが，ホームスクーリングや訪問教育への登録を親に求めることがしばしばある。これは，子どもが家で，親や家庭教師などの学校のカリキュラムに沿って教える大人から勉強を教わることを意味している。家庭での教育は，本来は深刻な医学的な問題などのために学校に通うことができない子どもたちのために設けられるものである。しかし，最近では家庭での教育を選択する親も増えてきている。ホームスクーリングには，子どもを丁寧に指導できる，親と子どもの関わりが増える，子どもの学習を十分に管理できるといった利点がある。しかし，学校に行っていない子どもは，社会的スキルを育み，他者の前でうまく行動することを学習したり，友情を深めたりすることのできる社会的集団や仲間集団から孤立する傾向がある。さらに，家庭における教育と学校における教育の質の違いを考慮しなければならない。基本的には，学校を苦痛に感じている子どもを支援するための方法としてホームスクーリングは推奨できない。もし子どもがこの苦痛から逃れようとしているのであれば，ホームスクーリングを取り入れることでその回避行動を黙認することとなり，回避行動を強化するだけにしかならない。不登校行動や全般的な回避行動に対処するよりよい方法は，第4章や第5章にあるような苦痛に対処するためのスキルを練習することである。こうしたスキルには，リラクセーションの習得，現実的な考え方をする，苦痛のもとになっている場面に徐々に直面するといったものなどが含まれる。子どもが苦痛への対処法を学べば，不登校は改善されることとなる。

ってもらい，話し合いや現状説明をしてもよい。治療モデルと手続きに関する子どもの学習が促進されるように，セッションの内容の親への説明を子ども自身にしてもらう。セッションの概要説明がより上手にできるように，必要に応じてコメントを追加したり子どもに助言したりする。この時に，親がどのように子どものホームワークを手助けするかについて親と話し合うこともよい。たとえば，親は，子どもがリラクセーションの練習をする間，できるだけ注意が散漫にならないように促すことができるだろう。

<u>リラクセーションのスクリプト</u>（Ollendick & Cerny, 1981 を改編）

　子どもを楽な姿勢で座らせ，目を閉じるか，壁や天井の一所を見つめさせる。足と腕は組まないようにさせ，靴を脱がせて，ベルト等のきつい衣類を緩めさせる。

> 　椅子に，できる限り楽に座ってください。今から，あなたにいろいろな筋肉を緊張させたり緩めたりする手順を説明します。よく聞いて，私が言ったとおりにしてください。先を予測することはせずに，ただリラックスして，私の声に集中してください。質問はありますか？（質問があったらそれに答える）。
> 　それでは，足を床につけて，腕を椅子の肘掛けに置いてください（目は閉じるか，一所を見つめます）。できるだけリラックスしてください。

　緊張と弛緩のプロトコルに沿って，筋肉を約5秒間緊張させたままにする。手続きは録音しておくとよい。

手と腕

　左手で握りこぶしを作ってください。それを強く握りしめてください。握りしめると，手や腕の緊張を感じるでしょう。それでは，手を開いて，リラックスしてください。どうですか？リラックスすると手と腕がすごく気持ちいいでしょう。もう一度，左手で握りこぶしを作って，強く握りしめてください。いいですよ。それでは，リラックスして，手を開きましょう（右の手と腕についても同じプロセスを繰り返します）。

腕と肩

　前に腕をのばしてください。次に頭の上まで高く持ち上げてください。それから，背中の方までぐっとのばします。肩が引っ張られるのが感じられますね。高くのばします。それでは，腕をあなたの横に戻してください。そうです，もう一度のばします。前に腕をのばしてください。それを頭の上まで持ち上げます。背中の方へ……そう背中の方まで。強く引っ張ります。それじゃあ，腕をすばやく下ろします。そうです。肩がとてもリラックスしたのがわかりますね。今度は，大きくストレッチをしましょう。天井まで届くようにしますよ。前に腕をのばしてください。それを頭の上の方まで持ち上げます。腕を背中の方まで持っていきます。腕と肩が引っ張られて，力が入っているのが分かりますね。そのまま力をいれて，そうです。すばらしい。腕を素早く下ろします。リラックスしていると気持ちがいいですね。気持ちよく，暖かで，だらーっとしていますね。

肩と首

　肩を耳まで上げて，頭を後ろに曲げてください。そのままぎゅっとおさえましょう。そう，今度はリラックスして暖かさを感じます。もう一度，肩を耳まで上げて，頭を後ろに曲げます。ぎゅっとおさえますよ。そう，それではリラックスしてください。頭を元の位置に戻し，肩を下ろしてリラックスします。力を入れている時よりも，リラックスしている方がずっと気持ちがよいことが分かりますね。もう1度やってみましょう。肩を耳まで上げて，頭を肩の方に曲げてください。そのままにして。首と肩が緊張しているのを感じてください。いいですよ。さあ，リラックスして，心地よさを感じましょう。気持ちがいいですね。

あご

　歯をすごく強くかみ合わせてください。首の筋肉を使うといいですよ。それじゃあ，リラックスしてください。あごを楽にしてください。あごの力を抜くとすごく気持ちが良いのがわかりますね。それでは，また強くかみしめます。上手ですよ。またリラックスしてください。あごの力を抜くと，とても気持ちがいいですね。そうです，もう1回。かみしめて。できるだけ強く。もっと強く。そう，とても一生懸命やっていますね。いいですよ。今度はリラックスしてください。体全体をリラックスさせるようにしてください。できるだけ体の力を抜きましょう。

顔と鼻

　鼻にしわを寄せてください。鼻にできるだけたくさんのしわを作ってください。強く力をいれて，鼻をくしゅっとさせましょう。いいですよ。それでは，鼻をリラックスさせましょう。今度はまた鼻にしわを寄せてください。強くしわを寄せてください。できるだけ強く力を入れたまま，その状態を維持しましょう。そうです。では顔をリラックスさせてください。鼻をくしゅっとさせると，ほおや口やおでこなどにも力が入るのが分かりますね。だから，鼻をリラックスさせる

と，顔全体もリラックスして，気持ちよくなるんです。今度は，おでこにたくさんのしわを作ってみてください。そのまま力を入れていてください。そうです，では抜いてください。リラックスさせましょう。顔を平らにしてください。どこにもしわがありませんよ。顔は気持ちよく，平らかで，リラックスしていますね。

おなか

それでは，お腹の筋肉にぎゅっと力を入れましょう。お腹をとても固くします。動いてはいけません。そのままにして。はい，力を抜いてください。お腹を柔らかくしてください。できるだけリラックスさせましょう。とてもいい気持ちがしますね。いいですよ，もう一度。お腹をぎゅっと固くしてください。いいですね。では，リラックスさせましょう。落ち着いて，楽にして，リラックスしてください。お腹が固くなっている状態と，リラックスしている状態の違いが分かりますね。今の楽な状態が，望ましい状態ですね。気持ちよく緩まって，リラックスしています。いいですよ。もう一度。固くしてください。とても固くね。上手です。では，完全にリラックスしましょう。気持ちよくリラックスします。

今度はお腹を引っ込めてください。背骨にお腹をくっつけるようにしてみましょう。できるだけスマートになってください。はい，力を抜いて。もうスマートにならなくていいですよ。リラックスして，お腹があたたかく，力が抜けているのを感じてください。いいですよ，それではまたお腹を引っ込めます。お腹が背骨にくっつくようにしましょう。お腹をきゅーっとへこませて，固くしましょう。できるだけスマートになってください。そのまま，固い状態を維持します。はい，リラックスしてください。落ち着いて，お腹をもとに戻しましょう。気持ちがいいですね。上手にできていますよ。

ふくらはぎと足

つま先を床に強く押しつけてください。押しつけるのに，ふくらはぎを使う必要があります。押しつけて，つま先を広げてください。今度は足をリラックスさせます。つま先をゆるめて，楽な感覚を味わってください。リラックスするといい気持ちになります。そうです。では，またつま先を押しつけてください。足の筋肉を使って，足を押しつけましょう。足を押しつけてください。強くね。そうです。足をリラックスさせ，ふくらはぎをリラックスさせ，つま先をリラックスさせます。リラックスすると，とてもいい気持ちになります。どこも緊張していません。少し暖かく，じんわりしますね。

まとめ

できるだけリラックスした状態を維持しましょう。体全体をだらんとさせて，すべての筋肉がリラックスしているのを感じてください。あと少しでリラクセーションの練習は終わりです。今日はよい日です。あなたはここでがんばって練習しました。がんばって練習するといい気分ですね。それでは，腕を振ってください。今度は足を振ってください。頭をぐるっと回しましょう。（もし目を閉じていたら）目をゆっくり開いてください。とてもいいですよ。がんばりましたね。あなたはリラックスの達人になることができました。

呼吸法のスクリプト

子どもに気球に乗っている想像をするようにと言う。子どもの呼吸によって燃料が供給されるか

ぎり，気球はどこまでも行くことができる。子どもに鼻で息を吸って，口からスーと息を出すように言う。気球の写真をそばにおいてイメージしやすくするのもよい。必要であれば，息を吐くときに子どもにゆっくり数を数えさせる。以下は例である。

> 気球に乗っているところを想像してください。あなたの息は気球の燃料になります。あなたが深く息をするかぎり，気球はどこまでも飛んでいくことができます。このように，鼻で息を吸ってください（実演する）。ゆっくりと深く吸いましょう。たくさんの空気を吸いこむようにします。今度はこのように，スーと音を出しながら，口からゆっくりと息を吐きます（実演する）。息を吸ったり吐いたりするときに，心の中で数を数えてもいいですよ。

ホームワーク

次のセッションまで，できれば1日に2回，家でリラクセーションと呼吸法の練習を毎日する。リラクセーション記録表は保護者向けワークブックに掲載されている。毎回の練習の後，練習中に寝てしまったとか，集中することができなかったなど，難しかったことを記録する。もし，子どもが幼すぎて記録ができない場合，もしくは自分自身でこの指示に従うことができない場合は，親が子どもに尋ねて難しかったことをリラクセーション記録表に記入する。

- 子どもと親は，毎日の記録表に記録をつける。
- 子どもと親に，1週間の間に起きたどのようなことでも記録するように伝える。
- 学校に行く前の時間帯だけでもよいので，学校に行く場合の通常のスケジュールどおりに行動してみるようにと伝える。これには早起きや服を着替え，学校に行くための準備，ホームワークへの記入が含まれる。

セッション2：治療を増強する

セッションの概要

- 前回のセッションのホームワークを見直す。
- 子どもにエクスポージャーの準備をさせる。
- セッション1で作成した不安と回避の階層表の中から比較的簡単な項目を1つ選び，系統的脱感作法を実施する。
- イメージを用いた脱感作を実施する。

セッション2ではまず，不安を引き起こす学校に関連したものや状況を子どもに経験してもらう。系統的脱感作法は，イメージ（イメージによるエクスポージャー）や現実場面（現実場面でのエクスポージャー）を通して，段階的に不安を克服していく治療法である。系統的脱感作は子ど

56

トピック 4.3　子どもに学校を休ませるのはどういう時か

どんな身体症状の訴えがあったら学校を休ませればよいか，と親から尋ねられることがよくある。下に挙げたもの以外の場合であれば，子どもを登校させることが望ましい。
- 約 38℃ 以上の発熱
- 頻繁な嘔吐
- 出血
- シラミ
- ひどい下痢
- ひどい風邪のような症状
- 激しい痛みなどの非常に深刻な医学的所見

もし子どもにこれらの症状が見られれば，小児科医の助言を求めるべきである。さらに，こうした症状を示す子どもは，授業のある時間帯はずっと布団の中で過ごすか，もしくは家で宿題や課題をさせるべきである。学校を休むのを強化することになるので，学校がある日に楽しいことをたくさんさせてはいけない。もしこれらの症状のために 2 日以上学校を休む場合は，親から担任に連絡してもらい，日中に子どもがする宿題を出してもらうこと。深刻な医学的所見がない限り，家庭では子どもが登校することを期待している態度を示すこと。多少の頭痛，腹痛，吐き気は家にずっといる理由にはならないので，一般用医薬品や処方薬で対処するべきである。学校で子どもの症状がひどくなることがあれば，その時に保健室に行かせること。**登校することを親が毎日期待して促すようにすれば，子どもが登校できる回数も増えるだろう。**風邪のようなちょっとしたことではなく，とても深刻な場合にのみ，子ども（特に不登校の経験がある子ども）が学校を休む理由となる。

もや成人の不安障害の治療法として効果が実証されている。イメージを用いた脱感作の後には，現実場面での脱感作の練習が行われる。子どもや親には，これらの現実場面での練習を「できるよ Show That I Can：STIC」課題して説明する（「できるよ」課題については，ケンドールら『子どものストレス対処法：不安の強い子の治療マニュアル』（市井雅哉監訳，岩崎学術出版社，2000 年）に詳しい）。治療がうまくいくためには，親が「できるよ」課題の実施を家庭で支援したり，それに参加したりすることが欠かせない。

子どもに対する系統的脱感作

思春期の子どもで複雑な概念を理解できる場合には，「系統的脱感作」の用語を用いて説明する。

ケース例

　　T：質問していいかな。あなたは自転車の乗り方を知っている？　泳ぎ方は？　スキーや乗馬のやり方は？（子どもができる活動を見つけるまで探る）。
　　C：自転車に乗れます。5 歳か 6 歳の時に乗れるようになりました。
　　T：そう，あなたが自転車にのる（スキー，乗馬をする）時にどういうふうにしてやるか，話してくれる？

C：ええと，自転車を物置から出して，それに乗って道路に出て，友だちの家まで行ったりします。
　　　T：そうか，自転車を物置から出すんだね。自転車に乗っている時にはどんなことを考える？
　　　C：何も考えません。友だちと何をしようか考えていると思います。テレビゲームをしようとか。
　　　T：自転車で道路をわたるときには，どうすればいいか知ってる？
　　　C：ええと，信号が青になったら，右と左を見てわたります。
　　　T：じゃあ，自転車に乗る時に手や足や目はどんなことをしないといけないのかな？
　　　C：別に……ペダルをこいで，ハンドルを持つくらいです。あと，行く方向を見ないと。
　　　T：そうだね。それじゃあ，あなたが私に話してくれたことは，自転車に乗ること，歩道や道路を走ること，ペダルをこぐこと，行く方向を見ること，あとは，こういうのをいちいち考えるわけじゃないということだね。その代わりに，友だちと何をしようか考えているんだね。合ってる？
　　　C：合ってます。
　　　T：そうだね。あなたが自転車に乗って，行く方向を見ているのは，自然にしていることなんだよね。どうやればいいか覚えちゃってるってことだね？（子どもがうなずく）自転車のこぎ方について考えてるわけじゃないんだね。じゃあ，最初に自転車に乗った時のことを覚えてる？　前は怖かったでしょう？

　ソクラテス式質問法を用いて子どもに質問し，自転車に乗り始めた頃，あるいは同じようにスキルが必要な活動をし始めた頃のことを思い出させる。そして，初めて自転車に乗る練習をしている人が感じそうな身体感覚，思考，行動について子どもに質問する。さらに，練習しているときに経験した子ども自身の個人的な反応についても質問する。スキルを学ぶときの最初のステップはとても小さかったが，練習するにつれてスキルが向上してできるようになったことに注目させる。重要なポイントの1つは練習を続けることである。もう1つの重要ポイントは，過剰学習をすればその状況は簡単なものになり，自然にできるようになることを伝えることである。次に，最初に不安を感じた時のことについて子どもに質問する。

　　　T：どうして今は自転車で転ぶのが怖くないのかな？
　　　C：だって，今はもう転ばないし，転んでもすり傷ができるくらいで，すぐ治るから。
　　　T：じゃあ，転んでも大丈夫ってことを知ってるってことかな？
　　　C：転んだことはあるけど，そのまま乗ればいいから，別に怖くはないです。
　　　T：そう！　そのとおりだね！　自転車の乗り方を練習した時に，初めは少しずつできるようになったはずだね。誰かに手伝ってもらったり，補助輪を使ったりするよね。うまくなってきてそんなに怖くないと思い始めたら，手伝ってもらうのをやめたり，補助輪を外すよね。そうだったでしょう？　つまり，1つずつ段階を踏んでうまくなっていって，あまり怖くなくなったんだね。今は，昔はどんなに怖かったか思い出すこともないかもしれないね。

1つずつステップを踏むこと，そしてほとんど，あるいはまったく不安を感じなくなるまで，個々のステップを十分に練習することを説明する。イメージによる脱感作のプロセスについては，子どもに「困った状況について考える練習」と説明する。系統的脱感作では漸進的筋弛緩法の練習を行い，その後で子どもの不安階層表に書かれている状況について話すこととリラックス状態を実際に作りだすことを交互に行う。不安な状況について話している間に，不安が我慢できないと子どもが訴えたら，即座にリラックス場面へと切り換える。子どもには，不安が我慢できなくなったら手を上げるようにと教示しておく。

不安のシナリオの作成

　子どもの階層表から，比較的簡単なステップを1つ選んで始める。これを最初にイメージして立ち向かう場面にする。その状況で起こると思うことを子どもに尋ね，子どもの考えや不安に感じることをもとにしながら，その状況に関するシナリオを作る。シナリオをいくらか脚色してもよい。子どもの不安の内容の鮮明さや不安の強さに親が驚くことも多い。しかし，それがその子の感じている不安なのであり，子どもの想像のままに不安が増大しつづけていることに注目しなければならない。したがって，そのイメージ自体がもう怖くなくなるように，リラックス場面を混ぜながら不安なことについて考えるよう子どもを促す必要がある。また，その状況は現実的なものかどうか話し合うとよい。脱感作の目標は，不安のシナリオのすべてを「まるで映画を見ているかのように」子どもに聞かせ，場面そのものが恐ろしいのではないと子どもに徐々に気づかせることである。もう1つの目標は，どんなシナリオでもポジティブで積極的な方法で対処できることを子どもに気づかせることである。サンディの階層表に記入されている場面8（図4.2）を使ったシナリオの例を以下に示す。

　　　時刻は2時過ぎです。あなたとお母さんは先生に会うために，車で学校に向かっています。あなたは学校に行って，宿題を受け取らなければなりません。これまで3週間学校に行っておらず，他の子や先生ともほとんど会っていません。最後に学校に行ったときには，お腹にすごく変な感覚があり，吐きそうになりました。学校が近づいてくると，少しめまいがして，汗ばみ始めます。あなたはお母さんの方を見て，「家に帰ろう」と言いますが，お母さんは「宿題を受け取らないとだめよ」と言います。車を停めておける場所がないので，お母さんは車に残り，あなたは一人で教室にいかなければなりません。お母さんは校門の前に車を停めます。そこには何人か子どもや先生がいますが，クラスの人ではないし，知っている人は誰もいません。あなたは車のドアを開けますが，ひどいめまいがして，お腹はジェットコースターに乗っている時のような感じがします。校門に向かって歩き始めますが，体はフラフラし，汗でべたべたします。これらはときどき襲ってくる感覚で，あなたが普段から恐れているものです。具合が悪くなったらどうしよう？
　　　振り返ると，お母さんは車を動かして，学校の敷地から出ようとしています。校舎に入ると，壁に手をついていなければ立てないくらいめまいがします。何人かの子どもが笑いながら通り過ぎていきます。いよいよ恐ろしくなって，息も苦しくなっていきます。このまま気を失ってしまって，誰も助けてくれなかったらどうしよう？　お母さんがそのまま車に残ったままだったら？
　　　長い廊下を歩いて教室に着くと，先生と話すために何人かの子どもが並んでいます。あなたも

待たなくてはなりません。教室はすごく暑くて，吐きそうになります。めまいがして，酸っぱいものがのどまで上がってきます。ふらふらして，気を失いそうになります。先生が自分に気づいて助けてくれないかと思いますが，他の子と話をしています。ついには吐き気がのどの上までせり上がってきます。助けを求めて大きな声を出したとたん，そこら中に吐いてしまいました。先生や他の子は，みんな目を見開いて，あなたを見ています。あなたはとても具合が悪く，すごく恥ずかしい気分です。お母さんが来てくれたらよかったのに！

脱感作中の不安の記録をつける

　系統的脱感作の間，気持ちの温度計などの尺度を用いて子どもに自分の不安のレベルを評定してもらい，その評定値を記録する。図やグラフを用いると，脱感作の間にどのようなことが子どもの不安に起きているか説明することができる。このような図やグラフによって，子どもが治療経過の中でどのように自分の不安を克服してきたか表すことができる。

　自分の不安レベルを記録につけることができる子どももいる。自分の評定値を記録につけると，子どもたちは自分が不安な状況にうまく対処できたかどうかをすぐに知ることができる。評定値によって，彼らがパニック症状や分離不安，特定のものや状況に対する恐怖，あるいは他の不安を感じる状況にどのように対処したかを示すことができる。親に対して，治療の進み具合を振りかえることができるよう，評定値を日誌やノートに記録するよう提案してみるのもよい。

イメージを用いた脱感作を行う

　脱感作の手続きを録音しておくと，その後のセッションや家庭での練習に使用することができる。脱感作は，まず子どもに不安が高まってきたら（気持ちの温度計（**図4.3**）で3以上）手を上げるよう教示するところから始める。気持ちの温度計をコピーした用紙を子どもに渡し，膝の上に置いておくようにと伝える。最初はリラクセーションの手続きを子どもと一緒に行う。セッションの始めにリラクセーションの手続きをひととおり説明する。練習を繰り返しながら，リラクセーションの方法を，①呼吸法，②全体的にリラックスすることに焦点をあてる，③体の一部の緊張を解くことに焦点をあてる，というように変えていく。子どもには，セラピストが言うことをよく聞いて，その後に続けて同じことを言うように教示する。また，教示を聞き，まるで本当に起こっているかのように場面を想像するようにと子どもに言う。

　まずはリラックスした後に，挑戦する場面についてセラピストが詳しく話すことを子どもに説明する。不安が強くなったら（3以上）手を挙げてそのことを知らせ，気持ちの温度計を使って不安のレベルを示すようにと子どもに伝える。子どもが手を挙げたら，楽しい考え（たとえば，浜辺や公園といったリラックスできて楽しい場所にいるなど）に切り換えるように言う。不安が0か1にまでいったん下がったら，再び不安場面をセラピストが提示する。子どもの不安が強くならずに最後まで不安場面を聞くことができるようになるまで，これを繰り返す。

　子どもがそれぞれの場面をクリアできるようになったら，今度は不安が4か5の強さになるまで待ってから手をあげるように言う。こうすることで子どもの耐性を強め，最終的には不安な気持

ちに慣れることができる。耐性が強まると，不安の感情が子どもに逃避や回避をさせる機能を持つことがなくなり，子どもは，正常なレベルの不安に耐えながら新しい状況に臨むことができるようになる。必要であれば，不安のシナリオをより小さなステップに分割したり，あまり不安を喚起しない場面にする。脱感作のプロセスは，常にリラックス場面で終了させること。

イメージを用いた脱感作の過程

　子どもの進み具合を話し合うために，セッションに親を呼ぶとよい。脱感作についての理解を促進するために，親に録音の一部を聞かせる。親への手続きの説明を子どもにさせて，実演させる。練習中に自分の不安がどうなったか子どもに尋ねる。典型的な反応は，セッション中に不安が下がり，練習を繰り返すことで耐性が強まるというものである。子どもの不安を逆U字型曲線で描いて，脱感作中の不安の馴化について説明する（図4.4）。

　もし子どもが慣れることができなかった（不安が低下しなかった）ならば，努力や一生懸命やったことを賞賛し，特に何が難しかったかを詳しく検討する。シナリオをより小さいステップに分割したり，不安を喚起しない場面にしたりする。どんなにわずかな進歩であっても，必ず子どもを賞賛して励まさなければいけない。子どもの努力を賞賛すると，そのセラピストの行動が親のモデルにもなる。脱感作はゆっくり始まり，次第にペースを上げていくのが一般的である。1セッションでできることもあるが，必要に応じて2セッション以上かかることもある。

　ここまで述べてきたように，馴化に伴う変化が示す曲線について子どもと親に説明をしなければならない。このように視覚的な情報を提示することによって，怖がっている刺激に子どもが直面した時の特徴的な反応について伝えることができる。評定は，伝統的な0～100のスケール（SUDS）によって行ってもよいし，気持ちの温度計の0～8のスケールを並行して用いてもかまわない。たとえば，バスに乗って通学することへのサンディの不安について，初期のセッションでイメージを用いた脱感作のセッションを行った時のグラフと，その後のセッションで現実場面での脱感作を行った時のグラフを比べてみる（図4.5）。

　図で示すことによって，始めの頃にバスに乗る際に感じていた心配についての具体的な情報を子どもに提示することができる。たとえばこのケースでは，イメージを用いた練習時の最初の不安の評定は4で，すぐに最悪の8のレベルにまで達した。しかし，右のグラフを見ると，現実場面での脱感作中のサンディの不安は，より低いレベルから始まって，ピークの不安レベルも低く，以前よりも早く不安が解消されることが明確に示されている。こうしたグラフを通じて，実際に起きる

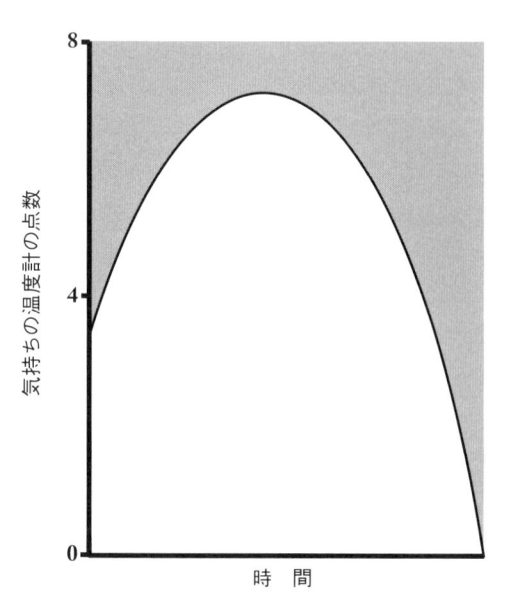

図4.4　逆U字型曲線

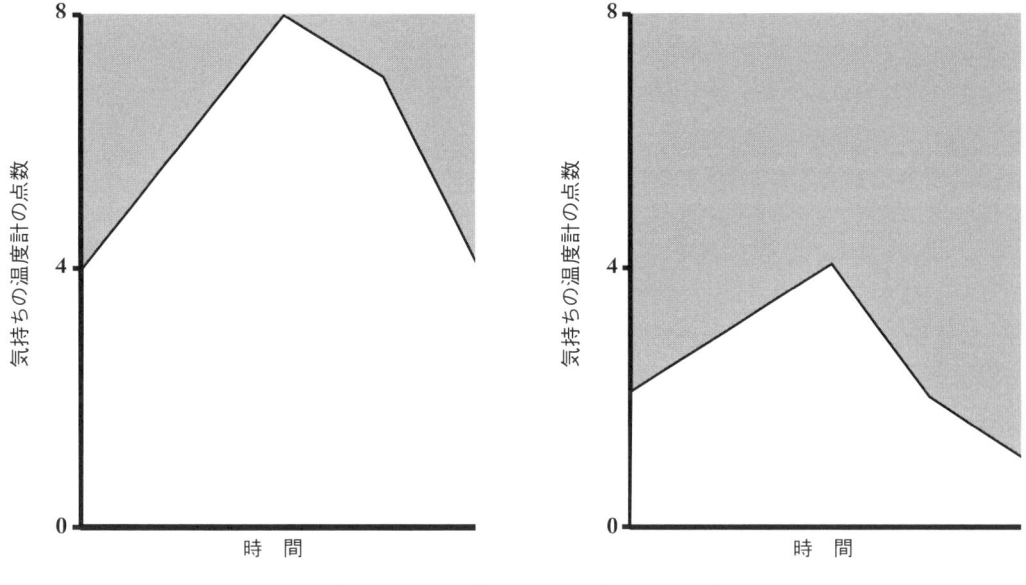

図4.5 サンディの不安の評定（右・左）

ことよりも悪いことを想像してしまうことはよくあることで，不安があったとしてもその状況には対処することができる，ということをセラピストは子どもに教えることができる。

馴化曲線

さまざまな馴化曲線の例を以下に示し，説明する際の注意事項を述べる。第一に，図4.4の逆U字型曲線に関して，子どもの中にはセラピストを喜ばせようとしたりエクスポージャーを回避するために低い評定をする者がいることに注意しなければならない。エクスポージャーを長く続けた時の子どもの思考や行動を吟味しながら，このことをチェックする必要がある。第二に，「山あり谷あり曲線」は，不安定ながらも馴化が続いていることを意味している（図4.6）。このような場合，セラピストは自動思考のチェックをしなければならない。こうした曲線は，子どもがときどきネガティブな結果に注目していることを表す可能性がある。子どもの認知再構成のスキルに焦点をあてて整理する必要があるかもしれない（第5章を参照）。

第三に，「右肩上がり曲線」は，不安が増大して馴化が生じていないことを表している（図4.7）。これは，階層表の項目が子どもに難しすぎたり複雑すぎるということである。項目をより小さなステップにするか，子どもにエクスポージャーの準備がまだできていないと考えなければならない。このような場合，身体マネジメントを継続し，可能であれば認知再構成法を始める。第四に，「底つき曲線」は，疑わしいほど早い不安の低下を表している（図4.8）。このような場合，子どもはエクスポージャーから逃れようとしているのかもしれない。後半のセッションであれば，こうした曲線は馴化がうまく進んでいるものの予期不安のレベルがまだ高いままであることを表している可能性がある。こういった場合は，身体マネジメントを続け，可能であれば認知再構成法を開始する。最後に，「一定曲線」は，不安が高いレベルにとどまっており，子どもに馴化が生じてもいな

> **トピック 4.4　バスに乗って通学できない子ども**
>
> 　学校を苦痛に感じて欠席する子どもはたくさんいるが，単に通学のためのバスに乗れないせいで欠席してしまう子どももいる。もし読者のクライエントがバスに乗れないという問題を抱えているとしたら，その子どもは体調が悪くなることや学校に近づくことに不安を感じているのかもしれない。自分がなぜバスに乗れないのか説明することができない子どももいる。
>
> 　もし読者のクライエントにこのような問題がある場合には，その子どもに短い区間だけバスに乗ってみようと言ってみる。まずはバスの停留所に立ってバスに乗り，次の停留所でバスを降りたら親が車で学校に連れて行く。あるいは，もう1分ほど離れた次の停留所まで乗れるかもしれない。子どもがこの課題を実行する際には，本章で説明している苦痛を軽減するための方法を練習させておくべきである。さらに，それぞれのステップにおいて子どもの苦痛のレベルを評価することを親に依頼しておく。
>
> 　子どもがこの最初の段階をクリアしたら，バスに乗っている時間を徐々に長くしていく。たとえば，より長時間乗るようにしたり，数日おきに停留所1つ分ずつ増やしていくといったように，より先の停留所まで乗車するということである。子どもが各ステップをうまく実行できたら賞賛する。親はバスの後ろについて行き，子どもがバスに乗ったまま学校にたどり着けるようになるまで取り組むこと。
>
> 　ここまで来たら，逆行チェイニングのような形で支援を行うとよい。たとえば，学校まであと5分で着くところまで来たら，親は車に乗ったままバスから離れて子どもを一人で到着させる（セラピストはこのことについてあらかじめ子どもに話しておく）。子どもがうまくできたら，親が後ろにいない状態でバスに乗る時間を徐々に増やす。セラピストと親は，子どもが一人でバスに乗れたことについて必ず賞賛すること。

ければ，悪くもなっていいないことを表している（図4.9）。これは，階層表の項目が複雑すぎるか，子どもが状況よりも不安に注目していることを表している。後者の場合には，自動思考をチェックしたほうがよい（第5章参照）。

ホームワーク

　セッション2の終了後に出されるホームワークは親の支援を必要とするものである。内容は以下のとおりである。

- 子どもは毎晩寝る前に録音した音源やリラクセーションのスクリプトを使ってリラクセーションの練習をする。
- 子どもは最低1日1回脱感作のテープを聞き，イメージを用いた脱感作（「できるよ」課題）を行う。親は不安の評定を尋ねたり，他の子どもが練習の邪魔をしないようにして子どもを支援する。練習が終了したら親子で会話をするように促す。セラピストはこの会話のモデルを示すこともできる。たとえば，脱感作中に不安はどのように弱まっていったかを子どもに振り返らせることなどを話す必要がある。さらに，練習に挑戦したことや練習をうまくやりきれたことを賞賛したり励ましたりするようにと親に伝える。
- 子どもと親に1日の過ごし方を構造化して示す。まずはこのセッションの次の日について，

親は学校の授業が始まる約 90 〜 120 分前に子どもを起こすように言う。学校に行かない場合は，子どもは勉強をし，教科書を読むように指示する。
■子どもと親に，1 週間に起きた問題や状況をすべて記録日誌に記入するようにと教示しておく。

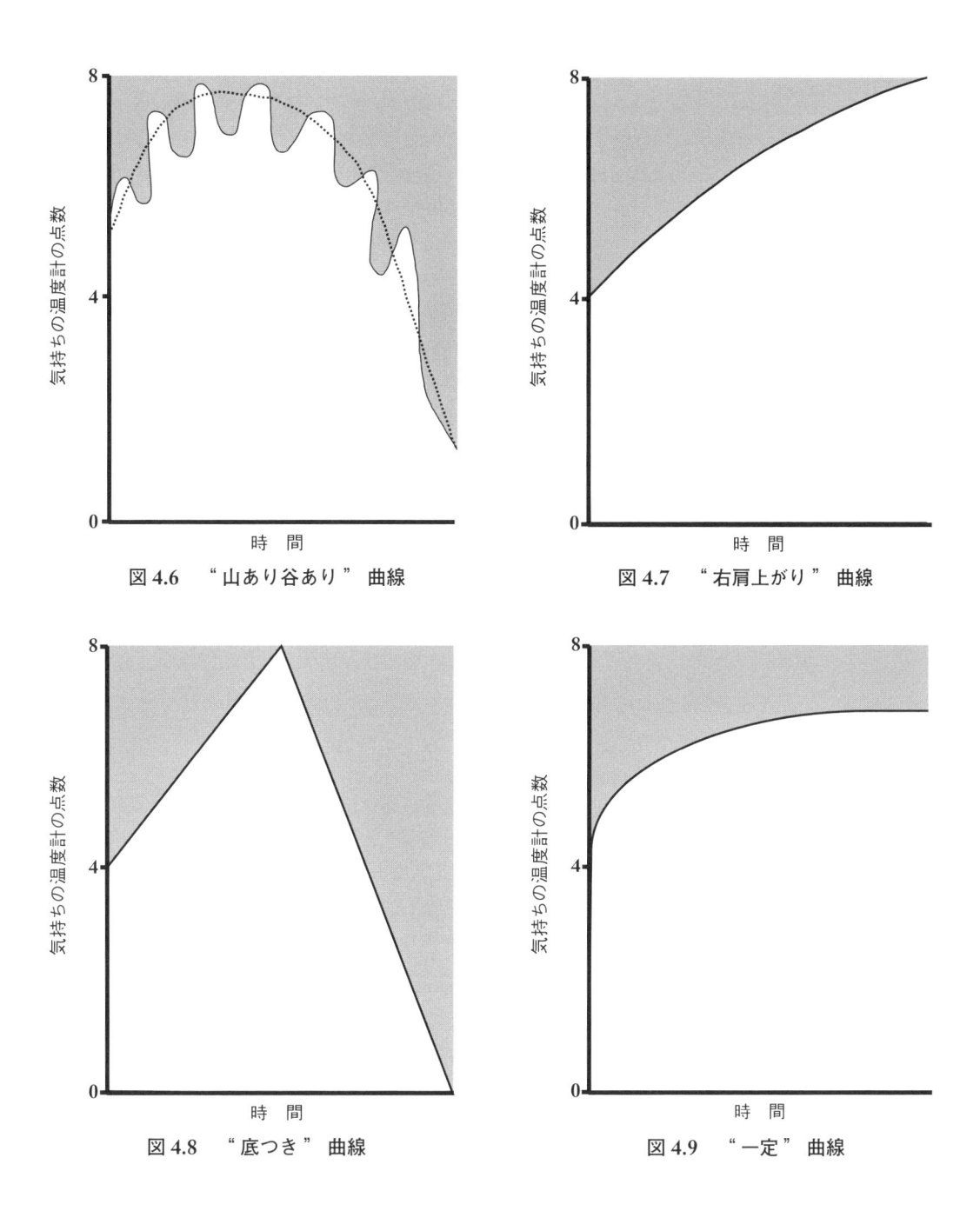

図 4.6 "山あり谷あり" 曲線

図 4.7 "右肩上がり" 曲線

図 4.8 "底つき" 曲線

図 4.9 "一定" 曲線

セッション3＆4：治療を深める

セッションの概要

■前のセッションからの系統的脱感作法による子どもの進み具合を振り返り，生じた問題について取り上げる。
■不安と回避の階層表のうち最も容易な項目から現実場面での脱感作を導入する。

セッション3と4では引き続き系統的脱感作に焦点を当てながら，**現実場面での脱感作**を導入する。現実場面での脱感作では，子どもを徐々に不安喚起場面に向かわせながら，不安を管理するためのリラクセーション技法を適用する。親は，現実場面での脱感作を行うための時間と場所を準備して，子どもがその場面に取り組むのを支援するとよい。もちろん，親の関与については子どもの年齢や発達レベル，現在の診断や問題の重篤度をセラピストが考慮した上で判断する。

系統的脱感作の継続

家庭において脱感作の録音した音源を聴くという課題（「できるよ」課題）の進み具合を振り返り，1週間の間に直面した問題について話し合う。もし，子どもが「できるよ」課題に取り組んでいないと報告した場合，課題ができなかった理由について尋ねる。子どもの中には，不安が高まるのを避けるためにホームワークをしない子もいる。もしそうであれば，シナリオをより小さいステップに，そしてより対処しやすいテップに分割する。コンプライアンスが高まるように，子どもと一緒に対処方法を計画する。シナリオの中に対処している場面のイメージまで含めてしまうのもよい。子どもが場面のシナリオを聴くことが非常に難しく，不安に慣れることができない場合には，好きなスポーツ選手やスーパーヒーローがその子と一緒に場面に立ち向かい，対処するというイメージをさせる。このタイプの脱感作の例は次のとおりである。

> あなたは，放課後にお母さんが迎えに来るのを待っているのに，お母さんが来ません！　正面玄関のところに立っていると，他の子どもたちはみんな迎えが来ていて，先生たちは職員室に戻ったり，家に帰ったりしていきます。いよいよ遅くなって，お母さんに何か起きたのではないか心配です。あなたは，「何か悪いことが起きたらどうしよう？」と考えます。空はだんだんと暗くなり，雷雲がやってきます。雷が鳴り始め，稲光が起こります。学校の中に戻ろうとすると，すでに鍵がかかっています！　お母さんはどこでしょう？　本当に怖くなって，泣きたい気持ちです。お母さんに，何かひどいことが起こったに違いありません。雷も落ちてきそうです！「でも，ちょっと待って！」とあなたは考えます。「○○（子どもの好きなロールモデルの名前）だったら，こんなときどうするだろう？」。彼にも，親を待たなければならないときはあったはずです。そしてその時は，彼も一人で外にいたことでしょう。もし彼がここにいたら，泣き始めるでしょうか？　彼はあなたにどうしろと言うでしょう？　○○が隣に立っているところを想像してみましょう。彼は言います。「そうか，お母さんに何か悪いことが起こったんじゃないかと

心配なんだね。でも，他にお母さんが遅れる理由はないかな？」。あなたは答えます。「そうだなあ，たとえば渋滞に巻き込まれていて，車がいっぱいなのかもしれない。あるいは，何かしなければならない用事があって，思ったよりも時間がかかっているのかもしれない」。○○は，「そうだね！そのとおりだ！　お母さんは，ただ遅れているだけかもしれない。じゃあ，この天気はどうしよう？」。○○に，自分が答えるところを想像してみましょう。「とりあえず，ひさしの下に立って，ドアのそばで待とうかな。そうすれば，お母さんが来た時に見えるし，ぬれずにすむから」。「すばらしい！」と○○は言います。「深呼吸をして，ドアのそばで待つんだ。お母さんはすぐ来るよ」。○○がハイタッチをしてくれて，とても誇らしい気持ちです！　それでは，ドアの近くに移動し，ひさしの下に立って，落ち着いてお母さんを待っている自分を想像してみましょう。

　よくなってしまうと早く学校に戻らなければならなくなると予想して「できるよ」課題を回避しようとする子どももいる。もしそうであれば，子どもをプログラムの目標に集中させながら，他の要因（たとえば，注目獲得，家にいることで得られる具体的な強化子）を治療で直接扱う必要があるかどうかを検討する。

　治療は，階層表の各項目に対応したシナリオを1つ1つ作成しながら進められる。階層表の項目は，その子どもが最後まで場面のシナリオを聴くことができ，中性的でリラックスできる場面に切り替えなくても不安が最小になったら終了したとみなす。

子どもに現実場面での系統的脱感作を導入する

　現実場面での系統的脱感作では，実生活上の場面や活動に取り組みながら立ち向かっていくことが必要となる。不安喚起場面にイメージで直面することと，実際にその状況におかれることの違いについて子どもに考えさせるところから始める。子どもへの伝え方の例は次のとおりである。

ケース例

T：前に，どうやって自転車に乗れるようになったか話したのを覚えているかな？
C：うん，練習したからです。
T：そう，そのとおりだね！あなたはとてもよく頑張っていて，ここでも，お家でも，心配なことをイメージする練習をしているよね。
C：うん。「できるよ課題」は毎日練習しているよ！
T：そうだね。すごいね！ちょっと考えてみようか。あなたが自転車の乗り方を知らなかったとしましょう。自転車に乗れるようになる前の頃に戻ったつもりで想像してみて。その時のことを思い出せる？
C：うん。思い出せるよ。
T：じゃあ，私があなたに自転車の乗り方についてのビデオをみせるとします。あなたは何回もそのビデオを観ます。でも，あなたはビデオを見るだけで，実際に自転車に乗ろうとはしません。自転車に簡単に乗れるようになると思う？

C：ううん，自転車に乗る練習をしなきゃだめだよ。練習しなかったら，フラフラして，転んじゃう。

T：そうだよね！ビデオを見るのは，乗っているところをイメージするのには役に立つだろうね。それに，どんなことを考えながら乗ればいいかもわかるかもしれない。でも，自転車に乗れるようになるためには，実際に何度も何度も自転車に乗らないといけないよね。

C：そうだよ。実際に乗らないと，乗り方は覚えられない。

T：私たちの練習も同じだね。自分が怖いと思う場面に想像の中で何度も挑戦をして，怖がらなくてもいいことがわかったよね。でも，実際にその場面に行って練習をすることが大切なんだよ。わかるかな？

C：それは，バスに乗らないといけないってこと？

T：う〜ん，最終的にはそうだね。でも，まずはここで一緒に練習した場面や，テープで練習した場面を，実際の場面でも練習してみよう。それからバスに挑戦したり，他の苦手なことに挑戦していこうね。イメージでやってきたみたいに，これも一歩一歩進めていこう。最初は自分のイメージの中でやってみて，それから実際の場面に挑戦しよう。無理せず，1つずつ段階を踏んで，お母さんとお父さんにも少し手伝ってもらおうね。

現実場面での脱感作を初めて実施する

　現実場面での脱感作は，階層表から比較的簡単な項目を1つ選んで子どもにロールプレイさせることから始める。このロールプレイはできるだけ現実に近くなるようにして，子どもが体験的に不安喚起場面に直面する必要がある。たとえば，子どもが学校や家に一人でいることを不安に思っている場合であれば，子どもを一定の時間一人で面接室に待たせる状況をつくる。始めは最小限の不安喚起場面を設定し，リラクセーションや深呼吸スキルを用いて不安を管理するようにと子どもに伝える。子どもがその場面に耐えられるようになったら，ゆっくりと場面の難しさを高めながら，子どもには楽になるための安全確保行動をしないように伝える。一人で待たされることが怖い子どもに現実場面での脱感作を段階的に実施した例を以下に示す。

1. 面接室で3〜5分間座ったまま一人でいる。セラピストが廊下にいると伝えておく。
2. 面接室で5〜10分間座ったまま一人でいる。セラピストは廊下にいないかもしれないと伝えておく。
3. 電気を薄暗くした面接室に10分間座ったまま一人でいる。セラピストは廊下にいないと伝えておく。
4. 面接室で座ったまま一人でいる。どれくらいの時間になるかはわからない，電気は薄暗く，セラピストは廊下におらず，父親も母親も待合室にはいないと伝えておく。

　脱感作の練習はセラピストの援助を受けながら進めていく。比較的簡単な場面から始め，うまくいくにつれて課題を増やすようにする。始めのうちは子どもにとって見通しのつきやすい場面に取り組むが（たとえば，上記1：セラピストが廊下にいると伝えておく），進むにつれて不明なこ

> **トピック 4.5　日曜日の夜に憂うつになる**
>
> 学校にようやく戻ることができた後も，1週間が始まる前の日曜日の夜にちょっとした苦痛を訴える子どもがいる。もしクライエントが学校に行く前夜，特に日曜日の夜に苦痛を感じるのであれば，その子どもの心配ごとを取り上げるとよい。支持的に接しながらも，次の日には学校に行ってもらいたいことをはっきりと伝える。子どもに，本章で説明した呼吸法やリラクセーションの方法を実施するように言う。さらに，学校がある1週間全体に子どもが注目している場合には，まずは明日出席することだけを考えるようにと促す。子どもが学校のことをあまり考えずに済むようにと，日曜日の夜にいろいろな活動を計画する親もいる。しかし，子どもはそれでも学校のことを考えるので，楽しい家族団らんは日曜日の午後に計画して，日曜日の夜は子どもが快適に休息できるようにすることを親に勧めるとよい。月曜日の夜に，子どもが楽しみになるようなちょっとした特別なことを計画するのもよい考えである。たとえば，朝，時間どおりに学校に行くことのごほうびとして20分間遅く就寝してよいとか，好きなデザートが食べられるとか，親とゲームをするなどが挙げられる。セラピストと親は1週間を通じて子どもと話すようにして，校舎に入ったとか，あまり泣かなかった，勇気を出して挑戦してみたなどの，ちょっとしたことでも賞賛するべきである。さらに，学校に行ってくれるのがどれほどお母さんとお父さんにとって嬉しいことであるかを子どもに示すべきである。セラピストや親が自分の努力を高く評価していることは子どもにもきっと伝わり，朝をあまり怖がらないようになってくれることだろう。

とが多い場面になってくる（たとえば，上記4：どれくらいの時間座ったままなのかわからない）というように，子どもの予期にも焦点を当てて進めていく。この手続きによって，あいまいで，困難で，コントロールができない場面に子どもが対処するための能力を育てることができる。不安は，自分にはその状況をコントロールすることができないと感じたり，この先起こりそうなことをあれこれ想像してしまったり，何かひどいことが起きるのではないかと心配することで生じる場合が多い。脱感作の手続きでは，自分ではまったくコントロールできそうにない場面でもうまく対処することは可能で，最悪のシナリオに至ることはほとんどないと伝えることを重視する。子どもは自分の対処資源やスキルについて学びながら，正常な覚醒水準を保つことができるようになる。

　セッションごとの進み具合を子どもと親とで一緒に振り返るようにする。子どもに，現実場面での脱感作について親に話すようにと促す。子どもの説明を聞きながら，情報を修正したり詳しく話したりすること。治療セッションの内容や進み具合について正確に伝える力を子どもに身につけさせる。さらに，日常生活の管理をうまくできるようになったかどうかを親子で振り返る。学校での日常の活動に適応するために，次は何をすればよいのか教示する。たとえば，学校の図書室に行ったり，放課後に先生のところに宿題を受け取りに行ったりすることを次の「できるよ」課題にしようと提案してもよい。この課題では「できるよ」課題と現実場面での脱感作を組み合わせている。学校のスケジュールに合わせることで起こりうる問題について話し合い，必要に応じて対策を提案する。

現実場面でのエクスポージャーの進度を調整し，支援する

　現実場面でのエクスポージャーの進度を調整するための方法がいくつかある。年齢の低い子ども，

特別な配慮が必要な子ども，不安が極めて強い子どもには，よりゆっくりした進度が望ましい。ゆっくり進むことで，子どもは十分に不安に慣れることができ，無理なことを強いられているのではないという信頼感を形成することができる。

　エクスポージャーを支援する時には，セラピストか親が子どもと一緒にエクスポージャーに参加する。そうすることで，子どもは信頼する人から支援を受けることができ，その状況にうまく対処するモデルを観察することができる。特に，セッションの初期においてその不安場面に初めて直面する時や，より難しいエクスポージャーに挑む時にはこの手続きが有用である。ただし親には，その状況への対処方法を子どもにやって見せるモデリングと，子どもに代わって親がその状況に対処するのは違うことを伝える。親が子どもを安心させて助けるというパターンが常態化して，子どもの不安と結びついていることもある。したがって，不安が高まる体験を子どもにさせる必要があることを親には伝えておく。エクスポージャーのモデリングと支援を行う際には，子どもに焦点を当て続けることが重要であり，最終的な目標は子どもが一人で不安場面に直面できるようになることである。

　この手続きはいくつかのステップにわけることができる。第一に，子どもに観察させながら，その場面に対処するにはどうすればよいかを見せる。こうすることで，子どもはセラピストが難しい場面にどのような手順で対処したか観察する機会を得る。第二に，チーム（セラピストや親がコーチ役を務める）として一緒に子どもがその状況に対処するのを支援する。第三に，コーチから言語的な励ましを受けながら，子どもは自分でその場面に取り組む。その際に，身体コントロール法を使うようにと子どもに伝える。第四に，現実場面でのエクスポージャーを実行することについて，子ども自身が自己強化の言葉を口に出しながらその場面に自力で取り組ませる。

　集中エクスポージャーやフラッディングでは，子どもを強いストレッサーに直面させる。不安階層表の段階に沿って進むのではなく，不安度の高い項目をセラピストが選び，そこから始める。リラクセーション手続きはあまり重視されない。フラッディングの利点は時間があまりかからないことである。子どもはただ不安喚起場面に身を置き，不安が自然と消えていくまで耐える。子どもの年齢が低い，不安が極めて高い，治療の初期，慢性的な不登校行動がある，対人場面や評価される場面への不安があるなどの場合にはフラッディングが用いられることは少ない。より急速なエクスポージャーやフラッディングを用いるかどうかという判断は，その時点での子どもの進み具合や，こうした手続きを用いる理由についての子どもの理解度によって異なってくる。

ホームワーク

セッション3と4の後のホームワークは次のとおりである。

- 寝る前に，録音した音源や保護者向けワークブックに掲載されているリラクセーションスクリプトを使ってリラクセーションの練習を続ける。
- 少なくとも毎日1回，録音した音源を使った（もしくはイメージを用いた）脱感作を行う。
- 最低3日間は，現実場面での脱感作の練習とそれに関係する「できるよ」課題が出される。セラピスト，子ども，親の全員が出される課題に同意しておく必要がある。現実場面での脱

感作の例として，①時間設定を変えながら自室や家に一人でいる練習をする，②時間設定を変えながら親が外出している間ベビーシッターと一緒に過ごす，③朝にバス停まで行ってみる，④学校や教室に行く，などがある。もちろん，これらの現実場面での練習を親も一緒に手伝ってくれることに同意を得ておく必要がある。

■ 早起き，着替えや学校に行く準備，学校の宿題といった通常の学校のスケジュールを守るように促す。また，子どもが学校に行かないことを不用意に強化しないようにする。たとえば，親が軽い気持ちで子どもを買い物に連れて行ったり，お使いを頼んだりすることがある。しかし，こうした形で外出させることは，子どもの不登校を強化し，親への依存を強め，家にいることを認めているというメッセージを伝えることになる。子どもを外出先に連れていくよりは，ベビーシッターを頼んだり，信頼できる年上の子どもがいる場合にはその子に任せたり，時間を決めて一人で留守番を頼むことの方が望ましい。

セッション5・6：治療をさらに深める

セッションの概要

■ 1週間の進み具合を振り返り，現実場面での脱感作の間に生じた問題について検討する。
■ 登校を増やすことにつながる現実場面でのエクスポージャーを実施する。

　セッション5と6では，子どもが階層表に沿って迅速かつ積極的に治療を進められるよう支援する。セラピストは1週間あたり2～3回のセッションを行って進歩を促進したり，現実場面での練習を支援するために相談室以外の場所で治療セッションを実施することができる。困難な場面を見つける際の主導権を，少しずつ子どもに持たせるようにする。経験を積めば，子どもが自分でエクスポージャーを構成したり実行できるようになり，不安喚起場面をチャレンジする機会だと考えられるようになる。この治療段階の最大の目標は，どういう時にネガティブな感情が起こるのか子どもに気づかせ，回避や逃避をするのではなく，すぐにエクスポージャーを用いて対処する練習を実施することである。セラピストは専門家であり，治療の責任者である。セラピストは，家庭での現実場面での脱感作について親にモデルを示したり，子どもが不安管理スキルを練習するのを支援したりしながら，ネガティブな感情に対処するための知識を親や子どもに伝える。系統的なホームワークを実施しながら，ネガティブな感情をコントロールできるという子どもの感覚を育てるための重要な役割を親が担うことができるようになる。

ホームワークに出された現実場面での脱感作と「できるよ」課題の振り返り

　その週の進み具合を振り返りながら，現実場面での脱感作の練習中に明らかになった困難な点について検討する。課題の例としては，学校に行く，先生に会う，長時間一人で過ごす，他の場面に挑戦してその場に留まるといったものがある。困難な状況で落ち着くためには，回避や逃避ではな

トピック4.6　学校にいる時間を段階的に増やすための方法

不登校行動の多くのケースにおいて，学校場面でのエクスポージャーは段階的に行う必要がある。学校をほとんど休んでいる子どもにとっては，こうしたやり方が最適である。段階的エクスポージャーは本章で触れられているような方法に沿って行われる。ただし，一部の校時に出席するための計画を立てようとする際には，**事前に学校関係者と協議した上でセラピストと学校関係者が共通理解を図ること**。学校関係者の中のキーパーソンとして，生徒指導員，スクールサイコロジスト，校長などが含まれる。子どもを一部の校時に出席させるためには，誰に前もって話をすればよいか検討しておくこと。さらに，こうした支援を行う理由（すなわち，子どもの身体症状の苦痛を抑えながら，子どもを学校に段階的に慣れさせるためであること）をその人物に説明しなければならない。出席状況は毎日管理しておくこと。一部の校時に出席させることは，他のさまざまな方法と組み合わせて用いることができる。

午前

年齢が低い子どもであれば，午前中の授業に一部出席する計画がうまくいく場合が多い。この計画を実行する場合，その日は学校に行くことになっていると子どもにあらかじめ告げておいて，親（もしくは他の人）が10時に車で学校に連れて行くと伝える。朝の登校準備と出席がきちんとできたら賞賛すること。帰宅後，子どもに担任の先生から出された課題をするように言う。もし子どもが課題をすべて終えていたり，課題が出されなかったりした場合は，読書，掛け算表，コンピュータの教育ソフトといった勉強に取り組ませる。

通常の授業がある時間帯に子どもに楽しい事をさせてはならない。もし子どもが計画どおりに学校に行ったり（ほんの1時間であっても），日中に学習課題を終えたりしたら，放課後の時間帯に遊んだり楽しいことをすることが許可される。もし計画どおりに学校に行けなかったり，日中に学習課題を終えることができなかったりした場合は，その日は外出禁止にして楽しいことを許可するべきではない。その代わりに，親は家事の手伝いを子どもにさせ，早く寝かせ，明日はうまくできることを期待していると伝えるとよい（ごほうびとペナルティについてのより詳細な情報は6章を参照のこと）。

子どもの苦痛のレベルを毎日記録すること（2章を参照）。1時間だけ学校に出席してみて子どもの苦痛のレベルが低いままであれば，出席する時間を増やす。それぞれの段階での苦痛のレベルが少なくとも半減するくらいに設定するとよい。もし毎日の子どもの苦痛のレベルが平均6ぐらいであれば，そのレベルが3以下になるまで待ってから次のステップに進む。1週間ほど経っても子どもの苦痛がまだ強いように感じられた場合，学校で過ごす時間が長すぎたのかもしれない。子どもが学校で過ごす時間を30分間減らしてもよいが，**学校への出席は続ける必要がある**。

子どもの苦痛のレベルがすぐに下がるようになることが時々起こるが，その場合には次のステップへと進む。次のステップでは出席時間をもう1時間増やす。その日の残りの時間はこれまで述べたのと同じように過ごす。子どもがそのステップをきちんとできるようになったら，終日学校に出席できるようになるまで1時間ずつ増やす。苦痛のレベルを観察し，子どもと担任の先生に苦痛が着実に下がっていることを伝える。

計画どおりの時間に子どもが出席できなかった場合，親は授業をしている日中に計画と同じだけの出席時間を確保しようと試み続ける。必要であれば，親も子どもと一緒に学校に行き，教室に入れるまで15分おきに促す。身体的症状の苦痛を下げるために，本章で述べた方法を練習するのもよい。

第 4 章　ネガティブな感情を引き起こす学校に関連した刺激を回避するために学校に行かない子ども　71

トピック 4.6（つづき）

重要なのは「後戻りしない」ことである。たとえば，少なくとも 2 時間授業に出席できていたら，その子が出席するべき**最小時間**は 2 時間となる。

午後

　午後に登校し，登校時間を徐々に早める方向で出席時間を長くする方を好む子どももいる。たとえば，午後 2 時に登校して学校が終わる通常の時間（たとえば午後 3 時 10 分）に帰宅する子どもがいたとする。この場合には出席時間を徐々に増やす方法がとられる。たとえば，苦痛をあまり感じずに午後 2 時から 3 時 10 分まで学校にいられたら，出席時間を 1 時間増やして午後 1 時から 3 時 10 分にする。これを学校に 1 日いられるようになるまで続ける。通常通り登校できるようになるまで，子どもは日中の時間は宿題や他の学習課題に取り組むようにしなければならない。

　この計画のマイナス面は，午後 2 時になって子どもが登校を拒否すると登校を支援する時間がほとんど残されていないことである。したがって，この方法の適用は十分慎重にしなければならず，最後の手段と考えた方がよい。おそらくこの方法は，子どもが指示に従って午後に学校に行くことに親が確信を持てるような場合に最も適しているだろう。

昼食

　もう 1 つの方法は，昼食時間から始めて登校時間を拡張していくというものである。この場合，子どもはクラスメイトと一緒に昼食をとることになる。これは子どもにとっては楽しくて苦痛の少ない時間であることが多い。このアプローチの利点は，子どもが少なくとも学校生活の一部に参加し，教室に行くことを後押ししてくれる友達と関わりが持てる点にある。この方法を選択する場合，始めは昼食にだけ出席するように言う。午前中と午後は，子どもは家で宿題や他の学習課題に取り組む。

　学校で昼食をとることが簡単にできるようになったら，昼食の前後の授業への参加を段階的に増やす。昼食前の 30 分間と昼食後の 30 分間は追加するのに適している。昼食時間が 12 時から 12 時 45 分であれば，子どもは 11 時 30 分から 12 時までと，12 時 45 分から 13 時 15 分までの間は授業に出席するよう求められる。この計画をうまく達成できるようになったら，終日出席できるようになるまで徐々に学級で過ごす時間を増やす。

1 日のうちの好きな時間

　理科の時間だけなら喜んで学校に行くと話す子も中にはいる。著者らはそういう時には「理科の授業に行っておいで！」と言うことにしている。1 つの授業にしか出られなかったり，全校時の一部にしか出席できなかったとしても，**まったく出席しないのに比べればずっとよい**。子どもがこのタイプであるなら，子どもが一番好きな授業に出席させる。子どもが苦痛をほとんど感じずにその授業に定期的に出席できるようになったら，子どもの 2 番目に好きな授業を追加する。子どもが苦痛をほとんど感じずにこの 2 つの授業に定期的に出席できるようになったら，3 番目，4 番目と授業を追加する。ただし，**後戻りはしないというのを忘れないこと**。子どもが一定数の授業に出席できるようになったら，**それが 1 日に学校にいなければならない最小時間**となる。

トピック 4.6（つづき）

　子どもの履修科目を変更した方がよいかどうか親から尋ねられることがある。もし変更が1つか2つの科目であれば問題はない。しかし，子どもがスケジュール全体の変更を求めているならば，再登校は遅れてしまう。必要に応じて子どものスケジュールの調整を生徒指導員と協働してもよいが，いずれにしても最終的には1日を学校で過ごすことが期待されていることを子どもにはっきりと伝える。

別室登校

　学校には問題なく来ることができるのに教室には入れない子どもがいる。こうした場合，教室以外の監督可能な場所に登校できるよう，学校の管理職と打ち合せをする。たとえば，図書室で課題をやったり司書が本を棚に並べるのを手伝ったりして1日を過ごす子もいる。あるいは，職員室，保健室，相談室などで1日を過ごす子もいる。いずれにしても，1日を家で過ごすことに比べればこうした方法はずっと望ましい。子どもが学校に慣れ，リラックスして苦痛をあまり感じなくなったら，教室で過ごす時間を段階的に増やす。こうした段階には，一度に1時間ずつといったスモールステップと，午前中や午後などの大きなステップがある。大きなステップは子どもが対処できるものであればどんな大きさでも構わない。子どもが教室に行くことに抵抗を示したら，2〜3名のクラスメイト（もしくは学級全員）を子どものところに行かせ，教室に来るように励ます。たとえば，クラスメイトから学級でどんな楽しいことをしているか話してもらったり，その子がいないのを寂しく思っていることを伝えてもらったりすることができるかもしれない。これらの手続きを行う際には，必ず学校の管理職の協力を得ておかなければならない。

くリラクセーションや呼吸法を用いることが重要であると強調する。さらに，学校のスケジュールに合わせて行動したり，授業や学校行事に参加するために始めた取り組みがうまくいっているかどうか振り返る。

「できるよ」課題のステップアップ：「安全確保行動」を減らす

　セッション内外で行う現実場面での脱感作は，治療が進むにつれてより難しい場面で行われるようになる。子どもの脱感作の練習で重要な点として，手助けをしてもらったり「安全確保行動」をしたりせずに不安な場面に立ち向かうことが挙げられる。安全確保行動とは，気持ちを楽にしたり不安を軽くするために行う振る舞いや行動のことである。安全確保行動は短期的には子どもの不安を低減させるが，長期間にわたって安全確保行動を行うと不安が維持されてしまい，子どもがその状況に対処する方法を身につけるのを阻害する。

　不安障害をもつ人びとは，不安喚起場面に直面する際に安全確保行動に頼ることが多い。たとえば，水のボトル，薬，携帯電話などを持ち歩き，それらがパニック発作を防いだり助けを呼ぶために必要だと誤って思い込んでいる。同様に，安全を確保してくれる人（たとえば友達）が一緒にいてくれれば，パニック発作によってもたらされる不快な結果から自分を「守ってもらえる」と思い込んでしまっていることも多い。パニック発作は確かに不快感を生じさせるが，本人が何もしなく

ても次第に消失するものである。このように，安全確保行動をするために必要だと本人が思い込んでいるものや人は，安全確保行動の手がかりとして機能している。

　不安の強い子どもも同じように安全確保行動を行っている。たとえば，不安な子どもは誰かにべったりとくっついたり，注目や安心を求めることが多い。親は子どもを安心させたいと思うかもしれないが，頻繁にそうしてしまうと子どもが通常レベルの不快感にさえ対処できなくなってしまう。ネガティブな感情のために不登校になっている不安障害の子どもは，誰かに助けてもらうのを「条件」にして登校していることがよくある。たとえば，ある不安の強い子どもは，きょうだいや友達が一緒であればバスに乗って通学する。もし「安心させてくれる」子が休んでしまうと，この子はバスに乗ろうとしない。同じように，あるパニック障害の子どもは，助けを呼ぶための携帯電話を持つといった入念な安全確保行動を必要とする。発作が起こったときに気づいてくれたり助けてくれたりする人がいなくなることを恐れて，この子は家や親から離れることができない。

　「できるよ」課題の複雑性と難易度を高めることは，不要で役立たない安全確保行動を明らかにして取り除く上で重要である。**表4.1**は，不登校の子どもによくみられる安全確保行動について示したものである。ネガティブな感情に立ち向かって挑戦するために，現実場面での練習を子どもが構成するのを支援する。練習が進むにしたがって安全確保行動を段階的に取り除いてゆき，その状況に一人で対処する方法を子ども自身が学べるようにする。

現実場面での練習

　「できるよ」課題の難易度が高まり，安全確保行動も併せて減らしていくことで，子どもは不安な場面に対処する経験をすることができる。まずはイメージを用いた脱感作から始め，これを現実場面での練習の準備段階と位置づける。イメージを用いた脱感作では，ストレスを感じる場面や不安喚起場面に子どもを直面させながら，**安全確保行動を行わせない**ようにする。進み具合がとても早ければ，すぐに現実場面での脱感作に移ってよい。不登校の子どもに最もよく見られる3種類の苦痛に対し，現実場面での脱感作を計画した例を以下に示す。

例1：親にべったりの子ども――「ひとりにしないで！」
①問題の焦点
　母親や父親に何か悪いことが起きるのではないかという不安，あるいは誘拐されたり殺されたりするのではないかという不安，道に迷って家に帰れないのではないかという不安によって不登校となっている
②安全確保行動
　学校にいる間，1時間ごとに家に電話をかける。両親が子どもをおいて外出する時は1時間ごとに家に電話をかけてほしいと訴える。母親や父親にいつも早めに学校にお迎えに来てもらう。道に迷わないよう母親や父親にいつも同じ道を運転させる。
③現実場面での脱感作の計画
　母親や父親と話さずに過ごす時間を長くしていく練習をさせて，最終的には親の所在がわからなくても平気になるまで続ける。電話で話す間隔を，まずは90分ごとにまで延ばし，次は午前中に

表 4.1　ネガティブな感情と行動，それに伴う安全確保行動

ネガティブな感情と行動	安全確保行動
心配：「～したらどうしよう」と考える／安心を求める／新奇な場面や変化に対する不安／完璧主義	質問を何度も繰り返す／詳細や計画をすべて知りたがる／何から何までカバンに入れて持ち運ぶ（忘れ物をすることへの不安）／書き直したり消したりして完璧にしようとする
パニック：動悸や発汗，めまい，息苦しさ，震えといった身体感覚に突然襲われることへの恐れ	万が一のために，いつも誰かにそばにいてもらう（たとえば，友達や親）／気分が楽になるものを持ち運ぶ（たとえば，水，薬，携帯電話）／心拍や脈拍を確認する／スポーツや体育に参加しない
特定のものや状況に対する不安：避難訓練やバスに乗ること，虫や動物，雷雨，ベルの音，教室のような狭い場所，医者，針，暗い所	天気予報を見て嵐かどうか確認する／明るくして寝たり，誰かと一緒に寝る／耳せんをする
分離不安：大切な人と離れたり家にいない間に何か悪いことが起きて，2度と会えなくなってしまうという不安	母や父にくっついて回る／いつも母や父が見えるところにいる／絶対に一人にならない／離れそうになると過剰に安心を求めようとする
悲しみ，憂うつ，抑うつ：ほとんど1日落ち込んでいる／絶望して何もうまくいかないと感じる／無価値感や罪悪感／ほとんどの活動に興味を失う／イライラする／泣く／死ぬことや自分を傷つけることについて考える	くっついて回る／一人になりたがらない／「自分は何もうまくできない」とか「自分にはそんな資格はない」と考えてしまうために，起こった問題を他の人（親や友達）に解決してもらったり対応してもらう

2回と午後に1回の計3回にして，そして午前中に1回のみとし，最終的にはまったく電話をしないというように間隔を空けていく。同じようなスケジュールは，親が子どもを連れずに外出しようとする際にも応用できる。具体的には，家に電話する間隔を，90分ごと，2時間ごと，4時間に1回，最終的には電話しないというように空けていく。

　時間どおりに迎えが来ないことへの不安に対する練習としては，まずは親が5分遅れて到着し，もっともらしい言い訳（たとえば，渋滞していた）をする。そして，10分遅れて言い訳をする，言い訳をせず10分遅れる，20分遅れるというように進めていく（最終的に45分まで進める）。この場面の難易度を上げるには，「サクラ」すなわち子どもが知らない支援者に手伝ってもらい，その人がそばを歩いたり道を尋ねたりすることができる。こうしたエクスポージャーと併せて，親が来るのが遅れた場合の過ごし方を子どもに教えること。たとえば，学校の職員に自分の居場所を知らせておいて校舎の中で待つ，先生やよく知っている大人に自分が親を待っていることを伝えて外で待つ，知らない人が近づいてきたら，子どもがたくさんいるところ，知っている大人のところ，警察官や交通指導員のような信頼できる人のところに急いで行くなどを教える。こうしたエクスポージャーの目標は，標準的な不都合に対する子どもの耐性を高めることと，曖昧な状況に対処して安全を保つために必要なスキルを身につけることである。

　道に迷うことへの不安に対する脱感作を行う時は，子どもをマスクやスカーフで目隠しして，無言のまま相談室の建物の周囲や外を連れて歩く。子どもを手で導くが，会話は控える。子どもは周りが見えないため，不安や心配が高まる。練習時間を増やすことによって，子どもは曖昧な状況に耐えることを学習する。次に，親に対して，知らない道をドライブしながら時々「あれ，ここはど

こ？」などとぶつぶつ言って，道に迷ったふりをするように頼む。親には，子どもを安心させるようなことを言わずに長時間「道に迷ったまま」でい続けてもらうよう求める。親には落ち着いた様子を見せてもらい，正しい道を見つけるための方法を言葉に出して表現してもらう。たとえば，「さあ，ここはどこだろう。ゆっくり息を整えて，リラックスしよう。ここをまっすぐ行けば，どこかで他の道にぶつかるはず。あわてずに，落ち着いて，リラックスしよう。このままあと2キロくらい行ってみようかな。おっ！　他の道が見えてきた！やっぱり落ち着いていればうまくいくんだ！」。

例2：パニック発作のスイッチを押す――「具合が悪い！助けて！」

①問題の焦点

　パニック発作はさまざまな状況や場所で生じ，吐き気やめまい，息苦しさ，動悸，発汗，震え，しびれやひりひりした感覚，非現実感といった発作を引き起こす。これらの発作は「思いがけず」やってくるように感じられ，学校やバスの中，ショッピングモールや映画館といった公共の場所，あるいは人ごみのなかで生じる。

②安全確保行動

　過呼吸の場合は紙袋を持ち歩き，また，のどを「開いたまま」にしておくために水の入ったボトルや助けを求めるための携帯電話を持ち歩く。母親にいつでも電話で連絡が取れるようにしてもらう。発作のきっかけとなる（と本人が思い込んでいる）バスに乗るのを避けて車で通学できるように，親に仕事のスケジュールを調整させる。パニック発作が午後に起こりやすいので半日しか学校に行かない。パニック発作を避けるために午後は家のベッドで休んで過ごす。授業中にいつでも保健室に行けるよう教師から許可をもらい，パニック症状が起きたらベッドで横になる（平均して，午前中に少なくとも1時間は保健室で過ごす）。

③現実場面での脱感作の計画

　パニック障害の子どもにおいてパニック発作の身体感覚を脱感作する場合に，身体感覚へのエクスポージャーが役に立つ。身体感覚を怖いものだと学習するプロセスのことを，身体感覚の条件づけ interoceptive conditioning と呼ぶ。パニック発作を経験する人は，身体のどこかに変化を感じると，その変化に敏感になり，その身体感覚が怖いものだと思い込むようになる。したがって，彼らはたいてい階段を駆け上がること，有酸素運動，カフェイン入りの飲み物を飲むこと，その他の身体的変化を引き起こす状況や活動などを回避する。パニック発作を克服する鍵の1つは，通常の身体的覚醒や変化に対して恐れたり苦しんだりせずに耐えることを学習することである。身体感覚へのエクスポージャーでは，不安を低減するためにこれらの感覚を系統的に繰り返し生起させる。子どもが恐ろしいと感じる感覚の階層表を作り，最小の不安喚起場面からエクスポージャーを始め，徐々に強い感覚を生じさせるような取り組みにすすめていく。典型的な取り組みとそのターゲットは，**表4.2** に示している。

　子どもをこれらの練習に取り組ませる目的は，子どもにこれらの感覚が一時的なもので，予期することができ，コントロールできると教えることである。最も重要なことは，身体状態の変化は正常で安全なものだと子どもが学習することである。親には前もって，子どもはいくらか不快感をもつが一時的なものであると伝えておく。パニック発作の感覚は安全であり，最終的には何もなかっ

表 4.2　標的とする感覚に対応した身体感覚へのエクスポージャー

めまい，頭のくらくら	椅子で回転する
息苦しさ，動悸／心臓がドキドキする	適当なランニング，階段を上る
息苦しさ，胸の締め付け	ストローで息を吸う
視覚的乱れ，非現実感	光を見つめ，それから本を読む
頭のくらくら	頭を左右に振る
筋肉の緊張，ひりひりする感覚	全筋肉を緊張させ，そのままでいる
息苦しさ，心臓のドキドキ，頭のくらくら，ひりひりする感覚	過呼吸
頭のくらくら，めまい，非現実感	膝より下に頭をおき，すばやく頭を上げる

たかのように消失する。最も重要なことは，パニック発作を経験していても普段の活動を変える必要はないことを子ども自身が理解することである。

　自分が回避している場面に立ち向かうようにと子どもに促す。段階的に安全確保行動をやめる（紙袋，携帯電話，水のボトルを家に置いてくる）よう子どもに指示する。学校への出席を緩やかに増やしながら，保健室に行くのを制限する。これらのステップでは，教師と養護教諭の協力が重要となるため，子どもが脱感作を行うためにどのような指導をすればよいか話し合って準備をしておく。同様に，家庭ではベッドにいる時間を減らし，身体感覚を覚醒させるために身体活動の時間（たとえば，自転車に乗る）を増やすような練習をする。子どもには，不安が生じたときはいつでも深呼吸をして，パニック発作のような感覚を経験したとしてもその場面に留まり続けるよう指示する。

　この技法の詳細については，Oxford University Press が出版している『Mastery of Your anxiety and Panic, Therapist Guide, 4th Edition』を参照のこと。

例 3：心配性──「どうしよう，どうしよう，どうしよう？」

①問題の焦点

　新しい場面やいつもしていることが変更される場面を極度に心配する。物事を完璧にやろうとしたり，非現実的な基準でやろうとして過剰な心配を訴える。集中，休息，睡眠の困難。筋肉の緊張や痛みの訴え。同じ質問を同じように何度も繰り返す。

②安全確保行動

　親，教師，友達にいつも確認を求める。いつも教師の机のところにいる。家族の1週間の予定を知りたがり，予定が変更されたり予期しないことが起きると苦痛を感じる。

③現実場面での脱感作の計画

　完璧ではない状況や思ったとおりにならない状況を子どもに経験させ，確認を求めずに結果を受け入れることを教える。たとえば，極度の完璧主義で自分自身に過剰なプレッシャーをかけている子どもに，わざと宿題やスポーツでミスをする（たとえば，野球で三振する）ように言う。同様に，外見を完璧にしようと気にしすぎている子どもには，しわのある服を着て，髪を汚くし，外見にチェックに使う鏡を持たないように言う（第 5 章を参照）。子どもの確認には応じないこと。親には，子どもが繰り返し「これで大丈夫？」と尋ねてきても反応しないように指示する。子どもが確認を求めてくるのをうまく制限できるように，親への支援を行う（保護者向けワークブックおよび 6

章を参照)。現実場面での脱感作において学校活動での失敗を経験させる場合は，子どもの活動を変化させることを教師にあらかじめ伝えた上で，その学年では習っていない内容のプリントを教師に準備してもらうとよい。子どもには，たとえ失敗しても長期的にはそれほど重大ではなく，多くの失敗は取り返しがつくことを教える。

　計画や活動の詳細を過度に気にする子どもには，あまり予定が分からないまま変化の多い体験をさせる。親には，複数の場所に立ち寄る外出（たとえば，最初はショッピングモール，それから祖母の家，そして図書館というように）を計画させる。一般に，過度に心配をする子どもは，どれくらいの時間そこにいるのか，なにが起こるのか，他に誰が一緒かというように，立ち寄る場所についての詳細を知りたがる。親には，計画の順番（たとえば，祖母の家に最初に行く）や子どもが予想している滞在時間を変更する（たとえば，予定より早く出発したり，一個所に長く居たりする）ように指示する。子どもが適応するにつれて脱感作も高度なものにしていき，予定を立てたのに不測の事態（たとえば，祖母が家にいない，図書館が閉まっている）によって計画の個々の要素をキャンセルしたりする。最終的には，子どもに知らせずに土壇場になって外出の計画すべてを取りやめるように親に指示する。

ホームワーク

セッション5と6のホームワークは次のとおりである。
- 寝る時間に録音した音源を使ってリラクセーションを練習し，記録日誌を続ける。
- さまざまな現実場面での脱感作に関する「できるよ」課題を行う。必要に応じてイメージを用いた脱感作も実施する。
- セッション期間中は毎日ほぼ1日中出席するという目標を立てて，学校への出席を増やす。

セッション7＆8　治療の完了と終結の準備

　治療後半の主な焦点は，全校時に出席することを最終的な目標に据えて，子どもが徐々に長い時間を学校で過ごせるようにすることである。始めのうちはセラピストが子どもと一緒に学校に行ったり，日中に校内の相談室で子どもと会えるように調整することもできる（たとえば，自習時間などの授業をしていない時間）。エクスポージャーを用いた支援により，子どもはより早く全校時に出席できるようになる。しかし，いったん子どもが学校に行けるようになったら，学校がある時間に治療の予約を入れるのは避けるべきである。できる限り治療の予約は放課後に入れるようにする。このとき，子どもに治療における主導権を多く持たせ，現実の生活場面で学んだことを応用させる。これまでのセッションで目標達成に有益だった方法を続けられるように支援する。

第5章 対人場面や評価される場面を回避するために学校に行かない子ども

セッション1：治療の開始

必要な教材

- 不安のモデル
- 考えのふきだし
- 不安と回避の階層表
- 気持ちの温度計

セッションの概要

- 社会不安（社交不安）について子どもに教える
- 子どもと一緒に不安と回避の階層表を作成する
- 子どもがSTOP（きそらし）を使って，ネガティブな考えを見つけ出し変容するのを手助けする
- 子どもがネガティブな自動思考を見つけ出すよう支援する

　対人場面，注目を浴びているとき，テストを受けているときや評価される場面で，おなかが痛くなったり，震えたり，その他不安の兆候が起きていたことを思い出す人は多いだろう。しかし，ほとんどの場合，このような初期の不安感はすぐに消え，対人場面や評価される場面の遂行に問題を抱えることはない。また，学生のときには，クラスの前で発表すること，他の人にからかわれたり，テストを受けたりする場面が不安の身体感覚が始まるきっかけとなっていたことを思い出す人も多いだろう。中には，対人場面や評価される場面での不安がひどく，そのような状況に耐えられない子どもがいる。そして，そのような子どもは，回避行動を繰り返すことになる。対人場面や評価される場面を回避する不登校の子どもの治療には以下が含まれる。

■不安喚起場面において子どもが自分自身にどのようなことを言っているかを特定することを教える
■ネガティブな考えを対処的で役に立つ認知に変容する方法を学ぶ
■対人場面や評価される場面について，セラピスト同伴によるセッション内段階的エクスポージャーを展開する
■日常生活の対人場面や評価される場面においてコーピングスキルを実践する

　対人場面や評価される場面で不安を感じる子どもの治療においては，ほとんどのセッションで子どもと一緒に活動することが求められる。親は，補足説明や資料の復習，ホームワークの計画のために，セッションの最終段階で参加することになる。子どもが，パーティーに参加する，会話を始めたり加わったりする，電話で話すといった対人場面を回避している場合，親には子どもがそのような場面に立ち向かえるよう手助けする方法について具体的指示を与えるようにする。同様に，評価される場面やパフォーマンス場面において困難が生じているなら，段階的かつ構造化された方法を用いて，子どもにその場面に参加するよう指示をする。

心理教育

　治療は，対人不安，評価不安の性質と経過について説明するところから始める。必要に応じて，幼い子どもや特別支援の対象となる子どもに理解できるように説明する。不安は以下の3つの要素に分類される：「身体（どう感じる？）」「認知（どう考える？）」「行動（どうする？）」。以下の例は，これらの要素が社交不安の維持へどのように相互作用を及ぼしているかを説明するものである。

　　初めて自転車に乗ったときのことを覚えている？　初めて自転車に乗ったとき，どう感じたか思い出してみて。すぐにまたがって，遠くまで乗っていけたかな？　それとも，恐くて転んでしまうかもしれないと思った？誰かにサドルを支えてもらったときのことを思い出してみて。そのとき，もしその人がサドルから手を離して，あなた一人で運転しなさいってされたら，どんなことを考えただろう？　それじゃあ，何度も何度も練習したので楽しくなってきて，自転車に真っ直ぐしっかり乗れるようになったとしよう。今度は自転車に乗るとき，どのくらい恐いと感じていると思う？　もちろん恐くないよね！　自転車に乗ることに慣れているから，始めほんの少しフラフラしても気にならないんだね。
　　それじゃあ，もし初めて自転車に乗ったときに，すごく恐いからといって自転車から降りて二度と乗らなかったら，どうなると思う？「すごくこわい！　転んでしまうかもしれない。ケガしてしまうよ。」と自分自身に言っていたらどうなると思う？　もう一度，自転車に乗りたいと思うかな？　イヤだよね！　もし，あなたが何か臆病なこと，何かが「できない」と自分自身に言ったら，本当に恐くなってしまって，またしたいと思わなくなるよね。同じようなことが，ある人たちには発表するとき，人前で楽器を弾くとき，学校のテスト，他に会話を始める場合でさえも起きていることがあるんだ。その人達は，その場面は恐ろしいと自分自身に言っていて，震えたりドキドキしたりするから，

もうそのことをしたくないと思っているんだ。そして，そのことは避ければ避けるほど悪くなっていくんだ。なぜかと言うと，その人たちは実際に感じるよりも，その場面でもっとひどく不安を感じるようになってしまうからなんだ。

　不安の身体，認知，行動の各要素を説明するために，1つの円に1つの要素を表した円を3つ描く。子どもに，対人不安場面で生じる自分の身体感覚，考え，行動をたずねる（会話から完成された円については，**図5.1**を参照）。

　また，子どもにさまざまな場面を示すために，子どもたちの集団の近くに立っている様子や大人と話している様子などを表した漫画や絵を使うことができる。たとえば，「考えのふきだし」（**図5.2**）を使って，子どもがその絵の中にいるとしたら，どう感じ，どのように考え，どうするかについて尋ねる。この手続きによって，子どもが何によって不安が喚起されるのか，さまざまな場面をどのように解釈するのかを理解することができる。3つの円を矢印で結び，さらに矢印や図を書き加えるなどして，不安が増していく過程と，逆に不安が落ち着きおさまる過程を子どもに説明する。不安の3つの要素は，お互いに関連があるということを伝えるようにする。

不安と回避の階層表の作成

　子どもが不安を感じる場面や活動のリストである不安と回避の階層表は，治療を通して積極的に治療ターゲットとされる。本章の対象となる子どもの場合，本人のいやな対人場面や評価される場面に焦点が当てられることになる。ほとんどの場合，不安を感じてしまう全ての場面に挑戦するまで，各ステップを進んでいくことになる。**図5.3**は，対人場面や評価される場面の不安のせいで不

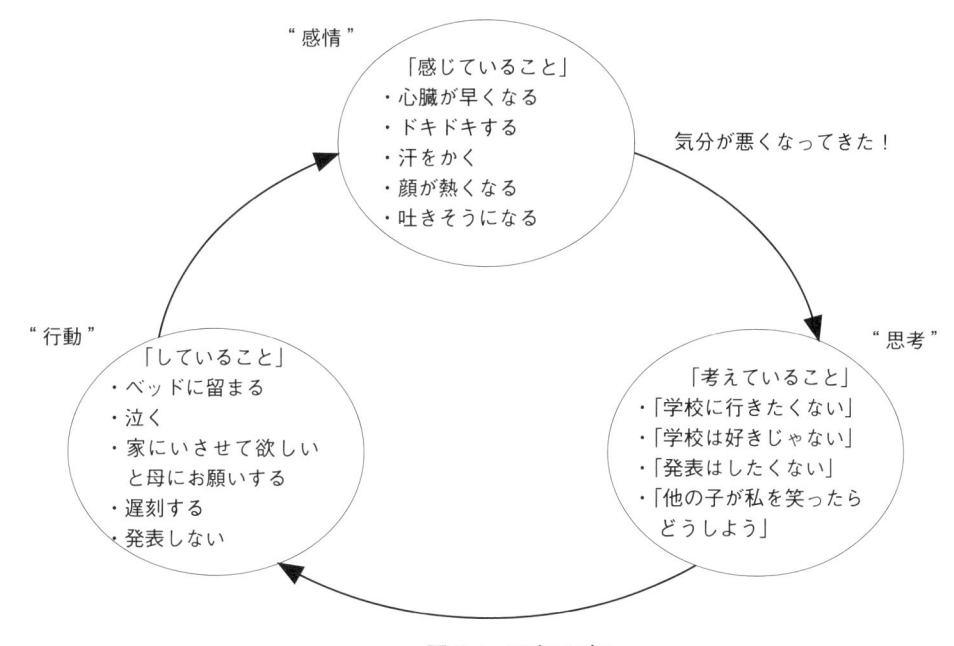

図5.1　不安モデル

> **トピック 5.1　パニック発作**
>
> 　親の中には，子どもが3～4時間も不安を感じているからといって，私の子どもは「パニック発作」だと言うことがある。しかしながら，全体的苦痛があることは，パニック発作の必要な条件ではない。むしろ，パニック発作は，突然ほとんど理由がないにもかかわらず，短時間，多くの場合10～15分程度，多くの身体感覚が生じて恐怖を感じるものである。通常これらの身体感覚には，心拍数の増加（心臓が「バクバクする」感覚），汗をかく，震える，顔面の紅潮，息が短くなる，吐き気，めまい，胸痛，何かを飲み込むことの困難，しびれ感，もしくはうずき感が含まれる。
>
> 　これらの身体感覚とともに，死んでしまうのではないか，自分がコントロールできなくなるのではないか，狂ってしまうのではないか，といった考えや心配が頭に浮かぶ。普通，パニック発作は突然何の予兆もなく起こるが，速やかに収まる。パニック発作自体に問題があるわけではないが，パニック発作を経験した人は，その身体感覚は危険であると心配していることが多い。加えて，パニック発作を経験した多くの人が，パニック発作が起こることへの不安とともに，結果として恥をかいてしまうのではないかという恐れを抱くために，やがてさまざまな対人場面，評価される場面，公衆場面を避けることとなる。
>
> 　もしクライエントが，学校について全体的苦痛を感じているなら，その子どもはパニック発作を経験している可能性は低い。一定の時間を経ても消失しない社会的な不安や苦痛は，パニック発作とは異なるものであり，本章で焦点を当てているのはこの不安である。また，パニック発作は，13歳未満の子どもに見られることは非常に稀である。しかしながら，10代でもパニック発作を有するケースは存在する。もし，クライエントが学校に関連した明確で重症なパニック発作を経験しているなら，第4章に記載されている身体感覚へのエクスポージャーを参考にしてほしい。

図 5.2　考えのふきだし

問題：対人場面や評価される場面に関する不安のための不登校

私がいやな場面	不安は何点？	回避は何点？
1. あまり知らない2人の子どもと会話を始める	8	8
2. 食堂に行き，あまり知らない子どもたちと一緒に座る	8	7
3. 手を挙げて大きな声で音読する。または，黒板に答えを書く	7	7
4. クラスの友達に電話をして，宿題について質問する	7	7
5. 質問に答えるため手を挙げる	6	7
6. 発表をする	6	6
7. 家の電話が鳴ったとき，電話に出て話す	5	4
8. 先生に質問する。または，説明してもらう	4	4
9. 食堂やレストランで自分の食べ物を注文する	4	4
10. 知り合いと会話を始める	3	3

図 5.3　マークの不安と回避の階層表

登校になっている 12 歳の男子の不安と回避の階層表である。不安と回避の階層表のステップは段階的に行われるため，マークは最も簡単な（低い）項目から始め，最も難しい（高い）段階の項目に向けて進んでいくことになる。不安の認知的要素と行動的要素に取り組む支援のために，各セッションにおいてこれらの場面の不安と回避の程度を評定させましょう。子どもからとは別に親からの評定を得ることも，子どもの行動における強みと限界について情報を集めるのに有益である。

不安と回避の階層表を作るために，アセスメントを通じて子どもと親から集めた情報を見直し，追加すべき場面を記録しておく。それぞれの場面を別々のカードに書いて情報を整理する。さらに，治療の過程で明らかになった情報を追加するために，いくつか空白のカードを取っておくようにする。子どもにカードを渡し，気持ちの温度計（第 4 章参照，**図 4.3**）にしたがって，場面をカテゴリーに分類させる。気持ちの温度計の評定範囲は，0（ぜんぜんこまっていない）から 8（とてもこまっている）である。子どもの評定で不安の低い 10 項目を使って，最初 10 項目の不安と回避の階層表を作りましょう。空白の不安と回避の階層表フォーマットは前章（**50 頁**）までに示されている他，保護者向けワークブックにも掲載されている。また，Treatments That Work™ の Web サイトからもダウンロードできる。治療経過の記録として，それぞれのセッションにおいて，子どもにこれらの場面における不安や回避の程度を評定してもらう。これらは，セラピストへのフィードバック，そして継続的な行動変容の指標となる。親にも別に不安と回避の階層表への評定をしてもらう。それによって，複数の人から有益な情報が得られ，子どもの機能についてより広範で正確な見立てが可能となる。全てのセッションは，子どもの不安と回避の階層表とそれぞれの親による不安と回避の階層表から始める。

ネガティブな考えの特定

対人場面や評価される場面に関する不安の多くは，ネガティブな思考や「セルフトーク」の結果

である。対人場面や評価される場面を予期するとき，不安を抱える子どもは悪いことが起こるかもしれない，どのように悪く見られるだろうといったことに注目したり，他人から笑われるだろう，悪く思われるだろうと確信したりしがちである。子どもはこれらの場面で実際にどのようなことが起こっているかではなく，ネガティブな考えに注目している可能性がある。その結果，不安は高まり，子どもを苦しめるのである。セラピストは，これらのネガティブな考えを見つけ出し，変容する計画を立てることで，子どもを助けることができる。

　幼い子どもには，STOP（Silverman & Kurtines, 1996）（訳者注：日本語ではたとえば「きそらし」）の頭文字を，ネガティブな考えを見つけ出し，変容する手助けとして使うことができる。

　　　S：恐いと感じている？　Are you feeling **S**cared?
　　　T：何を考えている？　What are you **T**hinking?
　　　O：他の役に立つ考えは？　**O**ther Helpful Thoughts?
　　　P：ステップを使った自分をほめよう，そして次の計画をたてよう。**P**raise yourself for using these steps, and Plan for the next time.

きそらしプラン（訳者注：日本語案）
き：きもちはどう？　恐いと感じている？
そ：そのときの考えは？
ら：楽になる考えを見つけよう！
し：しっかり自分をほめよう！　次にどうするか考えよう！

　セラピストは，子どもの年齢や発達水準に応じて，子どもとこれら一連のステップを繰り返し練習することができる。また，不安な考えのきっかけとなるさまざまな対人場面や評価される場面に，このステップを応用することができる。しかしながら，このステップについて細かく学ぶことは重要ではない。

　年長の児童や青年には，自動思考を見つけ出すことを教えられる。自動思考は，ネガティブで，役に立たず，不安な思考である。自動思考は，自動的に発生するような考えであり，かつ私たちの注意を，ある場面がいかに危険であるか，もしくは警戒すべきものであるかに向けさせるような考えである。Beckら（1979）は，抑うつの人に見られるいくつかの自動思考や認知の歪みを特定している。これらの認知の誤りは不安を抱える人にも見られること，実際には害のない場面において非常に不安にさせることが分かっている。よく見られる自動思考を以下に示す。

　　全か無か思考：カンペキでなければならない。私はこれが全くできない。
　　破局的思考：これはあり得ることの中で最悪のことだ。
　　過度の一般化：私は正しいことが何もできない。
　　ネガティブなラベリング：私は何て愚かなのか。私は本当にバカだ。
　　「できない」「すべし」評価：私には絶対に理解できない。これは私にはできない。もっと上手にするべきだったのに。

読心術的考え：彼女は私をバカだと思っている。私には，彼らが私を嫌いなことが分かる。
占い的考え：このテストで失敗するだろう。誰も私に話しかけてこないだろう。
ポジティブの取り消し：（誰かがほめてくれたときに起こることが多い）もっと上手くやるべきだった。これは，私のベストではなかった。

セッション1では，子どもが不安場面で起きる自分の考えを見つけ出すことができるよう支援することに主眼を置く。第1のステップでは，子どもに不安の手がかりや「きっかけ」を見分けることを教える（S（「き」）のステップに焦点を当てる）。幼い子どもには，不安の原因について絵を描いてもらうこともできる。年長の子どもには，不安を引き起こす場面について日記やリストをつけるよう求めたり，不安喚起場面に遭遇したときに起こる考えをリストアップするよう指示したりしましょう。これらのリストは，子ども自身がどのようにネガティブな出来事を予期しているかについて明らかにするのに有益である。

コーチングチーム

たとえば，野球，サッカー，バスケットボール（訳者注：以下の例は適宜子どもの理解できるスポーツに置き換えるとよい）のチームのように，親子とセラピストがチームとして活動するという考え方を提案することは有用である。このたとえでは，子どもを「中心選手（例：エースピッチャー，司令塔，点取り屋）」，セラピストを「監督」，親を「コーチ」とする。これにより，不安喚起場面における家族のやりとりを再構築し，治療で学んだ方法や考え方を子どもの毎日の生活に応用できるような枠組みを示すことができる。最初に，子どもに好きなスポーツ選手の名前を聞いておいて，このコーチングの手続きを説明するときには，その選手の名前を利用する。親と子どもには，以下のような説明をすること。

　　一緒に（今年の日本シリーズで優勝したチームのエースピッチャー）がしたことについて考えてみましょう。いいかな，日本シリーズで優勝したんだからね。（ピッチャーの名前）がプロ野球選手になったばかりのときのことを考えてみよう。彼はたくさんたくさん練習しなければならないよね。だから，最初はコーチがベンチから何度も指示を出して，どんなボールを投げるか伝えるだろうね。野球の試合で，コーチがマウンドに行ってピッチャーと話しているのを見たことがあるかな？ピッチャーがうまくなってくると，自分でどういうふうに投げればいいかわかるようになってくる。コーチは投げるボールをピッチャーとキャッチャーに決めさせて，投げ終わった後にどのボールがよかったか，次の試合ではどのようにすればもっとよくなるか話し合うだろうね。ここまでくると，（ピッチャーの名前）は，コーチのアドバイスがなくてもプレーできるようになる。ノーアウト満塁の大ピンチを迎えたりしなければ，もう彼はコーチと相談しなくてもよくなるだろうね。
　　これは私たちが一緒に協力することと，とてもよく似ています。まず，私が監督です。全てのプレーの指示を出します。監督として，私はネガティブな考えに挑戦し変えるためのSTOP（きそらし）プランをあなたに教えます。あなたが不安に立ち向かえるようになるためには，どんな練習が最も効果的か見つけ出せるようしっかりと協力するね。そして，コーチはお母さんとお父さんだ。コーチは，

あなたを家で手助けしてくれることになるよ。これは，野球では練習にあたるね。コーチは練習をたくさん組むよね。だから，お母さんとお父さんは，あなたがホームワークのする時間を作ってくれるよ。それに，お母さんとお父さんはSTOP（きそらし）ステップを使う手助けもしてくれる。お母さんとお父さんは，あなたにSTOP（きそらし）ステップを使うことを思い出させたり，ネガティブな考えについて疑問を投げかけたりして支援してくれるかもしれない。あなたが上手にSTOP（きそらし）ステップを使えるようになったら，私は，あなたに自分自身の意思でプレーすることを認めます！　このころには，どんな練習をするのが一番いいのか，どのように不安に挑戦したらよいのか見つけ始めているはずだ。

　そう言うわけで，まずはチーム全員があなたをサポートするよ。でも，あなたが本当にプレーを理解できるようになるにつれて，あなた自身がチームに指示を出すことができるようになっているはずだよ。

　このたとえは，子どもが不安マネジメントスキルを身につけることができるように支援する方法や，エクスポージャーの計画を立てる手助けの仕方を親に説明する際，さらに最初のエクスポージャーを設定する際に有益である。しかしながら，時間の経過や練習の積み重ねとともに，子ども自身が治療により大きな責任を持つようになる。スポーツチームのコーチングのたとえを家族に説明する主な理由は，不登校行動が始まってから繰り広げられてきた家族のやりとりの変容を手伝うためである。不登校の親子は，子どもの不適切な行動に対して，いがみ合い，言い争い，けんかするパターンを繰り返すことが多い。子どもを学校に行かせるために「何でもやってきた」親は，これから行うことについて，不満を持っていたり，絶望したりしているかもしれない。事実，治療中いつでも，駄々をこねたとか，何かをお願いしただとか，泣き叫んだ，あるいは行き詰まったというような新たなエピソードが報告されるだろう。そして，以前よりも親の不満は大きくなるだろうし，子どもの行動も瞬く間にひどくなる。この結果として，ネガティブな親子のやりとりや，はげしい親子げんかが起こるのである。

　スポーツチームの例によって，親子関係は中立の立場に置かれることとなり，それによって徐々に健康的・生産的，問題解決的，かつ前向きな関係が構築されるようになる。「監督」は支援にまわるべきであり（強制はしない），行動計画を実行できるように励ますべきである。子どもが成功したときには，親に対してそのことをほめたり，ポジティブな注目（笑顔，抱きしめる）を与えたりするように指示する。しかしながら，もし子どもが成功しなかったときには，中立的な状態を保ち，子どもの行動や意思を勝手に判断しないよう伝える。家族に起こりがちなやりとりをどのように扱ったらよいか，ロールプレイを通じて親に教えるようにする。必要ならば，随伴性マネジメントやコミュニケーションスキル訓練の技法を教え（第6章と第7章参照），家族が子どもの行動を指導できるように支援する。

ホームワーク

- 子どもには，不安が引き起こされる場面について記録をつけてもらう。子どもの反応について情報を得るために，親にも別に記録をつけてもらうようにする。
- 子どもと親に日記をつけてもらうようにする。その週に起きた場面や経験について記録するよ

うに伝える。
■学校の通常日課に従うように促す。ほんの少しだけでも朝が学校よりも早くなるようにする。この手続きには，早起き，着替え，（実際はしなくとも）登校するような登校準備，宿題をするといったことが含まれる。

セッション2：治療を増強する

セッションの概要

■先週を振り返って，子どもが不安のきっかけとネガティブな考えを見つけ出せるように支援する
■行動的エクスポージャーを開始する

このセッションでは，引き続き子どもの「セルフトーク」に焦点を当てる。特に，本セッションでは，ネガティブな助けにならない考えを見つけ出し，それに反論することを教える。行動的エクスポージャーを通じて，子どもの不安反応を引き起こし，対処的なセルフトークスキルを用いるように指示する。行動的エクスポージャーでは，セラピストと子どもが一緒に不安喚起場面（例：食堂で誰かに話しかける）についてロールプレイを行う。このロールプレイの目的は，子どもに不安を経験させること，そして不安を持続させるネガティブな考えを特定することにある。それによって，セラピストは，子どもがこれらの考えに反論できるよう支援することが可能となる。行動的エクスポージャーによって，徐々に不安喚起場面に入る練習が与えられ，経験を積むことによって最終的にこれらの場面を完全に克服することができるようになる。セッションの間に行われる現実場面での練習は，親の協力を得て行われることが多い。これら現実場面での練習は，「できるよSTIC：Show That I Can」課題と呼ばれる。

治療における親の関わりの程度について考えてみよう。親の関わりの程度は，子どもの年齢や発達水準，場面における特徴によって定められることになる。低学年の児童の場合，青年よりも親の関わりや支援が有効である。低学年の児童の親は，認知再構成法の手続きを使って指導することができるし，現実場面での練習を手伝うことができる。たとえば，大人と話すのが難しい低学年の児童の場合，その子が会話の練習をできるように，何人かの大人の友人を手配することができる。または，レストランやお店に連れて行って，支払いや注文などで店員さんと会話をさせることもできる。

青年（13歳以上）の場合は，現実場面での練習の準備や実行について，より自分自身で責任を負うことができる。しかし，この判断は，発達水準や診断における重症度によって変わってくる。親は，エクスポージャーの手配をすることはできるが（例：ショッピングモールや友人の家に車で送っていく），その実行の責任は青年自身が担っている。

> **トピック 5.2　課外活動**
>
> 　課外活動とは，学校のクラブ活動，地域のクラブチーム，子ども会といった趣味を共有し，新たな友人関係を作るような活動を指す。課外活動は，登校に大きな影響を及ぼす可能性がある。集団の中で浮くことや，孤立すること，仲間に入れないことが原因で，登校しづらくなる子どもは多い。彼らは少数派であったり，転校生であったり，恥ずかしがり屋な子どもであるかもしれない。結果として，授業に参加するという動機づけが低くなることがある。クライエントにこのことが当てはまるなら，学級での友人を作れるようにクライエントを課外活動に参加させることが解決の道筋となるかもしれない。
>
> 　スクールカウンセラーや生徒指導担当教師，理解のある学校関係者から，参加可能な課外活動のリストを手に入れておく。そして，子どもがどのような活動に最も興味があるのか話し合う。活動の中には，他のものよりも好きなものもあるだろうし，子どもがすぐにやってみることができるものもあるだろう。1ヶ月の間に最低，3つの活動に挑戦してみることが推奨される。このような方法であれば，1つ2つ上手くいかなくても，さらにもう1つを利用できる。また，子どもにはこれらの集団の中で友達を作るように促してみましょう。他の子どもに電話をしたり，映画に行く約束をしたり，夕食に招待するように促すのもよい。

ネガティブな考えへの挑戦と変容

　前の週を振り返り，子どもの不安のきっかけを特定することと，同時に起こるネガティブな考えやイメージを見つけ出すことに焦点を当てるようにする。黒板やワークシートを使って，不安の喚起とネガティブな考えのパターンを子どもが見つけ出すのを手助けをする。子どもに場面について考えさせ，自身の反応について見つけ出すのには，ソクラテス式質問法が好んで用いられる。以下は低学年の児童と一緒に行う際の会話の例である。会話の中のTはセラピストを表し，Cは子どもを表す。

ケース例

T：さて，先週起きたことの1つを取り上げてみようか。あなたが校庭に出て行くと子どもたちのグループが先に遊んでいたんだね。そして，そのことで緊張したんだね？

C：そうなの。どきどきしてしまったわ。

T：わかりました。そうしたら，「きっかけ」は遊んでいた子どもたちを見たことのようだね。黒板のここにそれを書こうね，そしてこれを「きっかけ」と呼びますよ。それでは，あなたが子どもたちを見る前には，本当は何が起きていたのか考えてみましょう。あなたは校舎から出てきて，そして校庭の方に向かっていた。何を考えていたかな？

C：わからないわ。校庭で遊びたかったの。

T：あなたは，外で遊びたかったのね。あなたはどんな遊びをしたかったの？　誰と遊びたかったの？

C：そう，友達のベサニーと鬼ごっこがしたかったと思っていたわ。それで彼女を捜したの。

T：わかりました。そのとき，つまり校庭の方に出て行く前，どう感じていたかな？

きっかけ	こわい（S）き	考え（T）そ	他の助けになる考え（O）ら	ほめよう（P）し
休み時間	ベサニーが他の友達と遊んでいる	あの子たちとは絶対遊べない。ベサニーは私と遊びたくないのかもしれない。もし，あの子たちが私と遊びたがらなかったら，どうしよう。	前はあの子たちと遊びたくなかったわ。でも遊べるようになるし，知り合いになれるわ！	これは上手い計画だ！

図5.5　STOP（きそらし）の例

C：遊びたいと思って，休み時間でうれしかったわ。楽しかった。

T：そのとき，あなたは遊んでいる子どものグループを見た。そのとき何に気づいたかな？

C：ベサニーがその子どもたちの中にいたわ。不安になったの。

T：わかりました。それはSTOP（きそらし）の中の「S」（「き」）だね。これを黒板に貼ろうね。「ベサニーが子どもたちの中にいる」と自分に言ったときが，あなたが恐くなったのに最初に気づいたときだね。じゃあ，次に何を考えていたかな？

C：あの子たちとは絶対遊べないわ。ベサニーは私と遊びたくないのかもしれない。もし，あの子たちが私と遊びたがらなかったらどうしよう。（セラピストはこれらの考えを黒板の「T」（「そ」）の下に書く。）

T：わかりました。あなたの考えを見ていこう。1つずつ見ていこうね。はじめに，「その子たちとは絶対遊べない」だけど，ベサニーと遊ぶようになる前のことを覚えているかな？

C：覚えている。1年生のとき。

T：初めてあったとき，ベサニーのところに行って遊ぶのが恐かったかな？

C：ちょっとね。でも一緒に遊び始めたの。それで大丈夫だったわ。

T：そうなら，いったん一緒に遊び始めたら，恐さはどんどん減っていったんだね。

C：そう。もう全然ベサニーは恐くないわ。友達になったんだもん。

T：そうだよね！　やる前には，いつもそういうときがあるよね。でも，1回してみると簡単になるよね。だから，あなた自身に「その子達とは絶対遊べない」って言う代わりに何て言ってあげられるだろう？

C：そうね，前はあの子たちと遊びたくなかったわ。でも遊べるようになるし，知り合いになれるわ。（セラピストはこの考えを黒板の「O」（「ら」）の下に書く。）

T：すごいね！　それは本当に助けになる考えだよ。これで何をしたらよいか上手な計画が立てられるね。

　それぞれのネガティブな考えについて質問する。そして，同じような場面で経験したことについて子どもに考えさせるようにする。このプロセスにより，子どもはこれらの考えの証拠を調べるようになり，現実的で合理的な考えについて論じるようになる。以下の質問は，「考え方のヒント」と呼ばれており，不安な考えに対して反論するために広く用いられている。

- これが起きるということは100％確実なこと？
- あの人が私についてどう思っているか本当に分かる？
- 本当に起こりうることの中で最悪のことは何？
- 前にも同じ場面になったことはないかな？　そのときは本当に最悪だった？
- 実際にその恐ろしいことが起きたのは何回？
- テストで100点を取れなかったとして何か問題がある？
- 私はこの場面を切り抜けたことがある唯一の人間じゃない？

　STOP（きそらし）の手続きを使って，子どもが困難な場面を切り抜けるのを手伝いましょう。これにより，子どものネガティブな考えに対する挑戦と変容の練習の手助けが可能となる。子どもがさまざまなSTOP（きそらし）の例について取り組んだ後に，セッションの次の段階，つまり行動的エクスポージャーに進むことになる。

行動的エクスポージャー中の不安の追跡

　行動的エクスポージャーの前に，子どもに不安の評定をさせる。これは子どもがどの程度緊張し不安になっているかについて評定する最も良い方法である。子どもの不安を評定するために，気持ちの温度計を使うことができる。またその他適切なものを使っても良い。エクスポージャーの間ずっと不安を評定する。子どもの反応に応じて，柔軟にエクスポージャーを中止したり延長したりできるが，多くのエクスポージャーは10〜15分継続する。子どもの評定は，治療を通じて記録するようにする。同様に，エクスポージャーに先だって，エクスポージャーの明確な目標を決めるよう子どもに話しておく。これらの目標は，子どもが実行できるように，具体的で，観察可能で，達成可能な行動や活動でなければならない。たとえば，会話の開始と継続に焦点を当てたエクスポージャーでは，以下のような目標を立てることができる。「自己紹介をして，おはようと言う」「2つ質問をする」「顔を上げて，会話の間，適度に目を合わせるようにする」

　エクスポージャーの間，これらの目標に子どもが達しているかどうか継続的に記録するようにする。エクスポージャーの後，子どもがどのように感じていたか，目標に達していたかどうかについて話し合う。ワークシートや黒板の絵を用いて，子どもに不安の評定を示し，それぞれの目標について評価する。不安がパフォーマンスを妨害しているかどうか，ネガティブな考えを変容するためにSTOP（きそらし）の手続きを用いることができているかといった点について，子どもの行動に注目しながら，子どもと一緒にエクスポージャーを進めてゆく。エクスポージャーの最中に出くわした困難に打ち勝ち成功を収めるための作戦を立てる。このセッションの主たる目的は，この子どもの練習を支援することにある。すなわち，自分の感情ではなく場面に注目することができるようになると不安は自然に消えていくということを，子どもが学べるように練習を手伝うことに主眼を置く。

　子どもの中には，自身の不安の程度について記録することができる子もいる。子ども自身の評定を記録することによって，ある場面にどのように対処しているかについて，子どもに即時的な情報を示すことができる。不安を評定し記録することで，それぞれの場面をどのように切り抜けている

のかについて明確にすることができる。治療中に起きたことを思い出せるように，子どもには日記やノートに不安の評定を記録しておくよう伝える。

行動的エクスポージャーの開始

子どもには，不安と回避の階層表の中で比較的簡単な場面を選択させる。ロールプレイや行動的エクスポージャーを用いることによって，セッション内にその場面を創り出し，子どもにSTOP（きそらし）の手続きを練習させることができる。行動的エクスポージャーは不安を引き起こす。これによって，子どもは不安マネジメントスキルを使いながら，普段なら回避してしまう場面に接近し参加する練習を積むことができる。通常レベルの不安に対して逃避や回避を行う代わりに，子どもは正常な不安の高まりに耐えられるようになり，その場面に留まる間にこのような感情は自然に消えていくということを学ぶことができるようになるだろう。行動的エクスポージャーにより，子どもは自身の不安反応を克服し，コントロールできるようになる。保護者向けワークブックには，このプロセスの詳細な説明と行動的エクスポージャーの目的が書かれている。

エクスポージャーの経過

子どもの進捗状況を見守るために，エクスポージャー中は記録を継続するようにする。治療の開始から終わりまで，エクスポージャーの間，自身の不安にどのようなことが起きているか，子どもにフィードバックする。子どもの不安評定の図を描くことによって，不安やネガティブな感情を克服する過程を説明する。この図を使ったフィードバックによって，子どもとともにエクスポージャーを進めていき，子どもの行動に焦点を当てることが可能となる。また，不安によって子どものパフォーマンスが妨害されているか，ネガティブな考えを変容するためのSTOP（きそらし）手続きを使えているかどうかを判断することもできる。その後，今までの成功をさらに向上させる作戦や，厳しい場面やエクスポージャーの最中に起きた困難を克服するための方法について話し合うことができる。繰り返しになるが，このセッションの主たる目的は，この子どもの練習を支援することである。すなわち，自分の感情ではなく場面に注目することができるようになると，不安は自然に消えていくということを学ぶことに主眼を置く。各エクスポージャーの後に，子どもと親には馴化曲線（次の項を参照）を見せる。不安の評定には，気持ちの温度計やその他適切な測度を用いることができる。

子どもの中には，評定シートに自身の不安の程度を書くことができる子もいる。エクスポージャー記録用紙を用いることで，子どもにある場面をどのように対処できたかについて，即時の情報を与えることが可能である。また，不安評定が記録されている対人場面や評価される場面における対処方法について説明することもできる。後で自分の進歩を思い出すことができるように，子どもと親にこれらの記録用紙を日誌としてつけ続けるよう勧める。

エクスポージャー記録用紙は，次頁に示されている他，保護者向けワークブックにも含まれている。以下のフォーマットをコピーしてもよい。

エクスポージャー記録用紙

子どもの名前＿＿＿＿＿＿＿＿＿＿＿＿＿＿＿＿＿＿＿＿＿＿＿＿＿＿＿日付＿＿＿＿＿＿＿＿＿＿

階層表の項目・場面＿＿＿＿＿＿＿＿＿＿＿＿＿＿＿＿＿＿＿＿＿＿＿＿＿＿＿＿＿＿＿＿
＿＿
＿＿

エクスポージャーの回数＿＿＿＿＿＿＿＿＿＿＿＿＿参加者＿＿＿＿＿＿＿＿＿＿＿＿＿＿＿＿
　　　　　　　　　　　　　　　　　　　　　　　　　　　＿＿＿＿＿＿＿＿＿＿＿＿＿＿＿＿

エクスポージャーの目標　　　　　　　　　　　　　　　　　　目標の記録
1. ＿＿＿＿＿＿＿＿＿＿＿＿＿＿＿＿＿＿＿＿＿＿＿＿＿　　＿＿＿＿＿＿＿＿＿
2. ＿＿＿＿＿＿＿＿＿＿＿＿＿＿＿＿＿＿＿＿＿＿＿＿＿　　＿＿＿＿＿＿＿＿＿
3. ＿＿＿＿＿＿＿＿＿＿＿＿＿＿＿＿＿＿＿＿＿＿＿＿＿　　＿＿＿＿＿＿＿＿＿
4. ＿＿＿＿＿＿＿＿＿＿＿＿＿＿＿＿＿＿＿＿＿＿＿＿＿　　＿＿＿＿＿＿＿＿＿

エクスポージャーの記録　　評　定　　　　　　　　感　想

1分　　　　　　　＿＿＿＿＿＿＿＿　　＿＿＿＿＿＿＿＿＿＿＿＿＿＿＿＿
2分　　　　　　　＿＿＿＿＿＿＿＿　　＿＿＿＿＿＿＿＿＿＿＿＿＿＿＿＿
3分　　　　　　　＿＿＿＿＿＿＿＿　　＿＿＿＿＿＿＿＿＿＿＿＿＿＿＿＿
4分　　　　　　　＿＿＿＿＿＿＿＿　　＿＿＿＿＿＿＿＿＿＿＿＿＿＿＿＿
5分　　　　　　　＿＿＿＿＿＿＿＿　　＿＿＿＿＿＿＿＿＿＿＿＿＿＿＿＿
6分　　　　　　　＿＿＿＿＿＿＿＿　　＿＿＿＿＿＿＿＿＿＿＿＿＿＿＿＿
7分　　　　　　　＿＿＿＿＿＿＿＿　　＿＿＿＿＿＿＿＿＿＿＿＿＿＿＿＿
8分　　　　　　　＿＿＿＿＿＿＿＿　　＿＿＿＿＿＿＿＿＿＿＿＿＿＿＿＿
9分　　　　　　　＿＿＿＿＿＿＿＿　　＿＿＿＿＿＿＿＿＿＿＿＿＿＿＿＿
10分　　　　　　＿＿＿＿＿＿＿＿　　＿＿＿＿＿＿＿＿＿＿＿＿＿＿＿＿

馴化曲線

図 5.6 および 5.7 は，一般的な馴化曲線の例である。これらの曲線の意味を解釈する際には，よくよく注意するようにしましょう。「逆 U 字型曲線」は，予想される変化を表している典型的な馴化の傾きである（図 5.6）。しかしながら，エクスポージャーを避けるため，もしくはセラピストを喜ばすために，時間の経過とともに不安の評定を低く示す子どもがいる。長期的なエクスポージャーにおいては，子どもの考えや行動を調べながら，このようなことがないか確認しよう。図 5.7

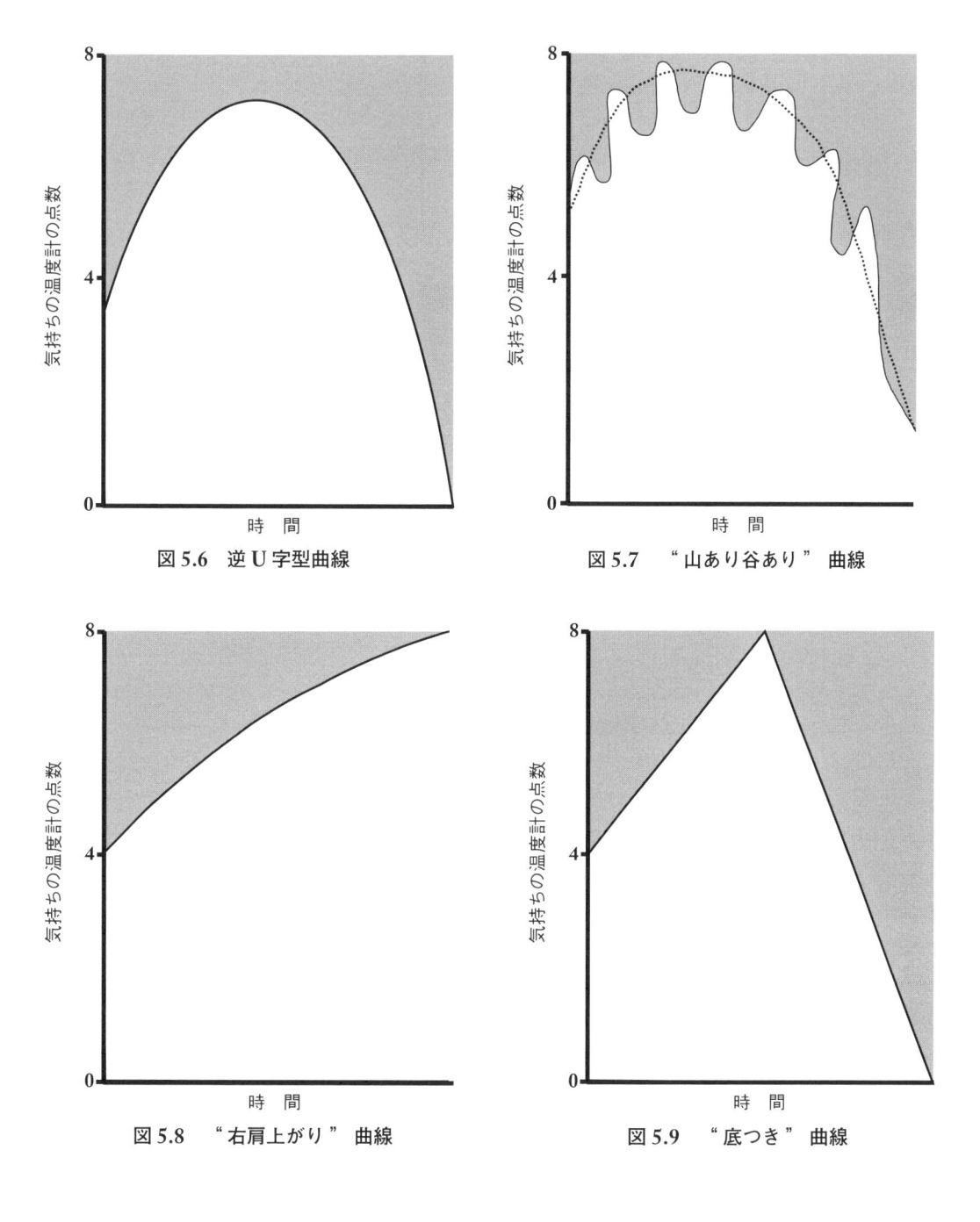

図 5.6 逆 U 字型曲線

図 5.7 "山あり谷あり" 曲線

図 5.8 "右肩上がり" 曲線

図 5.9 "底つき" 曲線

は「山あり谷あり曲線」であり，一貫して起伏がみられるものの，継続的な馴化がみられている。この曲線からは，さまざまな時期において，子どもがネガティブな結果に注目している可能性がうかがえる。したがって，子どもの自動思考を調べる。そして，認知再構成法のスキルに焦点を当てる必要があるかもしれない。

図5.8は「右肩上がり曲線」であり，不安が上昇していているため馴化が起きていないことを示している。このエクスポージャーのセッションは，その子どもにとっては難しすぎた，もしくは複雑すぎた可能性がある。エクスポージャーを小さなステップに分け，その場面に立ち向かう準備ができているか再評価しよう。必要に応じて，認知再構成法や身体コントロール法（第4章参照）を継続して行う。「底つき曲線」は（**図5.9**），疑わしいほどに急速な不安の低下を示している。このような子どもは，エクスポージャーを回避，または逃避したいと思っているかもしれない。もっと後のセッションでこのような曲線がみられる場合，子どもの予期不安のレベルはいまだに高いけれども，馴化は適切に素早く起きていることを表している可能性がある。このようなケースでは，認知再構成法を継続したり，身体コントロール法を始めたりする（第4章参照）。最後に，**図5.10**にある「一定曲線」は，高い状態の不安の継続を表している。子どもは馴化も悪化をしていない。この場合，子どもにとって不安と回避の階層表の場面が複雑すぎるために，場面ではなく不安に注目してしまっているかもしれない。自動思考を確認し，必要なら認知再構成法に取り組むようにする。

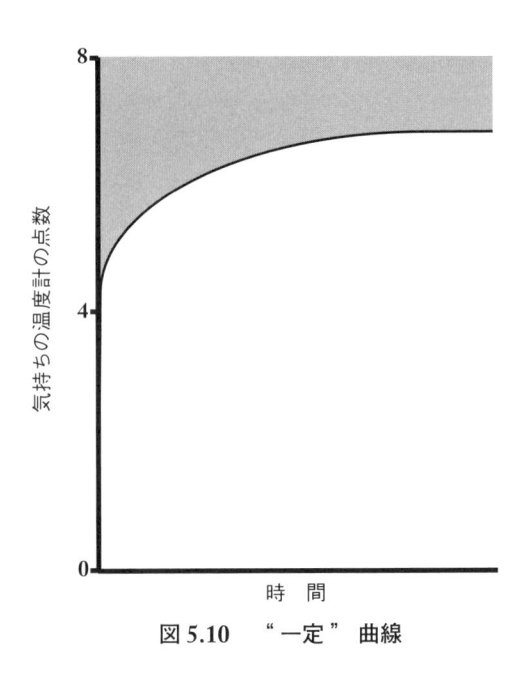

図5.10　"一定"曲線

エクスポージャーにおけるペース設定と支援

エクスポージャーのペースを調整するために，さまざまなロールプレイや現実場面での練習を用いることができる。幼い子どもが対象である場合，特にその中でも特別な支援が必要な子どもや，高いレベルの不安が予想される子どもには，ゆっくりとしたペースが望まれる。ゆっくり行うことで，子どもは不安に完全に慣れることができるとともに，子どもとの間にどうしようもないことを強制させられることはないという信頼関係を構築することができる。

支援つきのエクスポージャー assisted exposure では，セラピストや親が子どもと一緒にエクスポージャーを行う。このことにより，子どもは信頼する人からのサポートを得ることができ，その場面に対処するモデルを観察することができる。これらの手続きは，不安場面に初めて直面するときのような治療の初期段階，もしくはより困難なエクスポージャーを行う際に特に有効である。しかし，以下の違いについて親に説明する必要がある。

モデリング（見本となること）：子どもにどのようにその状況に対処するのかを教えること。
レスキュー（助けてしまうこと）：子どものためにその状況を代わりにやってあげること。

　子どもの不安とそれに対する親の自然な傾向が絡み合い，子どもを安心させてしまったり，助けてしまったりすることが起きてしまう可能性がある。したがって，親には，子どもが正常な不安の高まりを体験できるようにさせなさいと指示を与えよう。モデリングと支援つきのエクスポージャーにおいては，不安場面に子ども1人で立ち向かうという最終的な目標を持ちながら，子どもに注目し続ける。

　このプロセスにはいくつかのステップがある。第1に，子どもが観察しているときに，その場面をどのように切り抜けるのかというモデルを示す。このステップの間，STOP（きそらし）ステップを大きな声で言うようにする。これによって，子どもはどのように困難な場面に対処しているかについて気づくことができる。第2に，チームとして（例：セラピストと親と一緒に），子どもがその場面を対処するのを手助けしましょう。第3に，セラピストは「監督」として，励ましの言葉をかけながら，子どもに自分自身の力でその場面に対処させるようにする。この間，STOP（きそらし）ステップや身体コントロール法を使うよう，子どもを促す。第4に，子ども自身にその場面に取り組ませることと同時に，現実エクスポージャーを行えたことについて自分自身を言葉でほめるように（自己強化）するようにさせる。

ホームワーク

- 不安喚起場面における日記を続ける。幼い子どもの場合は，考えを書く際には，親が手伝うようにする。幼い子どもの親には，STOP（きそらし）モデルにしたがって，子どものネガティブな考えを見つけ出し挑戦するように働きかける。青年（おおよそ13歳以上）では，親の関わりは最低限として自分自身で宿題をやるように促す。親と子どもには，不安に関連した懸案事項を原因とした口げんかを減らすように働きかけるようにする。
- このセッションのロールプレイで練習した場面について，現実エクスポージャー（「できるよSTIC」課題）を子どもに課す。次のセッションまでに最低3回は練習するように子どもに伝える。たとえば，もし子どもがクラスの友達に電話をかけるのが難しいなら，課題は「その週の間に3回クラスの友達に電話をかける」となる。子どもは，この練習の直前と直後の不安を記録しなければならない。親には，セラピストがセッション内でやっているように，それぞれの練習の後には話し合いをするように促す。その際には，実際にどのようなことが起きたか，不安がどうなったかに焦点を当てるようにする。それぞれの練習に挑戦したことや，達成できたことに対する賞賛や励ましの仕方についてのモデルを提示す。
- このセッションが終わった次の登校日から，子どもを学校が始まる90〜120分前に起こし，通常の学校生活の日課にしたがわせる。子どもは，家にいるときには学校の課題か，勉強に関係した読書をしなければならない。

セッション3・4：治療を深める

セッションの概要

■ これまでのセッションにおける子どものエクスポージャーの進行状況を振り返るとともに、浮上してきた問題に取り組む
■ 子どもの不安と回避の階層表において、更なる挑戦的な場面を導入し、エクスポージャーを開始する

セッション3～4は、子どもの「できるよ（STIC）」課題の振り返りとホームワーク中に起きた困難な点についての話し合いから始める。「できるよ（STIC）」課題のエクスポージャーの際に、発生しそうなトラブルも含めて、前のセッションからの困難な点についてロールプレイを行う。本セッションの主たる目的は、子どもをより困難な社会的場面に取り組むよう導くことである。そのために、徐々により難しい場面でのエクスポージャーを子どもに課すことになる。セラピストは、子どもにとっては望ましい結末にはならないけれども、子どもが不安を感じながらも切り抜けることができるような難しいシナリオを創り出す必要がある。

先週の振り返り

前のセッションのSTIC課題を行ってみて進歩した点や問題となった点について子どもと一緒に振り返る。特に、エクスポージャー場面に対する回避・逃避や、その他の不適切な対処について慎重に気を配る。もし、子どもが出された課題を完遂できなかったら、「できるよSTIC」課題を行う上で妨害となる「考えの罠」を調べるためにSTOP（きそらし）手続きを用いたかどうか尋ねてみる。

ケース例

T：さて、前のセッションではクラスの友達に電話をするという「できるよ（STIC）」課題を一緒に考えたね。一緒に見ていきましょう。ジェニーとマリーベスに電話をする。そして、後でその週のうちに、2人のうちのどちらかに電話をかけ直すことになっていたね。さあ、どうだったかな？

C：えーと、誰にも電話しなかったの。他のことで忙しかったから。お父さんにしてあげなきゃいけないことがたくさんあって、妹もずっと面倒見ていなければいけなかったから。

T：うーん、それは大変だったね。テレビで何か面白い番組は見たかな。

C：見たわ。妹が寝てからは見ていいの。妹が寝る8時までは、小さい子用のビデオを見ていたから、その後私がテレビを見られるのよ。

T：なるほど。いいかい，8時はクラスの友達に電話をするのに，それほど遅すぎるわけではないね。私は何か別のことがあなたを電話させないようにしているんじゃないかと思うんだけど。振り返ってみて。あなたが電話できるっていうときに，自分の心に何が起きているのか教えてくれないかな？

C：分からないわ。私って本当にバカみたい。学校にいるときから，あの子達と話したことないもん。

T：分かりました。何週間かあの子達と話していないから，バカだと感じているんだね。もし，学校にいるときに彼女たちに会わずに，あの子達に突然電話したら，どうなると思う？

C：何を話していいか分からないわ！もしあの子達が，私は本当に病気だと思っていたり，死んでしまったと思っていたりしたらどうしよう。たぶん，あの子達は私のことを負け犬だと思っているわ。だって，私は学校に行くのがこわいんだもの。あの子達は，このことを知っているに違いないわ。

T：他の人があなたについてどう考えているのか心配だから，あなたにとっては電話をするのは大変なことだということは分かりますよ。約束しましょうか。「できるよSTIC」課題をしなくても，あなたがこうなってしまうのではないかと心配していることについては，本当のことを話すようにしようね。そして，どんなことが起きるのか，その場面を切り抜けるためにできることを一緒に繰り返し練習しましょう。私たちは，一緒にあなたの考えについて調べ，それがどのくらい現実的なのか考える必要があります。わかるかな？それでは，1つ1つ考えについて話しあってみよう。そしてあなたが自分自身に言っていることについて一緒に取り組んでいこう。

　子どもが課題を回避しないように手伝うため，ネガティブな考えに挑戦する「考え方のヒント」を使う。もし，子どもが「できるよSTIC」課題をやってくることができたら，ホームワークができたことに対して強化することを一番の目的としながら，難しかった点，成功した点，その他の問題について調べる。「できるよSTIC」課題を行うときに，実際に感じていること，実際に起きていること，どのようにその場面を切り抜けたかということに対して，子どもの注意を向けさせるようにする。

行動的エクスポージャーのステップアップ

■治療の進行の間は，不安喚起場面に入る練習をしている子どもに注目し続けるようにする。そして，不安と回避の階層表の新しくより困難な場面を用いるようにする。たとえば，マークの不安と回避の階層表（図5.3）の場合，項目6は「クラスの友達の前で発表する」である。ソクラテス式質問法を使って，この場面に関連したネガティブな考えについて調べる。

・どもったらどうしよう。
・誰かが笑い出したらどうしよう。
・何て言っていいかわからなくなるかもしれない。
・もし字が読めなかったら？

・もし読みまちがえたら？　バカだと思われるかもしれない。

　マークのセラピストは，マークの不安喚起場面における行動的エクスポージャーを組み立てることになる。繰り返しエクスポージャーを行うことによって，マークはこれらの場面では，たいていは完璧にうまくいくことはないけれども，それが普通のことだと学ぶようになる。マークのセラピストは，どもったり，震えたり，読みまちがえたり，発表で失敗することは誰にでも起こりうることを強調するだろう。以下は，ネガティブな考えに挑戦し，対処するという経験を積ませるよう治療を構成している行動的エクスポージャーの例である。

どもったらどうしよう。誰かが笑い出したらどうしよう。

　セラピストの前で，できるならアシスタントも加えて，発表するようマークに指示を出す。発表の最中，マークはセラピストから，わざと何回かどもるように合図を出される。そのときに，アシスタントは笑ったり，そっぽを向いたり，呆れた顔をしたり，他の人に耳打ちしたり，そうでなければ集中していなかったりするようにする。この場面でのマークの目標は，聞いている人たちの反応にかかわらず，発表を続けることである。エクスポージャーに続いて，以下の方法でマークが経験したことを上手く扱えるように手助けする。

- マークには，どのくらい不安であったか，実際にはどのくらい上手く話ができたかに注目するように働きかける。感じた身体的な感覚，経験した自動思考，そして不安の評定についてマークに報告してもらう。これらの不安の指標は，マークの実際のパフォーマンスと比較することが可能である。「不安があるにもかかわらず，あなたは目標を達成できましたか？」「（たとえどんなに少なくても）いくつかの目標に到達することができましたか？」子どもがどんなに悪いと感じていても，必ずしも悪かったということにはならないことを説明する。
- エクスポージャーについて客観的なアセスメントを行うようマークに指示を出す。聞いている全員が注目していなくても，彼のパフォーマンスが完璧でなくても，それは問題ではないということにマークは気づかなければならない。「このパフォーマンスが，彼の成績や先生や友達との関係にどの程度の影響を与えるのでしょう？」エクスポージャーを進めていくときに，発表で「失敗した」クラスの他の子どもに対して，どのように振る舞うかを考えさせることは有益である。「その子どものことを好きでいるだろうか？」「それでも，その失敗した子どもと一緒に遊んだり，活動したりするだろうか？」「どもったからといって，その子どものことを悪く思うだろうか？」
- マークに，聴衆の行動の原因について，他の可能性を尋ねる（例：友達が笑ったとき，部屋から出て行ったとき，寝てしまったとき，よそを向いていたとき）。この目的は，自分のパフォーマンスにほとんど関係ない聞き手の行動について，他の原因を考えさせることである。たとえば，自分で読んでいた何かに笑ったのかもしれない，もしくは疲れていたのかもしれない，起きていられなかっただけかもしれない。ひょっとしたら，トイレに行かざるを得なかったのかもしれない，何らかの理由で部屋から出なければならなかったのかもしれない。最終手段と

> **トピック5.3　完璧主義**
>
> 　中には，まちがえることを恐れるために学校に行くことが難しい子どもがいる。このような子どもは完璧主義であるかもしれない。つまり，このような子どもは，全てが完璧であることを求め，何かまちがったことをしてしまうことや，誤りがあるかもしれないと言って，宿題の提出について心配するのである。他の完璧主義の子どもの中には，書いたものを何度も確認をするために，文章を完成させられないこともある。結果として，非常に苦痛を感じるようになり，何も提出できないので授業に参加できなくなってしまう子どもさえいるかもしれない。そしてその多くは不登校となる。
>
> 　もしあなたのクライエントが完璧主義であったなら，その子どもの認知に注目しよう。書きまちがえたプリントや，些細なまちがえを含むテストを提出した結果について，子どもがどのように考えているかを確認する。つまり，そのような子どもは，もしまちがえたら，成績が悪くなったり，怒鳴られたり，厳しく批判されたりすると考えているのである。加えて，親が子どもの完璧主義を悪化させていないか確認しましょう。多くの完璧主義の子どもには，子どもに上手くやるようにプレッシャーをかけすぎる完璧主義の親がいる。親はまちがえることは普通のことであり，些細なまちがえでは怒らないことを，子どもに伝えなければならない。
>
> 　完璧主義の子どもは，わざとまちがえた提出物を出すように指示される（第4章の他の例を参照）。さらに，子どもはリラクセーションの練習を行い，現実的に考えるようにするとともに，まちがえたがそれほど悪くなかったという結果を目の当たりにする。加えて，提出物は期限内に提出することが必要であり，些細なまちがえがあったとしても子どもは学校に行くべきであるということを強調して伝えましょう。

して，その人は良い人でなかったのかもしれない。

何て言っていいかわからなくなるかもしれない。もし字が読めなかったら？　もし読みまちがえたら？

　他の練習として，マークに難しい言葉（専門用語や科学用語など）が含まれるレポートを読んでもらうことがある。このエクスポージャーの目的は，マークに実際にいくつかの単語が読めないという経験をしてもらうことである。聴衆は，最初は注目して，話を聞くように指示される。しかしながら，エクスポージャーが繰り返されるにつれ，再び聴衆は興味がなさそうにしたり，クスクス笑ったり，妨害行動をするようになる。セラピストは，繰り返し質問したり，「考え方のヒント」を用いたり，他の人の見方について話すことを通じて（次のセッション参照），マークが理想的とは言えない場面について切り抜け，打ち勝てるように手助けする。

さらに挑戦的なエクスポージャーの手続き

　行動的エクスポージャーの際に起きる考えや行動を調べながら，子どもと長い時間に渡って一緒に活動するようにする。多くの子どもは，まちがえたり，恥ずかしい思いをしたり，不快な気持ちになったりすること，もしくは中には失礼な人もいたりすることは，普通であるとすぐに理解できる。そのような子どもは，不快な状態は一時的なことであり，不安になったり，少し恥ずかしかっ

たりするけれども，大丈夫になるだろうということが分かる。しかしながら，中には，なんとかして状況を完璧に進めようとする子どももおり，そのような子どもたちにとっては完璧ではないことに耐えることは非常に難しい。そのような子どもたちは，恥ずかしい思いをすること，拒否されること，屈辱を味わうことに不安を感じ，「**誰も私のことなんか好きではない，周りの人の誰からも必要とされていんだ**」という考えに圧倒されてしまうのである。

エクスポージャーを進めていくために，一歩一歩子どもがシナリオを体験していく支援をしましょう。子どもの考え，不安の評定，実際のパフォーマンスについて徹底的に分析しましょう。友達との会話を始め，継続していくという女の子のエクスポージャーに関する以下の例を参考にしてほしい。この子どもは，「**何て言っていいか分からない。彼女は私のことを嫌いかもしれない。バカなことを言ったらどうしよう**」ということを考えて，不安になると報告している。エクスポージャーの経過中，子どもは全ての目標（自己紹介をする。3つの質問をする。目を合わせ，笑顔でいる。）を達成した。しかしながら，0〜8の評定で，不安は6点に留まっており，高い不安が継続していることを示していた。このエクスポージャーでは，セラピストは以下のようにこの状況を進めていった。

ケース例

T: いいですか，ステイシー。あなたの目標を確認しましょう。全て達成しているように思うんだけど。それどころか，3つでいいのに5つ質問をしているね。これについてどう思う？

C: えーと，これに関しては上手くやれていると思うわ。でも，ただ良い気持ちにはなれないの。

T: この練習をする間，何を考えていたの？

C: ただ大失敗だという考えが頭から離れなかったわ。バカだと思われていると思ったわ。

T: 目標を見てみようか。どのように失敗したのかな？何がそんなに悪かったの？

C: 分からないわ。十分に話せなかったと思ったの。

T: でも，実際には自分で望んでいたよりも多く質問したよね。そして，私の数えたところによると，尋ねられた5つの質問全てに答えることができているけど。

C: 私がしたの？そんなこと知らないわ。

T: ポイントはここだね。あなたは緊張しているにもかかわらず，うまくやることができた。あなたは自分から質問し，質問に答えることもできた，本当の会話ができていたんだよ。そのことは分かるかな？

C: 上手くやれていないって自分に言い続けていたわ。

T: 分かった！そうすると，自分の望んだことを全てすることができたのに，ネガティブな考えが浮かんでいたんだね。そのネガティブな考えはどのような種類のものか分かるかな？

C: ポジティブの取り消しだわ。上手くやることができたのに，自分にうまくいっていないと言っていたの。

T: そのとおり。あなたは自分自身のしていることに注目しないといけないね。そうすれば気分を良くなるよ。さあ，もう一度やってみよう。

とりわけ自身を批判する子どもにとっては，他人の視点を取り入れる（もしくは，「反対の役割」）の練習が有効であることが分かっている。ここでは，子どもが何のために社会的場面についてひどく不安を感じているのかについて，セラピストは徹底的に調べることになる。典型的な例としては，食べ物をこぼすのを見られたり，笑われたりすること，もしくは口に食べ物がある間に質問されたりすることを恐れて，他の人の前で食べられない子どもがいる。その場面に同じようにおかれている他の子どもの存在に気づいているかどうか，その子に質問するところから始めましょう。

ケース例

T: あなたは，自分の服に牛乳をこぼして，他の子どもに笑われたり，からかわれたりするのを気にしていたね。
C: うん。たぶんバカだと思われるよ。
T: それで，バカだと思われたら，何が起きるのかな？
C: 他の子が私をからかい始めるよ。きっとつらいだろうな。もう学校に行きたくないと思うだろうね。
T: ちょっと質問させてね。誰かが飲み物をこぼしているのを見たことがあるかな？
C: 分からない。あると思うけど。
T: ちょっと一生懸命考えてみて。最近，誰か何かをこぼした子はいない？
C: 覚えていないよ。
T: 分かりました。じゃあこれはどうだろう？ 学校で吐いてしまった子どもを見たことがあるかな？
C: あるよ。気持ち悪かった。
T: そうだね。吐くのは本当に気持ち悪いから，飲み物をこぼすよりもイヤなことだよね？違う？
C: そうだね。
T: では，誰が吐いたことがあるかな？
C: 最近ではマギー。廊下に吐いていたよ。
T: そう。他に吐いた人を覚えている？
C: マイケルが1回吐いていたな。2年生のとき。
T: 分かりました。マギーやマイケルと遊んだことはある？
C: うん。
T: なぜ彼らと遊ぶの？

C: だって，良い子たちだもん。私の友達だよ。

T: でも，彼ら2人は「吐いたんだよ」！気持ち悪いじゃない！今も2人のこと気持ち悪いと思わない？

C: いいや，友達だもん。2人とも良い子だよ。だから吐いたって構わないよ。みんなにも起きることだよ。

T: そう，私もそう思うよ。でも，あなたは2人と似たようなものではない？　彼らのしたことは，何かこぼすより最悪だったのだから。

C: えーと。2人は病気だったから，それで吐いてしまったのだからたいした問題ではないよ。どうしようもなかったんだ。あの子たちは，これからも本当に良い子で，楽しい子たちだよ。

T: では，あなたが食堂にいって，牛乳をこぼしたとしたら，あなたはもはや楽しい子ではなくなるのかな？　よい子ではなくなってしまうの？　他の子のしたことと同じように，たいした問題ではないと思わない？

C: どういうこと？

T: 自分自身につらく当たっているように思えるけど，あなたは友達のミスや，病気になったり，吐いたり，何かをこぼしたりすることは認めてあげているよね。もし，あなたがそういうことをした友達のことをまだ好きでいるならば，もしあなたが何かをこぼしても，友達もあなたのことを好きでいてくれるのではないかな？

C: あーそうだね。そのとおりかもしれない。そうだと思う。

　自分の服にこぼしてしまう参加者と子どもがやりとりするようなエクスポージャーを準備しましょう。そして，さらにその人が飲み物や食べ物をこぼし続けている間，会話を続けるように子どもに言いましょう。人前でミスをする経験を積ませるために，子ども自身にもこぼすように働きかけましょう。これらのエクスポージャーの本質的なポイントは，個人的な不快は一時的なものであり，多くの人たちの反応もまた一時的なものであるということを説明することである。

　中核となる不安が明らかになり，議論されるまで認知再構成法はエクスポージャーの進行の中に含まれることになる。徐々により困難なエクスポージャーを用意することによって，中核となる不安を取り出すことが可能となり，子どもが直接的に核となるような不安を扱えるようになる。これにより，子どもは不安場面に対処し克服できるという確証を手に入れることができる。潜んだ考えが認識されず放置されたままになっているような不完全な認知再構成法には注意しなければならない。子どもの表面的な「全部大丈夫です。もうこのことでは困りません」という言葉を受け入れる必要はない。このような場合は，さらに行動的エクスポージャーを徹底的に調べ実施することによって，不安の程度が明らかになり，実は子どもがセラピストに良くなったように見せかけようとしているのかどうかが判明する。子どもの考えを徹底的に分析することと，困難なエクスポージャーを増やすこと通じて，そのような考えを調べることが望まれる。

ホームワーク

- 日記を継続する。子どもは不安喚起場面におけるネガティブな考えに挑戦し，それらを変容するために，STOP（きそらし）モデルと認知再構成法を継続して用いるようにする。
- 「できるよ（STIC）」課題としては，不安と回避の階層表の中のより挑戦的な場面について，現実場面における練習を継続する。親には，これらの課題を実行し進めていくよう子どもを指導できるように具体的な指示を出す。
- 通常の学校の日課にしたがうことは継続する。この週の「できるよ（STIC）」課題として，子どもが学校で過ごす時間を増やすようにする。この中には，家庭教師や勉強の時間を学校に移す，いろいろな日に子どもを教師と会わせる，友達と関わることのできるような時間を設定する，といったことが含まれる。親は子どもがこれらの活動のため学校へ登校できるような時間を作らなければならない。このことは，家族1人1人の予定の調整や負担が最小限になるように，親にも責任を共有してもらうことを意味する。もし，片親の家族であれば，親が治療のこの部分において他の家族や友達からサポートを得られるようにアイディアを出し合う。第4章には，子どもが徐々に学校に復帰する他の方法が記載されている。これらの方法として，①朝の時間を定め，そこから学校で過ごす時間を伸ばしていく，②通常の日課が終わる時間（たとえば，午後2時）まで過ごすと決めて，そこから徐々にそれよりも早い時間から学校で過ごすようにしていく，③最初は昼食時のみ学校で過ごし，その後徐々に昼食前後の時間も学校で過ごすようにしていく，④自分の好きな授業や時間にのみ参加するところから，徐々に学校で過ごす時間を増やしていく，⑤教室以外の学校の部屋，たとえば図書室で過ごして，そこから徐々に教室で過ごす時間を増やしていく，といった方法が含まれる。

セッション5〜6：治療をさらに深める

セッションの概要

- 週ごとの子どもの「できるよSTIC」課題を振り返る。

セッション5と6では，子どもが不安と回避の階層表の主となる部分を進めていくのを支援する。これらのエクスポージャーの主な目的は，子どものネガティブな考えを引き出し，これらの考えに挑戦し変容する手助けをすることである。本セッションでは，対処することに焦点を当てながら，考えに挑戦する練習を続ける。治療には，認知再構成法（考えの変容）のプロセスにおけるロールプレイとモデリングが含まれる。このセッションには親も参加し，セラピストの様子を観察するとともに，子どもに認知的手法を使うよう指導する経験を積む。親の関与の程度は，不登校の重篤さ，年齢や発達水準，特別な支援のニーズ（例：記憶や集中の問題），モチベーションの水準といった多様な要因に基づき臨床的に判断される。

現実的思考

毎週の子どもの「できるよSTIC」課題の復習から，各セッションを始める。これにより，セラピストは，子どものネガティブな考えを特定し挑戦する力を評価する機会を得ることとなる。認知再構成法のスキルが上達するにつれて，困難な対人場面や評価される場面へ接近し留まるというより強力な耐性が子どもに育まれる。

大衆紙や素朴心理学では，かつてネガティブで苦痛な情緒に打ち勝つための方法として，ポジティブな考えを奨励していることがあった。ポジティブな考えとは，ネガティブな考えを中和するために，たとえば「これはできるはずだ」「私は賢い」「私は良い人だ」と繰り返し自分自身に言うことである。研究と実践の知見よって，ポジティブな考えを用いても決して改善を示さない人がいることが明らかにされている。実際には，ポジティブな考えは，課題に集中し，実行するのを阻害することが示されている。事実，テストに不安を感じている子どもは，「これはできるはずだ」「私は賢い」といったポジティブな考えを与えられると，実際の振る舞いはあまりよくなかったり，さらに悪くなってしまったりする。ポジティブな考えによって，その場面で頼りにできたり，利用できたりするような真の情報や解決策が与えられるわけではない。たとえば，テストのときには，「私は賢い」という確信に焦点を当てすぎると，実際の課題に集中することが難しくなる。子どもがテストを完璧にできないと分かったとき，子どもの失望や身体的な緊張は増すことになる。これによって，混乱を引き起こす身体感覚，考え，行動，というそれぞれの要素がお互いを助長し状況を悪くするというサイクルが始まってしまう。このケースでは，「私は賢い」という考えにより，筋緊張や頭痛という感覚を引き起こされ，課題の遂行が妨げられる。結果として，「うわー。結局全然できない！」と子どもの緊張，ネガティブな考え，実際のパフォーマンス欠如について負の連鎖を生み出す。

研究によると，上手く適応している人は，ポジティブな考えではなく，おもに「健康的な考え healthy thinking」を用いていることが証明されている。「健康的な考え」は，当該の場面に取り組むために，状況と利用できる資源を現実的に検討することに特徴がある。健康的な考えは，現実に基づき問題解決的視点を有し，課題遂行型の考えであるとともに，適応的な考えに特徴がある。治療のこの時点まで，セラピストは非合理的でネガティブな信念を明らかにするために，子どもがSTOP（きそらし）プログラムや，似たような認知再構成法の手続きを使用するよう支援してきているはずである（S「き」とT「そ」のステップ）。そして，子どもはネガティブな考えをより現実的で適応的な対処的な考え coping statement に変容する練習をしている（「考え方のヒント」を用いたO「ら」のステップ）。ロールプレイと行動的エクスポージャーを実施することによって，子どもは自分の考えを調べ，不安場面を切り抜けることができるという証拠を集めることができる。困難な場面に対する継続的なエクスポージャーは，子どもにネガティブな考えに反論し挑戦できるという確証を与えることになる。

対人場面や評価される場面におけるエクスポージャーと認知再構成法の例

社交不安を感じる児童と青年は，他人と関わる，テストを受ける，発表をする，体育や音楽の実

技をするといった広範囲の場面について不安を感じる可能性がある。子どもの社交不安が，1つの社会的場面においてのみであった場合，全般的な社交不安ではないと考えられる（例：他人の前で話すときのみに極端な不安を経験する人）。しかしながら，多くの児童青年は，さまざまな社会的場面に不安を感じる。これは全般的な社交不安と呼ばれる。通常，社交不安は児童から青年の移行する間に増大する。しかしながら，児童期に全般性の社交不安を経験すると，青年期になってより困難や苦痛を感じる可能性が高い。治療のこの段階においての目標は，より困難なエクスポージャーを行い，子どもに認知再構成法のスキルを用いるように働きかけることである。それぞれのエクスポージャーでは，毎回同じように準備を行う。すなわち，子どもが具体的ないくつかの目標を決める，ネガティブな思考や自動思考を特定する，「考え方のヒント」を使ってそれぞれに合理的な代替思考を用意するである。以下は，さまざまな社交不安に対するエクスポージャーと認知再構成法の手続きの例である。

例1：テスト不安に挑む

テスト不安に対するエクスポージャーは，テストを行うことや，子どもへの発問が含まれる。このエクスポージャーでは，実際の教育課程に基づいた模擬テストが必要となる。教師や家庭教師からテストをもらうか，現在の学校のカリキュラムに基づき親にテスト作成を手伝ってもらう。エクスポージャーでは，たとえば，制限時間を決める，多種選択や記述式の質問を含む，口頭での発表を行う，抜き打ちテストでびっくりさせるなど，子どもが出くわしそうないくつかの要因を操作することになる。典型的な後半のエクスポージャーのプロセスは，以下の通りである。

ケース例

T：さて，テストはどうだったかな？
C：10段階中8点しか取れなかった。テストは大失敗だった。
T：数学は良かったんじゃないの。この試験では何点だったのか教えて。
C：80です。80点しか取れなかったです。
T：テストで80点だと，どんな最悪のことが起こると思う？
C：数学の単位を落とすかもしれない。それに他の教科も落とすかもしれない。
T：1度に1つのことを考えるようにしようね。80点では単位を落とすのかな？教えて。
C：いいえ，でもBになってしまうと思う。
T：あー，それはどういう考えかな。「Bになってしまう」とは？
C：（考えのラベルのリストを見る）あ，ポジティブを見ていないんだ。よし，Cよりは良かった。
T：そうすると，考えを繰り返してみよう。Bを取ったということは，本当はどういうこと？
C：えーと，私はBを取った。つまり合格したということ。
T：そうだね。前にテストで単位を落としたことがあるか教えて。
C：いいえ，でもCを取ったことは1回ある。

T：それで？
C：Cも合格。
T：そうだね。では，あなたがCやBを取ったからといって，前に教科の単位を落としたことはあるかな？
C：ないです。
T：それでは，テストで失敗して，教科の単位を落とすということは，どのくらい起きそうなことかな？
C：えーと，起こるかもしれないと思う。
T：テスト勉強はする？
C：はい。
T：他にテストの準備はどんなことをするかな？
C：宿題もします。
T：分かりました。現実的に答えてね。テストで失敗して教科の単位を落とすことは，どのくらい起きそうかな？
C：はい。テストで失敗することは，現実的には起こりそうもないと思う。
T：なぜ？あなたが単位を落とすかもしれないっていう証拠は何だろう？そのことも含めて考えてみてよ。
C：単位を落とさないと思う。勉強しているし，宿題を全部しているから。
T：起きそうな確率を0から100％で教えてくれる？
C：えーと，たぶん，5％しかないと思う。
T：起こる可能性のあることの中で，本当に最悪のことは何かな？
C：Bを取る可能性はあるけど，それは単位を落としたわけではない。

　STOP（きそらし）ステップにしたがって認知再構成法を行った後，子どもに模擬テストを受けてもらう。子どもと不安の証拠を調べるとともに，起こりうる結果とその重要性ついて現実的に確認する。学習障害のため，または，良い成績を取ったことがないために，テストに不安を感じている子どももいる。このような子どもの治療の場合，成績が良くなかったという経験のせいで起きる不安への対処に焦点を当てる。学習の問題を抱える子どもには，適切な不安マネジメントとともに，必要な学習への支援を確保するために，家庭教師や特別支援の担当教師の協力を得る。
　子どものテスト不安を悪化させているような子どもの成績についての親の期待に注意しておく。たとえば，親の中には不安はオールAを取ることを邪魔しているのだとか，ときどきBが混じると良い大学に入れなくなると信じている人がいる。子どもの成績について親の信念と姿勢を注意深く調べるようにする。そして，親に対して子どもの能力やパフォーマンスを受けいれられるような介入や教育が必要かどうか検討する。

例2：恥ずかしがり屋（シャイネス）に立ち向かう
　他の人から何と思われるかを心配している恥ずかしがりで目立たない子どもは，対人場面や評価

される場面における不安が臨床レベルにまで悪化するリスクを持っている。恥ずかしがり屋というのは，我々の文化において通常の性格の一部として受け入れられている。しかしながら，友達を作ることに尻込みしたり，自分の要求をはっきり言うことができなかったり，さもなければ他人に好意的に接することができない子どもの場合は，あまりにも恥ずかしがり過ぎるということで問題視されるだろう。加えて，教師は妨害行動を示す子どもの対応に一生懸命になっているために，不幸なことに恥ずかしがりで目立たない子どもは見過ごされてしまうことが多い。極度に恥ずかしがり屋な子どもは，手助けが必要だと他の人が気づく前に，重篤な不安に苦しんでいることが多い。エクスポージャーにおいては，恥ずかしがり屋を子どもの性格であると見なすことはしない。むしろ，治療の中で社交不安の問題に取り組むことによって，子どもは対人的場面においてリラックスできるようになるだろうと考える。そして，拒否される不安，恥ずかしさ，能力がなさなどに左右されないで，自分で自分のしたいことを決めることができるようになるだろうと考えるのである。

　恥ずかしがり屋の児童青年に対するエクスポージャーは，さまざまな場面でのさまざまな人々とのやりとりが含まれる。たとえば，食堂で会話を始める，電話でクラスの友達に宿題のことを聞く，授業で質問をする，先に遊んでいる子どもの輪の中に入る，誰かに迷惑なことを止めて欲しいと言う，適切なときに「イヤ」と言う。以下は，他の人が自分のことをどう考えているかという不安に対する支援の例である。

ケース例

T：学校で一番大変なことは何かな？
C：他の子どものことだと思う。
T：他の子どもの何があなたを悩ませているのかな？
C：分からないわ。あの子達は，私のことを好きじゃないのよ。
T：どうしてそう思うの？他の子と一緒にいるときに何かあったのかな？
C：誰も私に話しかけてくれなかったの。私には友達がいないわ。それに，給食の時間や休み時間に一緒に座ってくれる人がいないわ。
T：他の子に話しかけようとしたことはあるかな？
C：あるわ。
T：一番最近，話しかけようとしたのはいつかな？
C：覚えていないわ，ちょっと前かしら……去年かもしれない。
T：いいかな。そうすると，あなたは他の子に話しかけるのをあきらめてしまったように聞こえるんだけど。
C：どうしようもないんだもの。あの子達が私のことを好きではないんじゃないかと思うの。もう私のことを好きではないって分かっているわ。
T：ちょっと待って，本当は何が起きているか見ていこうね。あなたは去年話しかけてみたかもしれない。でも今年は全く話しかけていない。それでいい？
C：そう。

トピック5.4　からかい

　他の子どもにからかわれるという理由で，学校に行くことに困難を抱える子どもは多い。からかいのターゲットが体重や容貌など傷つきやすい点に向けられるときには，特に深刻になる可能性がある。加えて，深刻ないじめや脅しのきっかけとなる場合も危険である。より深刻な状況においては，問題の解決を図るために教師や学校関係者と相談するようにすること。

　深刻ではないからかいというのは，子どもの中でよく見られることであるが，クライエントが特に敏感に反応しており，結果として学校に行きたくないと思っている可能性はある。その場合，まずはからかっている子どもに対して「反応しないこと」が推奨される。からかい返したり，笑い飛ばしたりすることによって，からかいを逸らそうとする子どももいるが，からかわれることにとても悩んでいる子どももおり，その場合は子どもには単純にバカにされることを無視するように勧めている。子どもには挑発には乗らないように伝えること。からかってくる子どもの多くは，相手からの反応に注目しているので，反応が得られなかった場合彼らの注意はよそに移っていくことが多い。もし，クライエントがからかいの対象となっている場合，呼吸の練習をさせ（第4章参照），からかわれる前にやっていた活動を続けるように指示をする。からかいがひどくなってしまったら，そこから離れ，一緒にいて居心地の良い友達を捜すように指示する。加えて，からかいに対する台詞や対処法を考え出すために，セラピストがからかってくる子どもの役割を演じて，からかいに対するエクスポージャーを実施してゆく。

　もしこれがうまくいかなければ，クライエントに学校で助けてくれる大人はいないか尋ねる。子どもは，他の子どものことについて学校の大人に話すのを嫌がる場合が少なくないが，学校は安全で快適に勉強できる場所でなければならない。一般的に教師や学校関係者はこのような問題に敏感であるので，最後の頼みとして，もしくは身体的な危害が加えられていたり，子どものパーソナルスペースが侵害されていたりする場合には，クライエントには教師や学校関係者に話すように働きかけること。加えて，この状況について子どもと頻繁に話し合うようにする。

T：その子たちがあなたに話しかけてこないのには何か理由があるのかな？

C：私のこと好きじゃないから。そう言ったでしょ。あのグループは全員知り合いで，仲の良い友達なのよ。

T：まず，「私のこと好きじゃないから」というのは，どのような考えか教えて。

C：読心術とか占いみたいな考えかな。私はあの子達が私のことを好きではないのではないかと予言しているけど，どう考えているか本当は分からない，ということね。

T：その通り！　最近誰もあなたに話しかけようとしてこないという事実の他に，あの子達があなたのことを好きではないということを裏付ける証拠にはどんなものがあるかな？

C：えーと，確かなことはないわ。

T：そうすると，他の子があなたに話しかけてこないのには，何か他の理由があるのかな？

C：分からないけど，私があの子たちに話しかけようとしていないからかも。

T：そうかもしれないね。あなたが，お昼の時間や休み時間によく行くところはどこかな？

C：教室にいるわ。それか図書室に行く。

T：それでは，あなたは他の子に近づいてさえもいないと言ってもいい？

C：そうね。
T：それじゃあ，あの子たちがあなたのことを好きではないという証拠はどこにあるのかな？
C：ないわ。
T：では，他に何が起きているのだろう？
C：たぶん私が他の子の近くにいないし，話しかけないから，彼女たちは私に話しかけてこないんだと思う。でも，すごくつらいの！　どう話していいか分からないのよ。
T：分かりました。そうだよね。1度に1つのことを考えようね。思い出して。心の中の自動思考の再生スピードをゆっくりにして，1つずつ反論するんだったよね。「たぶん他の子が話しかけてこないのは，その子たちの周りにいないからだわ」。「たぶんあの子たちは私に話しかけるチャンスがないはずだわ」。
C：ええ，それは分かるわ。
T：いいでしょう。でも，すぐにそれをできないから，それは簡単なことではなさそうだね。もし練習をしなければ，誰かに話しかけるのは難しいね。それに，「どう話していいか分からない。」とも言っていたね。
C：そう。しらけてしまうのではないだろうか，バカな奴にみられるじゃないかって思うの。
T：そう，でも話していなかったからといって，その子のことがバカに見える？
C：え？　いいえ……。
T：もしあなたがしばらく黙ったとして，どうしてあなたがバカに見えるのかな？意見を聞かせてもらえるかな。会話するためには何人必要かな？
C：少なくとも2人だと思うわ。
T：そうだね。だから，会話には2人参加していて，あなたがその中の1人だとして，会話の責任はどれくらいあるかな？
C：うーん。半分。
T：そのとおり。あなたは会話の50％しか責任がないね。相手にも責任はあるんだね。だから，沈黙したら全てあなたのせいではなく，他の人にも責任はあるんだよ。分かるかな？
C：そうね，そうだと思う。
T：それじゃあ，誰かと会話を始めるために，自分としてはどんな準備をすることができるかな？
C：えーと，会話について半分しか責任がないと思うわ。話したことがない人となら，最初は難しいかもしれない。でも，試してみないといけないと思うし，他の子がいるところに行かないといけないと思うわ。
T：その調子！

　恥ずかしがり屋な子どもは，会話や他人の周りにいるという経験を繰り返す必要がある。治療では，物理的に友達に近づけるようにすることに加えて，会話スキルや社会的スキルを高めることにも焦点を当てる。対人場面自体やその場面における注意の向け方について新たな情報を集めることで，子どもの非機能的な態度や信念に継続的に挑むようにすること。

例3：体育の不安に打ち勝つ

社交不安をもつ子どもは，活動におけるパフォーマンスに不安を持つ可能性があり，問題をやり過ごすために不適切なやり方を身につけていくこともある。親からは，子どもが体育の日に腹痛や病気を訴えてきたり，年に1度の演奏会前にギターの弦が全部切れてしまうと言ってきたりするという報告があるかもしれない。パフォーマンス不安のせいで不登校になった子どもは，どんな犠牲を払ってもこれらの場面を避けようとするだろう。もしくは，その場面ではひどい苦痛に耐えていたり，最初からその活動や授業に参加しなかったりするかもしれない。以下の会話には，パフォーマンス不安のために不登校になっている子どもの主な心配が示されている。

ケース例

C：体育に行くのが一番大変なんだ。みんなに笑われるのが耐えられない。スポーツができないんだ。何でも最後にチームに選ばれるし。ひどいもんだよ。

T：体育の授業についてもうちょっと教えて。クラスにどんな子どもがいるのか，どんな活動をしないといけないのか知りたいな。

C：うちのクラスの男子全員がいる。みんな運動が得意なんだ，全員だよ。今は，バスケを始めたところ。笑っちゃうよ。やったことなんかないのに。今度はフットボールをしないといけないんだ。バスケではひどかったから，だれもフットボールに誘ってくれないよ。先生はボクをチームに入れないといけないけど。

T：よし，一緒に詳しく調べてみよう。クラスのみんな運動が得意なの？それは学校の運動部に1人残らず入っているってことかな？

C：いや，全員ではない。ほとんど。

T：クラスは何人で，何人が部活に入っている？

C：えーとね，クラスには20人男子がいて，多分6人が学校の運動部に入っていると思う。でも多いでしょ。

T：そうか。14人は運動部に入っていないんだ，彼らも運動が得意なんだね。これで，あっている？

C：いや，ボクの親友のブライアンもあまり得意ではないな。でも彼はみんなに好かれているよ。ボクよりも前にチーム分けで選ばれたから。

T：ジョーイ，じゃあ教えてね。いつ体育に行ったかな，そしてそこで何をした？体育の授業に出るとして，あなたはまず何をしないといけないかな？

C：着替えないといけないね。それで男子の前で着替えるのがイヤだから，トイレで着替えると思う。

T：その男子達は何をしているんだろう？

C：先生を待ちながら，たむろしてふざけあったりしていると思う。彼らはみんな気が合っているんだ。そこに戻るのは大変だよ。

T：その男子の前で着替えることについて教えて。何が困るのかな？

トピック5.5　体育の授業

　年長の児童や青年にとって，体育は最も参加することが大変な授業の1つである。他人の前で着替えたりシャワーを浴びなければならないため，人前で運動競技を見せなければならないため，もしくはからかいや冷やかし，恥ずかしい思いをしたり，チーム分けで最後に選ばれたりするといったリスクを理由として，体育が好きではないと言う子どもは多い。結果的に体育を休んだり，あまり授業に参加しなかったりする子どももいる。

　クライエントにこれが当てはまるならば，この章に説明されている方法を用いてみること。子どもを確実にリラックスさせるようにするとともに，体育に持っているネガティブな考えを変容させる手伝いをする。子どもがあまり体育の授業に参加していないならば，子どもが他の子どもと話ができて，体育で行われているスポーツにより関わることができるような方法を準備する。もし子どもがからかわれたり冷やかされたり，もしくはいつもチーム分けで最後に選ばれているならば，どのようにこの問題が解決できそうか体育担当の教師と相談するようにすること。話し合いによっては，子どもがちょくちょくチームに選ばれるようになったり，くじ引きによってチーム選びが無作為になったりするかもしれない。もし，子どもがスポーツでのパフォーマンスに関して恥ずかしい思いをしているならば，親に子どもと一緒に練習することを提案する。

　特に難しいのは，更衣室で着替えたりシャワーを浴びたりしたくないという問題である。子どもには回避を認めず，1人で着替えさせたりしないようにすること。むしろ子どもの持っている物の範囲内で，できるだけ準備させるようにする。つまり，必要な全ての服を持って行き，出来るだけ能率的に着替えられるようにさせるようにする。加えて，子どもには更衣室や体育の授業中，他の子どもに話しかけるように促す。それによって，子どもの注意が見られているという心配ではなく，アイコンタクトや会話の開始や参加に向けられるようになる。

C：えーと，言うのは難しいなぁ。笑われたくないんだ。ボクは，重いものとか持ち上げられないから。彼らはやせっぽちの男子とか，太った男子をからかうんだ。ボクはチビってバカにされたくないよ。

T：もし，彼らが君を傷つけようとしているなら，からかわれるのは面白くないよね。からかっているときには，友達同士でただ楽しんでいるだけのときや周りへの悪ふざけの可能性もあるけど，それは本当に傷つけようとしているの？それともただの冗談？

C：分からないよ。どっちも少しはあるのかもしれない。からかわれている男子は大丈夫なように見えるし。ボクはただ顔が赤くなるのはイヤなんだ。真っ赤になりたくないんだ。

T：分かった。そうしたら，いくつかのことを考える必要がありそうだ。重いものが持ち上げられないから，君は他人と違うと見られることを心配している。そして，からかわれたら，赤くなるかもしれないと心配している。自分に聞いてみてほしいんだけど，さっきの14人の男子のうち，重いものを持ち上げられて，見た目も完璧で，からかわれたときに赤くならない人は何人いるかな？

C：えーと，分かった。全員運動が得意なわけじゃない。完璧でもないんだ。

T：その男子たちと君では何が違うのかな？

C：みんなは，気にしていないよ。運動ができる子達の中に入っていって，その前で着替えて，指名されているよ。

T：それで，どうなるかな？
C：分からないけど，ボクが思っている程のことではないと思う。
T：彼らは試合で仲間はずれにされている？彼らはそんな背丈や体格だけど，運動神経が良いの？
C：かなり早く指名されているよ。あまり困っている様にはみえないなぁ。スポーツが得意でない子も全部に参加しているよ。
T：分かりました。そうすると彼らはその場面に居続けているんだね。君はトイレに行っているから，始まるときにはそこにいないよね。君が着替えから戻ってきたとき，どうしているの？ 男子の周りにいって，ウロウロしているかな？
C：いや。普段は先生が指示を出すまで本を読んでいる。誰とも話そうとはしない。
T：そう。うーん。どうして？
C：だって，誰もボクと話したくないから。たぶんボクのことなんて忘れているし，スポーツしたくないし。
T：君が離れたところに座っているから，それか，君が本を読んでいて気づかれないようにしているから，最後に選ばれるという可能性はないかな？
C：うん，あると思う。
T：それじゃあ，もし君がもう少し，彼らの周りをウロウロと歩いたら，他の男子が君をすぐに指名してくれるかもしれない？
C：確かに。何でもあり得るからね。
T：このことについて君の意見を聞かせてもらえるかな。君は全てのスポーツが嫌い。これであっている？
C：違うよ。テニスは好きだよ。バスケットボールとフットボールが嫌いなだけだよ。
T：そうなんだ。テニスは体育の授業でするのかな？
C：うん。でも春までないんだ，それも3週間しかしない。
T：そうなんだ。運動が得意な子たちは，テニスも得意なのかな？
C：ううん，特に大きい子は苦手。
T：じゃあ，全員が全部のことが得意ではないと言ってもいいかな？
C：うん。
T：では，大きな子たちがテニスコートでミスしているとき，からかう人はいるかな？
C：いるよ。その子の友達が笑っている。
T：分かりました。ここまでをまとめよう。全員がすごい体格なわけではない。でも他の子は一緒に着替えている。全員が全部のことが得意なわけではない。そして運動のできる子たちでさえもからかわれることがある。さらに，1人で本を読んで座っていると，他の子から見過ごされてしまうかもしれない。でもそれはわざとではない。これでいいかな？

この例では，セラピストは誤った信念を明らかにし，子どもがどんなことができるかについて調べるのを手助けしている。ジョーイはテニスができるが，このときにはこの事実を無視して，自身

のみじめな点のみ注目してしまっている。ジョーイは，子ども全員と比べるのではなく，運動のできる子と自分を比べて，自分は他の子と違っていて無様であると感じてしまっている。ジョーイの現実エクスポージャーでは，本（安心するための事物）を手放し，体育の時間に仲良くなれるように男子に歩み寄ることになる。この場面では，アイコンタクト，会話の開始と参加，主張性といった基本的な社会的スキルを身につけることは有益であろう。

子どもの治療への周囲の人の参加

　社交不安やパフォーマンス不安の治療を成功させるためには，子どもの治療における他の人たちの関わりが重要である。このような関わりは直接的であるかもしれないし，間接的であるかもしれない。治療プログラムによっては，恥ずかしがり屋な子ども，もしくは社交不安の子どもに対する治療においては，スキル練習の手助けのために不安を抱えていない子どもを積極的に参加させることがある。この手続きは仲間ペアと呼ばれ，恥ずかしがり屋の子どもは他人からやや目にとまりにくいせいで仲間から無視されているという知見に基づいたものである。治療を手助けするために参加する子どもたちは，治療を受ける子どもの診断についての個人情報を知っている必要はなく，恥ずかしさを和らげるためには，手助けが必要であること，他の子と知り合いになる必要があることを把握していればよい。

　親も仲間や他の人と交流できるような形式張っていない集まりを準備することができる。親には，他の人と接することを手助けできるような，遊ぶ約束，外出，その他の社会的なイベントを準備するように提案する。このような半構造化された活動は，子どもに社会的スキルの練習機会を与えることになる。これら活動は，学級においても準備することできる。たとえば，子どもが恥ずかしがり屋で無口な場合，他の子どもはその子とあまり交流を持たない可能性がある。学校ベースのエクスポージャーに力を貸してもらうため，担任教師に連絡を取る必要があるかもしれない。担任教師は子どもに発言を求めたり，そうでなければ，人前でパフォーマンスをする機会を設けたりすることができる。同様に，親や養育者は，恥ずかしがり屋の子どもの代わりに話してあげることをやめることもできる（たとえば，レストランでの注文や，お店での支払いなど）。より快適にかつ，より自立して他人と交流をするという子どもの目標を家族全員が受け入れる必要がある。周囲の人の参加やさまざまな対人場面での練習は，治療の残りの期間の「できるよ（STIC）」課題の焦点となる。

ホームワーク

　セッション5・6のホームワークは以下のとおりである。

- ■「できるよSTIC」課題は学校に関連したものに割り当てられるようになる。セッション5－6の終了時には，少なくとも部分登校はしておくべきである。これらの「できるよ（STIC）」課題は，他の子や大人との関わりの機会を増やすことになる。子どもがこれらのエクスポージャーやり通すことができるように，親は適切な支援をする必要がある。

■日記を継続する。

セッション7～8：治療を終結する

　この先の治療では，最終的な目的である全校時への出席に向けて，徐々に学校で過ごす時間を延長することに焦点を当てる。最初はセラピストが学校について行ったり，日中に校舎の個室で面接できるように予定を組んだりする可能性もある（例：授業時間外に自習室のようなところで）。このような支援つきのエクスポージャーによって，子どもはより早く全校時への出席に向かって前進していく可能性がある。しかしながら，いったん子どもが学校に戻ることができたなら，治療の予約は学校のある時間以外に設定すべきである。適宜，放課後の時間を使って学校で面接を続けることもできる。この時点では，子どもに治療の責任をほとんど担うようにさせ，学んだことを現実生活で適用するようにさせる。子どもがこの目標に到達するのを手助けするために，これまでのセッションで紹介した技法を継続して使う。

第6章　周囲から注目を得るために不登校になっている子ども

セッション1：治療の開始

必要な教材

- 親の指示に関するワークシート

セッションの概要

- 親に，自らの出している指示について説明し，列挙してもらう
- 学校のある日の朝の日課 routine について，親に説明してもらう
- 不登校行動に対するペナルティとなるものを親が見つけられるように援助する

この章では，注目を求めて不登校になる子どものための治療の手順が説明される。このグループでしばしばみられる行動としては，指示に従わないこと（たとえば，親や先生の指示を拒否する），学校に行かずに済むように全般的に妨害的な行動をとること，しがみつくこと，動こうとしないこと，かんしゃくを起こすこと，逃げ回ること，電話をかけ続けること，相手に罪の意識を感じさせるように振る舞うこと，などが挙げられる。治療の主要な焦点は両親（もしくは，ひとり親の家庭では親）にある。親の意識が不登校行動ではなく，適切な登校行動に焦点化されるように転換をはかることが治療の主要目標である。そのためには，以下のことが必要となる。

- 親の指示の再構築
- 規則正しい日課の確立
- 不登校行動に対してペナルティを与える
- 登校行動に対してごほうびを与える

すなわち，この治療計画には，随伴性マネジメントによるアプローチの中核的な要素が含まれる。この治療的アプローチを，注目を求めて不登校になる子どもに適用する上で，これらの4つの要

素が繰り返し検討される。

　この治療計画では，介入のほとんどの時間は親に費やされる。しかし，子どもも治療セッションに来談し，何が起こるのかを伝えられるべきである。子どもには，治療計画について質問をし，今後与えられるペナルティやごほうびについて考える機会を与える。治療の状況について伝えることはまた，子どもに，自らの行動次第でペナルティやごほうびが与えられることを思い出させる意味がある。もし，問題を起こすことなく登校すれば，親と一緒に過ごす時間を与えられるなど，ポジティブなことが起こる。もし学校に行かなければ，外出禁止などのネガティブなことが起こる。

　治療計画についてどう思うか，子どもの意見を聞く機会を設けてもよい。子どもが訴える理由が妥当（たとえば，好みや時間的効率に照らし合わせて論理的）であれば，多少の変更を行うことも考えられる（たとえば，朝はパンケーキでなくシリアルを食べるなど）。しかし，ほとんどのケースでは，決められた手順について子どもが「交渉」すること（たとえば，6：45ではなく7：00に起きるようにしたい，など）を認めてはならない。子どもが注目を得ようとして，家族の予定の多くを決めてしまっていることがそもそもの問題である。子どもが家族をコントロールしようとする行動や注目を得ようとする行動を修正し，家庭内の主導権を親が握れるようにすることが治療目標の1つとなる。

　きょうだいたちにも治療計画を伝え，彼らの協力を得て，治療中彼らが忘れ去られることはないと保証しておくことも有効である。きょうだいの中のだれかが悪い行動をして特別な注目を得ていることに気づくと，他のきょうだいも注目を得ようとして悪い行動をすることがときどきある。このようなことが起こるかどうかに注目をし，起こり始めたら可能な限り早く対処すべきである。1つの解決策としては，家族の中のすべての子どもに対して，ここで紹介する技法を実践することである（たとえば，全員のための日課を確立するなど）。治療中に子どもが起こす新しい問題に注意を払うことも忘れてはならない。

親の指示の再構築

　1つ目のステップは，親の指示を再構築することである。注目を求める子どものいる家庭の多くで，子どもは交渉に成功して欲しいものを手に入れ，しばしば親を長い会話に巻き込んでいる。治療の目標の1つは，こうした会話を親の簡潔な指示，子どもの簡潔な反応，親の簡潔な反応，に短縮することにある。

　まずは過去数日中に，子どもに対して出した10の典型的な指示を親に列挙してもらうところから始める。子どもに伝えた言葉どおりの指示を明らかにすることが大切である。指示を出す状況としては，お手伝いの場面，きょうだいとの相互作用の場面，物を探す場面，妨害的な行動をやめさせる場面などがあるだろう。次に，登校に関連した10の典型的な指示を列挙してもらう。状況に酌量すべき点があったかを含め，特定の指示がなぜ，どのようにして行われたのか，その理由を探る。

　2つのリストをチェックし，両者がだいたい似通っているか，食い違っているかを確認する。もしも違っていれば，それがなぜなのかを親に聞く。不一致があるかどうかを知ることは，治療の範囲を判断するための材料になる。もし，親の指示が多くの状況では有効であるが，登校に関しての

み無効である場合，治療の範囲は狭くて済むかもしれない。しかし親の指示が，学校のある日の朝を含めて，多くの状況で有効でない場合，こうした領域を含め，より広範囲の治療を行う必要があるかもしれない。

リストをチェックし，親が子どもに指示を出す際の，中核的な誤りを探す。こうした誤りには，質問の形で出される指示，あいまい・不完全な指示，中断される・他の人が代わりに行ってしまう指示，子どもには難しすぎる指示，小言の形で出される指示などがしばしば含まれる。親が行っている誤りのパターンを探し，建設的なフィードバックを与える必要がある。

規則正しい日課の確立

指示に加えて，学校のある朝の家庭内での典型的な状況を叙述してもらう。日課に関してはとにかく具体的に聞き，場合によっては10分ごとの時間経過で説明してもらう。もし，家族の中で特に決まった朝の日課がない場合，そのことを確認するとともに，おおまかな傾向がないかについても尋ねる。もし，この3〜4週間中に日課が変わることが予測される場合（たとえば休暇や祝日，仕事のスケジュール変更，学校の休みによって），そのことに関しても聞く。

日課について親が説明するとき，子どもが起床する時間，顔を洗って着替える時間，食事をする時間，歯磨きをする時間，テレビなどの余分な活動をする時間，学校の準備をする時間，学校に行くために家を出る時間に，特別な注意を払う。これらの時間や活動がきょうだいによって異なる場合，それぞれの子どもについて説明してもらい，特に不登校の子どもについて詳しく聞く。さらに，両親の典型的な朝の日課について知り，父親・母親の日課の違いについても尋ねる。後者は，子どもが一方の親がいない間に，もう一方の親に対して学校に行かずに済むよう圧力をかけている場合に，特に重要な情報となる。

また，両親が子どもの朝の行動に対してどう反応しているかについても探る。ここでも，不登校の子どもに対して振り向けられる行動に，特別な注意を払う。さまざまな行動のうち，無視する，子どもをなだめる，どなる，身体的接触をする，小言を言うなどの行動に焦点を当てる。クライエントに対しては，ありのままの状態を語ってくれるよう働きかける。多くの両親は，自分たちの人生が7歳児をコントロールすることを中心に回っていることを恥ずかしく感じるが，治療にとって，子どもとの相互作用に関する情報は重要である。適切な質問の例としては以下のようなものがある。子どもがかんしゃくを起こしたり，学校に行かないと言って手すりにしがみついたりするとき，あなたは具体的にはどうしますか？　このやりとりはどのくらいの時間続きますか？　最終的には，そのことばかりにかまっていられずに，子どもに対して「折れ」ますか？　日中，子どもはあなたと一緒にどんなことをしますか？　お互いにどんな言葉かけをし，そのときの（情緒的な）雰囲気はどのようなものですか？

それぞれの親が子どもの行動に対してどのように反応しているかのパターンを見出し，可能であればフィードバックを与える。治療の中心的方略は，登校行動にごほうびを与え，不登校行動にペナルティを与えることであるのを忘れてはならない。そこで，不登校行動（たとえば，過剰な身体愁訴，しがみつき，かんしゃく）を可能な限り重要視せず，無視する練習をし，適切な行動（たとえば起床する，時間どおりに朝ごはんを食べる）に注目するよう，親に働きかける。多くの親は子

どもが「悪い」行動をとったときにのみ注目することに慣れてしまっているため，ポジティブな行動に注目を転換するための練習が必要である。

不登校行動に対してペナルティを与える

　親に，しつけのため，あるいはある行動が容認できないことを子どもに伝えるために最近用いたペナルティを列挙してもらう。それぞれのペナルティの効果について評定を求め，今も使われているものを特定する。例としては説教や体罰，外出禁止，権利の剥奪，大切にしているものを取り上げること，罰金などが含まれる。こうしたペナルティが，きょうだいによって異なって用いられているかを探る。親によっては，過去にほとんどペナルティを用いたことがなかったり，子どもの行動がひどくなるのを待ってからペナルティを与えたりしていることがある。さらには，ペナルティを与えることに反対する親もいる。こうした習慣は治療に影響しうるので，可能な限り早い時期に把握する必要がある。

　親の用いるペナルティが，きょうだいによって違うかについても調べる。たとえば，不登校行動のある子どもを，他の子どもよりもずっと頻繁にペナルティを与える親がいる。このような場合，彼らが子どもをどのようにペナルティを与えるについて詳しく説明してもらう。さらに，それぞれのペナルティが効果的であったか，親が現在もそれらのペナルティを用いているかについて聞く。過去数日中のそれぞれのペナルティの使用と，子どもがどのように反応したかを明らかにする。

　さらに親には，こうしたペナルティを過去数週間，数か月中に，どのように使用したかについて尋ねる。たとえば，タイムアウト法は使ってみたか？　使ったとすれば，どんな手順を用いたのか？　それを試したのはどのくらいの期間か？　両親ともタイムアウト法を使用したか？　タイムアウト法が施行される前に，子どもは家のルールを理解していたか？　親は，外出禁止を試したか？　試した場合，子どもはそれでも結局家から出たか，寝室で暴れたか，「別にどうでもいい」と言ったか？　過去に用いられたすべてのペナルティについて，詳しく検討しなければならない。こうした過去の例を探る中で，両親は子どもの行動を変えるために，今後のペナルティがどの程度効果的であると感じているか，その態度のアセスメントをする。可能であれば，新しいルールやペナルティを提案し，親からフィードバックを得る。

登校行動に対してごほうびを与える

　適切な行動を促進するために，親が最近用いたごほうびを列挙してもらう。ペナルティと同様に，それぞれの効果と，子どもにとっての好ましさを評定してもらう。それらのごほうびを，現在も用いているかを探る。ごほうびの例としては，ほめことば，注目，遊んだり読書ができる時間（親が一緒にいる場合もいない場合も含む），食べ物，おもちゃ，お金，しなければならないことを一部免除されることなどが含まれる。さらに，こうしたごほうびがきょうだいによって異なって用いられるかについても尋ねる。

　ペナルティの時と同様に，親がごほうびを過去数週間，数カ月中に，どのように使用したかについて尋ねる。たとえば，数日間子どものためのごほうびのシステムを設定したが，効果がないと感

> **トピック 6.1　家で子どもと過ごすために仕事を休む親**
>
> 　年少の子どもが注目を得ようとして不登校になる際，両親はしばしば，子どもと一緒に学校に行くために，仕事を休むべきか悩む。このタイプの子どもの多くは，親が一緒に学校に行ってくれて，朝，お昼，もしくは学校のある時間のほとんどをそこで過ごしてくれれば，学校に行くと言う。親によってはボランティアとして正式に教室に入り，朝の日課をこなしやすくすることもある。
>
> 　親が子どもと一緒に学校にいられるように，仕事を休んだり特別な努力をすることは望ましいことではない。こうした行動は，子どもの依存心や注目を求める行動を強化するだけであり，のちに子どもがひとりで学校に行くことを，それだけ困難にしている。親は子どもに対して，学校に関する枠の設定を明確にすべきである。たとえば，母親は，子どもを学校の校庭または入口までしか連れて行かない，と伝える。そこから教室までは，学校関係者に連れて行ってもらう。
>
> 　もし，親がこれまで子どもと時間を過ごすために仕事を休んでいたならば，教室から少しずつ撤退するための計画を立てる。たとえば，親がこれまで教室に 2 時間いたならば，1 時間 45 分で退室することを試みるべきである。もし子どもがこれに耐えられるならば，毎日 15 分ずつ，退室までの時間を早め続ける。親が子どもを学校の校庭または入口まで連れて行けば，教室に連れて行ってもらえるようになるまで，だんだんとタイミングを早めていく。もし子どもが妨害的な行動を示すならば，親は家庭内でペナルティを与える。

じたことがあったか？また，両親が，子どもの行動を変えるために，今後のポジティブな結果の随伴がどの程度効果的であると感じているか，その態度のアセスメントをする。可能であれば，新しいごほうびの提案をし，親からフィードバックを得る。最後に，家族の時間的・経済的資源を確認し，ペナルティやごほうびを与えることがすべて現実的に可能であることを確認する。

ホームワーク

- 本セッションと次のセッションの間に，子どもに与えた指示のリストを作る。指示は，使用した言葉のとおりに書く。
- 本セッションと次のセッションの間の，家族の朝の日課について毎日記録を取る。すべての活動とその時間を列挙する。
- 子どもを学校に行かせるために，朝の日課をどう修正できるかについて考える。
- 通常の学校のある日のスケジュールを，学校のある日の朝だけでも，全体的に遵守するよう働きかける。これには，朝早く起きること，学校に行くときのように着替えて準備をすること，学校の課題を終わらせることが含まれる。
- 記録日誌を継続してつける。1 週間中に起こる具体的な状況や体験に注意を払う。

セッション 2：治療を増強する

セッションの概要

- 親の指示の再構築に着手する
- 学校のある日の朝のスケジュールを，親が現実的で柔軟に組めるよう援助する
- 不登校行動に対するペナルティを決める援助をする

ここでは，注目を求めて不登校になる子どもの治療手続きを増強するための方法について説明する。セッション 1 と同様に，（治療の）主要な焦点は両親にあり，治療の主要目標は，親の意識を不登校行動から登校行動に移すことにある。繰り返しになるが，このためには親の指示を再構築し，規則正しい日課を確立し，不登校行動に対してペナルティを与え，登校行動に対してごほうびを与える。

親の指示の再構築

セッションは，過去数日中に両親が子どもに与えた指示のリストを吟味することから始める。特に，不登校の子どもに対して与えられた指示に注目する。セッション 1 と同様に，これらの指示の中に，質問の形で出されるもの，あいまいなもの，批判，途中で中断されるもの，不完全なもの，最後には親が代わりに行ったり，なかったことにされてしまうもの，手順の多すぎるもの，小言の形で出されるものなど，中核的な誤りを探す。両親が行っている誤りのパターンを検討する。

このセッションでは，親の指示の再構築に着手する。まずはリストに書かれた 1 つ 1 つの指示を細かく検討し，軽くフィードバックを与え，より具体的な情報を得る。以下の例では，T がセラピスト，F が子どもの父親，M が子どもの母親を示す。

ケース例

T：昨日出した指示の 1 つは「部屋をかたづけなさい」だったようですね。そのことについてお話いただけますか？

F：はい。私が子どもに，部屋をかたづけるべきだと言ったんです。もちろん，実際にはかたづけませんでしたけれど。

T：かたづけるように言ったとき，お子さんは何をしていましたか？

F：テレビを見ていました。私たちが何かをしなさいと伝えるときは，必ず何か別のことを見つけてきて，しているようです。

T：もう 1 つの指示の方はもっと差し迫っていたようですね。学校にも関係があったようですが。

M：はい。今朝，私にしがみつくのをやめてくれるようお願いしました。
　　T：なるほど。「しがみつく」とはどんな状態ですか？
　　M：とにかくまとわりついて，ぐずりながら学校に行かなければならないことの文句を言いました。学校に行きたくない，家に居させてほしいとうるさく言っていました。
　　T：なるほど，「まとわりつく」ということですが，それは具体的にはどんなことですか？
　　M：ええ，うまく説明するのはむずかしいですけれど。私のところに来て，何かを（子どものお弁当を作ったりなど）しようとしているときに，足をつかんだり，足もとに寝転がったりするんです。

　この時点で，親が子どもに向ける言葉をいくつか修正する。具体的には，親の指示のリストをチェックし，より効果的に指示を出すための方法をいくつか指摘する。たとえば，

■指示されたことを，具体的にいつ行うべきなのか，親にはっきりと言わせる。上記の会話例では，課題を始める時間の目安は与えられていない。部屋のかたづけや食器洗いなどの課題を始めるまでに，5分の時間制限を設定してもらう。先の母親の指示のように，指示がさらに早急に実施される必要がある場合，親は10秒の時間制限を設けるべきである。クライエントが，どの指示は10秒の制限時間内に守られなければならないかを特定できるように援助する。その中には，子どもを学校に行かせようとして親が出す指示の多くが含まれるだろう。
■子どもには何が要求されているのかを，親に具体的に言わせ，指示は簡潔にする。たとえば，「部屋をかたづけなさい」という指示は，いくつかの意味を持つ。この指示には，ほこりを取ること，掃除機をかけること，ベッドを整えること，本棚をまっすぐにすることは含まれるだろうか？　それ以外のことも含まれるだろうか？　このあいまいな指示の代わりに，親にはもっと具体的な言葉をかけてもらう。たとえば，「寝室の床から洋服を拾って，クローゼットのハンガーにかけなさい。5分以内に始めなさい」と伝える。「しがみつくのをやめて」と言うかわりに，「私から手を離して。10秒以内にね」と伝えることができる。
■親が出している指示が，子どもにとって物理的に実行可能であることを確認する。たとえば，クローゼットに洋服を掛けることができない5歳児に，それをしなさいという要求はすべきでない。子どもはまた，指示のすべての部分を理解できなくてはならない。まずは単純な1ステップの指示を出してもらう。必要に応じて，子どもが指示を理解していることを確認するために，子どもに指示を復唱させるよう働きかける。
■親が指示を出すとき，他に子どもの注意をそぐもの（たとえばテレビを見ている，友達と話をしている）がないかどうかを確認すべきである。「聞こえない」または「忘れる」ことが非常に得意な子どももいるが，親はこうした可能性をすべて取り除くようにすべきである。特に，子どもに指示を与えるとき，親は子どもの目を直接見ながら伝えるべきである。
■親は指示を指示として出し，選択肢や質問とするべきではない。上記の例では，父が子どもに部屋を「かたづけるべきだ」と言った。加えて，母は息子に，「しがみつかない」ように「お願い」している。こうした言葉は，子どもが従うかどうかについて選択権を与えられていること

とを示唆している。親は短く，直接的な指示を言い切りの形で与えることによって，この選択権を排除しなければならない。

- 親は批判も排除しなければならない。上記の例では，子どもが指示に従わないことに関して，父親が皮肉なコメントを口にしている。子どもはしばしば皮肉に気づき，言うことを聞いても強化が得られないと考えるかもしれない（たとえば，「そろそろゴミを出しに行ってもいい時間じゃないかな」というような言葉かけ）。親は，皮肉やネガティブな表現が入らないように，指示を修正すべきである。親はまた，指示を出すときに，できる限りニュートラルな声の調子で言うべきである。ここでニュートラルであることは後に，注目を求める子どもに対処するとき，特に重要になってくる。
- 親は，指示を出すときに，余計な言葉かけ（たとえば小言）を減らし，誰かが子どもの代わりに指示を実行してしまう（たとえばお皿を洗うこと）ことによって強化されないように気をつけなくてはならない。
- 親は，指示を出した後に，子どもと一緒に課題に取り組むべきである（たとえば子どもと一緒に部屋のおもちゃを拾う，子どもが学校の準備をする間，自分も仕事に行く準備をする）。
- 親は，指示に従ったら必ずごほうびを与え，従わなければペナルティを与えるべきである。

親がリストに書いた指示を1つずつ検討し，必要に応じて修正する。可能な限り，親に自ら指示を修正してもらい，効果的な指示の出しかたが自分で学べるように援助する。特に登校に関して朝出される指示に焦点を当てる。また，過度の安心を求める行動が問題であるならば，これに対処するための手続きに着手することを検討する（セッション5・6の内容を参照）。

規則正しい日課の確立

親と一緒に，典型的な学校のある朝の家庭内での様子について，再度検討する。以前と同様に，起床する時間，顔を洗って着替える時間，食事をする時間，歯磨きをする時間，テレビなどの余分な活動をする時間，学校の準備をする時間，学校に行くために家を出る時間に，特に注目する。さらに，両親の典型的な朝の日課について，子どもに対する行動も含めて，一緒に吟味する。

朝の日課を規則正しくするために必要な修正に関するフィードバックを与え，親が子どもにより

表6.1 朝のスケジュール例

時間	活動
6：50	子どもを起こす（子どもは7：00までに起床しなくてはならない）。
7：00〜7：20	トイレに行き，顔を洗う。
7：20〜7：40	着替える。
7：40〜8：00	朝ごはんを食べ，親とその日の日課について話をする。
8：00〜8：20	学校に行くための最終的な準備（たとえば，教科書を持つ，上着を着る）をする。
8：20〜8：35	両親と一緒に学校に行くか，一人で行く。
8：40	校舎に入り，教室に行く。

良く対応できるようにする。たとえば，子どもの朝の活動について，時間を明確に設定する。家族のメンバーが朝の作業をすべて完了するのに必要な時間を十分にとるように気をつける。治療者が勧める日課のペースは，日ごろ家族のメンバーが慣れているものよりもずっと厳しいかもしれないことに留意する。親は，学校が始まる90分から120分前には子どもを起床させるべきである。これは，子どもが現在登校していなくても実行する。朝，目を覚ましてから起床するまでの間隔は，10分以内におさめる。

また，その他の朝の活動に関しても，時間の設定に着手する。子どもが指示を守らなかったとしても親が対応できるだけの時間の余裕を残しつつも，学校へのスムーズな移行を促進できるくらいに厳しいスケジュールでなくてはならない。**表6.1**のスケジュールをお手本として用いることができる。

不登校行動に対してペナルティを与える

過去に子どもをしつけるために親が用いたことのあるペナルティのリストを吟味する。特に，親がどのようにしてこれらのペナルティを用いたか，それぞれの効果，どのペナルティを今も継続して用いているかを検討する。最後に，両親のこうしたペナルティに対する態度と，彼らが導入したいと思っている新しいルールやペナルティについて検討する。

5つの具体的な不登校行動をターゲットとして選ぶ。これらは，正式なアセスメントの際に得られた情報に基づいて選び，最も深刻なものから最も軽いものまで，ランクづけをする。たとえば，

①動こうとしない（最も深刻）
②攻撃，きょうだいや親を叩く
③泣く
④過度の安心を求める行動（1時間の間に，同じ質問を2回以上する）
⑤叫ぶ（最も軽い）

次に，親に最も軽い2つの行動（たとえば，叫ぶことと，過度の安心を求める行動）に対して，具体的なペナルティを選んでもらう。ペナルティは，朝と放課後に与えることのできる，現実的なものであるべきである。放課後にも実行できるというのは，不登校行動が重大な問題であり，朝だけでなく，一日中いつでも追及されうるということを子どもに伝えるために重要である。注目を求める子どもに対するペナルティの例としては，無視，タイムアウト，余分な注目を与えずに問題行動に折り合いをつけること，早く就寝させることなどがある。しかし，場合によっては，より強力な，もしくは具体的なペナルティが必要になることがある。

ランクが下位の行動とペナルティに焦点をあてることで，親がペナルティを無理なく与えられるように練習させ，その過程において成功を体験できるようにする。しかし，治療者や親が，この時点でさらにランクの高い子どもの問題行動に対処できるという見通しを持てるのであれば，それに着手してもよい。ペナルティは指示に従わないことに対しても設けられるべきである（たとえば，決められた時間内に起床したり，着替えたりする指示を守らない場合など）。

その後何日かの朝に起こりうる，あらゆる状況について話し合い，それぞれの状況に親が対処するための計画を立てる。可能な限り両親がともに計画に含まれるようにする。この手続きには少し時間がかかるかもしれないが，子どものどのような行動にも対応できるという見通しを両親に持たせることは，この治療プロトコルにおける必須の要素であり，子どもを最終的に学校に行かせるためにも不可欠なことである。

多くの場合，子どもは親を折れさせるために，行動をエスカレートさせる。これは「消去バースト」であり，過去最高レベルの問題行動を超えた，行動の噴出である。消去バーストは治療のプロセスを深刻に損なうことができる。そこで，両親にこの可能性について警告し，指示とペナルティを確実に守り抜くよう働きかける。もし，子どもがうまく親にあきらめさせることができれば，両親が後に登校行動を再形成しようとするとき，子どもはさらなる問題行動によって応じる可能性があることを警告する。そのため，両親は指示とペナルティを守り抜くための最大限の努力をしなければならない。両親が，朝のいかなる状況においても，自分たちのするべきことを明確に理解していることを確認する。また，この時期は両親と毎日連絡をとり，彼らの行動に対する支持とフィードバックを与える。

治療早期であるこの時期には，両親が治療者に，問題や質問が出てくるたびに，早朝連絡をしてくることが予想される。場合によっては，子どもを学校に車で送りながら，親が携帯電話で連絡してくることもある。不登校の子どもの治療を行う際には，こうした「突発的な」治療セッションに対する準備をしておく必要がある。さらに，こうした手続きが取られるにつれて，子どもが治療者に対して敵意的になったり，現状を維持するために治療者や親と交渉しようとすることを予期していなければならない。

登校行動に対してごほうびを与える

よい行動を促進するために親が用いたことのあるごほうびのリストを吟味する。以前と同様に，それぞれの効果と，子どもにとっての好ましさを検討する。こうしたごほうびに対する親の態度と，過去にごほうびがどのようにして用いられたかを検討する。親によって提案された新しいごほうびについても話し合う。

ペナルティと連動させて，2つの「よい」行動（たとえば，叫ばないこと，朝に過度の安心を求める行動を行わないこと）に対するごほうびを決める。この治療は，注目を求めて不登校になる子どもを対象としているため，ごほうびも注目に関連したものを選択する。たとえば，子どもが叫ぶことや過度の安心を求める行動をやめれば，親は朝，多くのほめことばをかけ，夜，親子で一緒に何かをする時間を設ける（たとえば，本を読んだり，ゲームをしたりなど）。しかし，場合によっては，より強力な，もしくは具体的なごほうびが必要になることがある。

子どもに対して，やることになっている日課，適切な行動，ペナルティとごほうびについて説明をする。子どもには，ペナルティやごほうびの授与が自らの行動によって決まることを思い出させる。子どもに対するこうした説明は，セッションの最後に行う。しかし，両親がこの説明を子どもに対して復唱することを通じて，その手続きの主導権を自分たちが握り，実行する役割にあることを確認してもらう。こうした説明を，子どもに対して再度家庭内で行うこともある。

ホームワーク

- それぞれの子どもに対して与えられる指示のリストを継続してつけてもらう。セッション2の中で話し合われたことに基づき，指示を修正する。両親は互いに時間を設け，翌日のためにどのような修正をしたらいいかを話し合う。
- このセッション終了後，次に学校のある日から，学校が始まる90‐120分前に子どもを起こし，学校のある通常の日の日課を導入する。可能な限り厳密にこの日課を遵守する。子どもが家に残るならば，学校の課題を行わせ，学校に関連した本を読ませる。
- 最も軽い不登校行動2つを行うことに対するペナルティを導入する。
- 最も軽い不登校行動2つを行わないことに対するごほうびを導入する。
- 問題が起こった場合，治療者に連絡をする。不登校の子どもの親は，この選択肢をしばしば採りたがることを忘れてはならない。さらに，子どもや親，学校関係者，他の専門家からも電話があるかもしれないという心づもりをしておく。
- 記録日誌を継続してつける。1週間中に起こる具体的な状況や体験に注意を払う。

セッション3・4：治療を深める

セッションの概要

- 不登校行動を示す子どもに対する指示と，学校のある朝の指示に特に着目をして，親の指示を再構築する。
- 親に対して，不適切な行動を無視することの重要性を強調する。
- 必要に応じて，強制登校法について親と話し合う。
- 不登校行動に対するペナルティの計画と使用に関連する，過去または現在の情報について，親と話し合う。
- 日中の随伴性について話し合う。
- ホームワークを出す。

　治療のこの段階では，親訓練は朝と夜の日課と子どもの不登校行動に焦点化されるべきである。さらに，かんしゃくや他の問題行動をした後に子どもが学校に行かなかった場合，日中子どもにどう対応するかに焦点を当てる。子どもの行動に対する親の対応を変えた方がよいケースは決して珍しくない。しかし，現時点では不登校のような特定の問題に親訓練の内容を焦点化する。このことは，①変わりたいという，親の新しい動機づけを利用し，②切迫した問題に対して治療プロセスを使用するよう仕向け，③こうした手続きには効果があるという証拠を親に提供する。不登校行動に対して早期に成功を収めることは，こうした治療の手続きを将来的に他の問題行動にも広げようという，親の動機づけを高める可能性がある。

表 6.2　親の指示に関するワークシート

1. 指示されたことを，具体的にいつ行うべきなのか，親に明確に言わせる。比較的差し迫っていない指示（たとえば部屋をかたづける，食器を洗う）に関しては，5 分間の時間制限を設ける。より差し迫って履行する必要のある指示（たとえば，今すぐ上着を着る）については，10 秒の時間制限を設ける。
2. 親は，子どもに求めることを具体的に伝える。内容は簡潔にする。
3. 親が，子どもにとって物理的に実行可能な指示を出していることを確認する。まずは 1 ステップの指示に徹してもらう。子どもが指示を理解していることを確認するため，必要に応じて指示を復唱させるよう働きかける。
4. 親が指示を出すとき，他に子どもの注意をそぐもの（たとえばテレビを見ている，友達と話をしている）がないことを確認する。親は子どもに指示を与える際，直接目を見ながら伝える。
5. 指示は指示として出し，選択肢や質問の形式にしない。短く，直接的な指示を言い切りの形で与え，選択権を与えるような言い方を排除する。
6. 皮肉や批判を排除するように努力する。指示を出す際は，できる限り声の調子をニュートラルに保つ。
7. 指示を出すときには余計な言葉かけ（たとえば小言）を減らし，子どもに出した指示（たとえばお皿を洗う）を他の人がかわりにやってあげることによって，子どもが強化されることのないように気をつける。
8. 親は，指示を出した後に，子どもと一緒に課題に取り組む努力をする。
9. 親は，指示に従ったらごほうびを，指示に従わなかったらペナルティを必ず与える。

多くの側面で，セッション 3 と 4 は非常に類似しており，セッション 4 はセッション 3 の拡張である。ここでは，セッション 1 と 2 の要素を再検討することによって，治療を深めていく方法について取り上げている。ただし，不適切な行動の無視と強制登校法の導入，および日中の随伴性のコントロールにさらに深く焦点化している。

親の指示の再構築

以前と同様に，親が子どもに対して出した指示のリストを検討する。**表 6.2** に示された親の指示に関するワークシートを必要に応じて使用する。親が行っている中核的な誤りを探し，建設的なフィードバックを与える。特に，親が繰り返し行っている誤りのパターンを明らかにする。たとえば，指示が質問の形式で行われたり，曖昧すぎる指示が続くことがあるかもしれない。治療者は，親がこうしたフィードバックに反応するように働きかける。さらに，非言語的なジェスチャーや，指示の効果を損ねている親同士の一貫性のなさについても質問をする。たとえば，親によっては声の調子が弱々しかったり，視線を合わせずに指示を出していたり，無意識に，またはわざと子どもに対して折れることによって，夫（妻）の指示を弱めている場合がある。こうした問題には，可能な限り速やかに対処する。

以前と同様に，①不登校行動を示す子どもに対する指示と，②学校のある日の朝の指示に特に注目しながら，親の指示を再構築する。すべての指示を検討し，これまで言っていなかった**言葉の重**

要性（たとえば，学校に行きなさいという具体的な指示，指示に従うことに対するほめことば）を指摘する。過去数日の朝を振り返り，何がうまくいき，何がうまくいかなかったかを共有する。以下に例を示す。

ケース例

T：前回のセッション以来，うまく行った日が2日あり，うまくいかなかった日が2日あったようですね。この2日ずつの大きな違いはなんだったかを教えていただけますか？

M：月曜日と水曜日は，私と夫が本当に「息が合った」ように感じました。子どもを起こし，学校に行かせるように協力して動き，前回のセッションで話し合ったとおり，互いに支え合いました。（夫に向かって）そう思うでしょう？

F：ああ，そう思うよ。他の日はちょっと崩れてしまったんだろうね。

T：そのことについて話しましょう。具体的には何が「崩れた」のでしょうね？

F：その2日に関しては，子どもの学校に行くことに対する抵抗がずっと強くて，たくさんかんしゃくを起こしたのです。私たちは怒鳴りはじめ，ほとんど何も達成されなくなってしまいました。私は仕事にいかなければならず，子どもが妻（母）を疲れさせたのだと思います。

　なぜ治療の手続きが「崩れた」のか，その理由を探る。このような状況でうまくいかない原因として最も有力なのは，親同士の間に不一致があったこと，片方の親がその場を離れたこと，および子どもの問題行動がエスカレートしたことである。こうしたことが起こると，不明確な指示（たとえば，「静かにしてくれる？」「とにかく学校に行ってくれればいいのに」）が出されがちになる。治療の手続きがどのようにして損なわれたかを特定し，できる限り早く問題に対処する。親は仕事のスケジュールを変えたり，子どもを学校に連れていくために他の人の手を借りることを検討する必要があるかもしれない。

　もし子どもが，親に指示を放棄させたり，定められた日課とごほうびやペナルティをあきらめさせるために，問題行動の頻度を明らかに増加させているとしているとしたら，親が子どもの問題行動に折り合いをつけるための方法を考え，治療目標を達成できるよう援助する。親は指示を通すために，たとえば子どもがかんしゃくを起こしたり石のように動こうとしない場合，着替えをさせて下の階へ連れ下ろさなくてはならないかもしれない。こうしたケースの多くでは，治療者からの追加のサポートが不可欠である。セッション4までに，親はよい指示の特徴を把握していることが期待される。もし，親がためらっていたり，酌量すべき状況（たとえば，夫（妻）が家を早く出ること）が指示を阻害し続けるならば，適切に対処する。

　この時点で，親に対して，不適切な行動を無視することの重要さを強調し始める。多くの親は，ネガティブな行動が起こるたびに子どもと取り合うことによって，注目を常に求めている子どもに合わせていることになる。たとえば，これまでの経緯から，子どもが静かに遊んでいるときに放っておく（邪魔をしないように……）が，妨害的な行動を取り始めたときには即座に反応する（今すぐやめなさい！）傾向を持つ親がいる。子どもは成長するとともに，親の注目を得るためには問題

行動を起こすことが一番だということを学習する。この状況は覆さなければならない。

不登校の子どもが注目を得るためにしばしば用いる方法は，身体的な訴えを誇張することである。このことは，頭痛や腹痛，吐き気のようなあいまいな訴えに特に当てはまる。注目を求める子どもが，発熱や嘔吐のような具体的な，特定可能な症状について訴えることはまれである。もし，子どもが注目を求めて身体的な訴えを用いており，それが身体疾患ではないことが確実な場合，親にこうした訴えを無視するように伝える。しかし，あらゆる身体疾患の可能性を，はじめに完全に除外する必要がある。

誇張された身体愁訴を無視するためには，こうした訴えに巻き込まれずに済むような身体的・言語的行動を親に教えることである。こうした行動は特に，朝の時間帯に適用する。例としては，視線をはずすこと（子どもが訴えを始めたら横を向く），タイムアウトを使用すること，かんしゃくや過剰な言語行動に折り合いをつけること，問題を起こしていないきょうだいに注目を多く払うこと，夫（妻）と会話することが含まれる。さらに，両親がこうした行動を行っている間，子どもが自分の意思を通そうと，親同士を喧嘩させるための操作をしないよう気をつける。両親がそろった家庭において，子どもの不適切な行動を片方の親が無視しても，もう片方の親が取り合ってしまうということが起こりうる。親同士の間の一貫性が，子どもに共同戦線を提示するために不可欠である。誇張された身体愁訴を含めて，問題行動は許容されないことを，子どもは学ばなくてはならない。逆に，子どもが誇張された症状について訴えていない時に，親が子どもをほめ，ごほうびを与えることを忘れないよう，治療者は働きかける。

親によっては，子どもの行動，特に身体愁訴を無視するということが困難な場合がある。親が罪悪感を感じたり，子どもに過度に厳しくしているのではないかと心配したり，実際に何らかの身体疾患にかかっているのではないかと考えたり，この手続きが長期的に子どもにとって心理的な害を及ぼすのではないかと思ったり，子どもが今後個人的な話をしてくれなくなるのではないかと不安を感じたりする場合がある。もし，問題行動を無視することについて，クライエントが罪悪感を感じたり，上記の，もしくはそれ以外の心配をしているならば，この時点でそれらの心配について話し合う。そして，親が確固たる態度を適切に用いることと，過度の制限を不適切に用いることの違いについて，さらなる情報を提供する。加えて，子どもを医療機関に受診させ，身体的にどこにも異常がないことを確認する。

また，誇張された身体愁訴を無視することが，子どもに心理的な悪影響を及ぼすことはないことを保証する。もし親が現実的な，誇張されていない心配にのみ取り合えば，子どもは親を尊敬し，将来的には更に信頼するようになることが予想される。子どもの問題行動や誇張された身体愁訴を軽視することについて，親が迷いを抱えている場合には，治療の中核的な目標が，子どものポジティブな行動（たとえば，誇張された症状を訴えることなく学校に行くこと）に注意を転換し，親が家庭生活において主導権を握れるようになることであると思い出させる。そうするためには，親が意識を焦点化できるようなポジティブな行動の例を繰り返し話題にする。

この機能グループの親の中には，子どもを学校に行かせずに，家に置いておく「言い訳」をし続ける者がいることを心に留めておかなければならない。特に，親は早々に子どもの身体愁訴に折れたり，子どもを学校に行かせず家に置いておくことの他の（しばしば弱い）理由を見つけることがある。ケースによっては，学校や先生に問題があることを理由として挙げる場合がある（こうし

たケースの多くでは，一般に親と学校関係者の間に葛藤があることが多い）。また，治療者や治療プログラムに対する不満が生じる場合もある。それ以外にも，親が子どもに誘導的な質問（たとえば，本当に気分は悪くないの？）をして，不登校行動を促進したり誘発したりすることがある（ほら，はじめから行く気はなかったのよ）。

理由が何であれ，子どもは学校に戻る気があるのに，実際には親によって妨害されることがある。こうした行動は，不安定な養育スタイルや親の精神疾患に起因する，極端な過保護さによる場合がある。こうしたケースでは，治療アプローチの範囲を広げることが必要になり，まずは親の抵抗や被害妄想，その他の要因に焦点を当てる必要が出てくる。加えて，強い治療同盟を結ぶことが，親の治療に対する興味を持続させ，最終的に子どもを学校に戻すための絶対条件となる。

規則正しい日課の確立

以前と同様に，家族のメンバーとともに確立した日課を検討し，修正された点や逸脱について話し合う。親が効果を向上させるために日課を変更したり，修正を提案したいと考えている場合，そのことについて聞き，場合によっては修正を承認する。日課の構造と一貫性を強調することで，子どもが朝起こっていること（もしくは，これから起こること）に慣れるようにする。適切な夜の日課についても，親と協力して作り上げる。一般的には，子どもが学校から帰ってくる時間，宿題を終わらせる時間，食事をする時間，遊ぶ時間，寝る支度をする時間を定める。もちろん，こうした活動の順番は家族の状況によって変わることが考えられる。加えて，治療者と親は，必要に応じて遊ぶ時間を制限し，宿題の時間を増やすことを取り決めるかもしれない。子どもが全く学校に行っていないならば，親は先生から学校の課題をもらい，日中および（または）夜に家でその内容をやらせる。

セッション4までに，親はよい日課の特徴について把握していることが期待される。不安な点については話し合いをする。また，これまでの朝と夜の状況を検討し，改善できる部分を教示する。日課を妨害した，酌量すべき状況について親に話をしてもらう。よくある問題としては，他のきょうだいがダラダラしていること，親のエネルギー不足，子どもの問題行動の増加，仕事やその他のスケジュールが絶えず変わること，他に競合する重要なことがあることが挙げられる。こうした変化に，必要に応じて対処する。

場合によっては，終日学校に行くようになるまで，子どもの夜と週末の社会的活動（たとえばボーイ（ガール）スカウト，サッカーの練習，ダンスのレッスン等）を一時中断することのメリットとデメリットを検討することが有効であると考えられる。しかし，こうした措置がさらなる悪感情と家族葛藤につながると治療者や親が判断するならば，妥協が必要かもしれない（たとえば，一週間中の活動は一時中断するが，週末にはもう少し自由度を与えるなど）。中断をちらつかせることで，学校に戻る指示に子どもが従いやすくなる場合もある。

強制登校法

子どもが完全に不登校であったり，学校にほとんど行っていない場合，この時点で物理的に子ど

もを学校に連れていく方法を検討し始めることが有効である場合がある。注目を求めて不登校になる多くの子どもにとって，強制登校法は有効だが，この方法は用心深く用いなければならない。子どもを強制的に学校に連れて行くためには，一定の条件がそろう必要がある。その条件とは，

- 子どもは注目を求めるためだけに不登校になっており，特に強い苦痛や不安を感じていない。
- 親は子どもを学校に連れていく気があり，学校関係者が校舎の入り口で子どもを出迎え，教室まで連れて行く準備がある。
- 親が二人ともそろっているか，一人の親と，子どもを学校に連れて行くことのできる別の大人がいる。
- 学校に行かないとどうなるかを，子どもが理解している。
- 子どもが現在ほとんど学校に行けていない。
- 子どもの年齢が11歳以下である。

セッション3までに，強制登校法について親と話し合い，それがどのように行なわれるかの説明だけを提示する。しかし，子どもを学校に戻すことに対して何らかの緊急性があるならば，この時点で強制登校法に着手してもよい。この手続きを行う際には，必ず治療者と事前に相談するよう，親に促す。最低でも，親は自分たちにこの手続きを実行するためのエネルギーと能力と希望があるかどうかを考えなければならない。

セッション4までに，この手続きを使うための条件がそろえば，子どもを学校に物理的に連れて行く方法について考え始める。はじめのステップは，この手続きの実行可能性と望ましさについて，親と話し合うことである。加えて，両親のそれぞれが，この手続きに対してどの程度の罪悪感や躊躇を感じているかをアセスメントする。親が（そして治療者も）この手続きを実行することが可能であると感じ，そのために必要とされる相応の努力を費やせると感じるならば，実行してもよい。しかし，親（もしくは治療者）がなんらかの躊躇や罪悪感に悩まされているのであれば，この手続きの実施を延期するか，このセクションで述べられている別の方法に頼るのがよい。親の躊躇は子どもによって悪用され，将来的に学校に行かせる試みを，ずっと困難にするかもしれないことを忘れてはならない。

強制登校法は一般に，子どもとの身体的接触を含むものである。多くの場合，これは子どもを車に乗せたり，校舎の中に連れて行くことを意味する。多くの子どもは，一度学校に入ってしまえば，注目を得ようとする行動をやめるので，強制登校法はたいてい，親の責任下にある朝の行動に対して用いられる。また，ほとんどの場合，要求される物理的な力は，単に子どもを抱きあげ，連れて行くことだけである。当然，子どもを傷つける可能性のあるような接触を容認しているわけではない。

強制登校法は，典型的には朝の日課の最後に開始される。子どもは学校に行くために車・バスに乗り込むように伝えられ，その上で（あるいは）ついたところで校舎に入るように告げられる。子どもがこうした指示を守らなければ，親は警告を与える。警告は短くて明確なものでなければならない（たとえば，今行かないと，私たちが連れて行きますよ）。もし子どもが従えば，ほめことばをかける。もし子どもが従わなければ，親は子どもを抱え，車もしくは学校の中に連れて行く。学

校関係者にはあらかじめ事情を伝え，必要に応じて手助けをしてもらう。子どもを抱える手続きにはどちらの親もかかわり，可能であればかんしゃくは無視するか，うまくやりすごす。たいていの場合，片方の親が車を運転し，もう片方の親が子どもと一緒に後部座席に座り，逃亡を防ぐ。親はニュートラルな，もしくは淡々とした声の調子を保ち，子どもに言語的な注目をほとんど与えない。

強制登校法は，子どもが過剰に不安がったり，状況が親にとって耐えがたいものになった場合には中止するべきである。とても意志の強い子どもは，この手続きに対して非常に耐性があり，親が根負けするまで何日，もしくは何週間も抵抗する準備があることを心に留めておかなければならない。中止することの危険は，問題行動が十分にひどければ，親（と治療者）が折れると，子どもが学んでしまうことである。このため，強制登校法は正しい状況下で，最後まで絶対にやり通す準備がある場合にのみ用いられるべきである。治療者および（または）親が強制登校法の導入を検討する場合，必ずその内容についてじっくりと話し合うべきである。

不登校行動に対してペナルティを与える

以前と同様に，不登校行動に対するペナルティの計画と実行に関連する過去または現在の情報について，親と話し合う。こうした情報には，過去および現在のしつけの習慣や，親の態度，酌量すべき状況などが含まれる。親が最も軽い不登校行動2つ（たとえば，叫ぶことと，過度の安心を求める行動）に対してペナルティをどのように用いたかを吟味する。さらに，前セッション以降の不登校状況の詳細を検討し，親がペナルティを用いてどのように反応したかを調べる。以前と同様に，可能な限り両親がともに計画にかかわるようにする。

もしペナルティを与える上で問題が生じたり，ペナルティが子どもの行動にまったく奏効しなかった場合，ペナルティの与え方を大幅に修正する。ペナルティが実際に与えられて，子どもの行動にいくらかの効果をもたらしたならば，深刻度が次に高い不登校行動とペナルティを結びつける。セッション2を参照し，問題となる不登校行動の階層を使用する。セッション2の例では，深刻度が次に高い行動は，泣くことである。以前と同様に，その後の数日間のうちに起こりうる，あらゆる状況と問題について話し合う。

不登校行動に対して用いられたペナルティを検討し，必要に応じて修正を加える。親はこの時期までに，どのペナルティが最も有効で，どのペナルティが最も効果がないかをよく理解していることが期待される。これまでの朝と夜の状況を検討し，改善できる部分を教示する。以前と同じように，ペナルティの効果を損なう状況（たとえば，親から与えられるペナルティに一貫性がないこと）に対処する。

日中の随伴性

もし，子どもの不登校行動が特にひどい場合（つまりはほとんどの日に登校できていない場合），日中の随伴性をさらに厳密に検討する必要がある。この手続きは強制登校法の前に，もしくはその代わりとして用いられることがある。子どもが日中学校に行かず家にいるのであれば，学校のある時間は親の監視のもと，椅子に座らせておくべきである。この手続きは必要に応じて家で実施し

> **トピック 6.2　学校にいかず家にいる子ども**
>
> 　校舎の中へと連れて行くことが不可能だったために，子どもが家にいる場合には，学校のある日のほとんどの時間を，椅子の上かベッドの上に座って過ごさせるべきである。親が子どもを職場に連れて行かなければならないときにも，特定の場所に座らせておく。子どもがいかなる場所にいる場合にも，比較的退屈な環境で，テレビやゲーム，電話，パソコンなどの楽しいものに接触できないようにしなければならない。加えて，子どもに対する言語的・身体的注目は最小限に保つべきである。
>
> 　もし，子どもが日中家や職場にいるならば，学校の勉強を終わらせるか，教科書を読む，プリントを終わらせる，作文を書くなどの学術的な課題を行うべきである。もし他の人に子どもを見てもらっているならば，このやり方を守ってもらうようにお願いする。学校が終わる時間，たとえば午後3時頃になったら，子どもは家の手伝いをしたり，自分の部屋に一人でいたりするようにさせる。さらに，不登校行動に対するペナルティを夕方に実行する。もし子どもが1週間のほとんどの日に学校に行かなかったならば，制限やペナルティは週末に実施する。このアプローチの目標は，不登校時には子どもに注目を与えず，登校した際に注目やその他のごほうびを与えることにある。

ても，職場で実施してもよい。その際，絶対的に必要な範囲を超えた言語的・身体的注目は避けられるべきである。さらに，子どもの置かれている状況は，可能な限り退屈な方がよい。学校の授業時間が終わった後は，通常のペナルティ（たとえば，宿題をやらせて，部屋の外に出ることを禁ずる）が適用されるべきである。1週間中のほとんどの間，不登校行動が続くならば，週末に適切なペナルティを与えるべきである。こうした手続きが妥当な選択肢になりうると治療者と親が考えるならば，日中の随伴性について話し合う。

登校行動に対してごほうびを与える

　登校行動に対するごほうびに関連した，過去または現在の情報について親と話し合う。こうした情報には，ごほうびの効果や親の態度，酌量すべき状況や新しいごほうびなどが含まれる。前セッションで話し合われたごほうびの使用が効果的であったかを検討する。必要な箇所に修正を加える。次の適切な行動（たとえば，泣かないこと）に対して，子どもにごほうびを与えるよう，親に働きかける。

　登校行動に対するごほうびを検討し，必要に応じて修正を加える。セッション4までに，親はどのごほうびが最も有効で，どのごほうびが最も効果がないかを把握していることが期待される。これまでの朝と夜の状況を検討し，ごほうびの効果を損なう状況（たとえば，一貫性なく与えている）に対処する。

ホームワーク

- ■それぞれの子どもに対して与えられる指示のリストを，必要に応じて調整する。
- ■朝と夜の日課に修正を施し，日課を正確に遵守する。
- ■深刻度が次に高い不登校行動を行った際のペナルティを導入する。

■深刻度が次に高い不登校行動を行わなかった際のごほうびを導入する。
■必要に応じて、また治療者の助言に基づき、強制登校法や日中の随伴性コントロールを実施する。
■記録日誌を継続してつける。1週間中に起こる具体的な状況や体験に注意を払う。
■少しずつ登校の日数を増やしていく。第4章の特別な**トピック4.6**を読み、子どもを徐々に学校に復帰させるための、さまざまな方法について学ぶ。これには、①午前中の決められた時間だけ子どもを学校に行かせ、少しずつ時間を伸ばしていく方法、②午後2時に学校に行かせ、学校の終了時間まで出席させ、少しずつ登校時間を早めていく方法、③お昼の時間だけ行かせて、お昼の前後の時間を少しずつ増やしていく方法、④好きな授業や一日のうちの好きな時間だけ行かせ、少しずつ授業や学校の時間を足していく方法、⑤図書館など、教室以外の学校の場所に行かせ、少しずつ教室にいる時間を増やしていく方法がある。

セッション5・6：治療をさらに深める

セッション概要

■親の出す指示の検討を継続して行い、必要な修正を行う。
■子どもの朝と夜の日課の構造化を継続して行う。

　セッション5と6では、治療がさらに成熟することが期待される。このためには、現在家で起こっていることと、問題として残り続けていることの詳細な分析が必要である。この時期までに、日々の手続き（日課の確立、随伴性の調整、強制登校法）はすべて、すでに「軌道に乗った」状態にあり、家族の状況に細かく対応したものになっていなければならない。この時点で治療者は、今後何をしなければならないかを親に伝え、治療の成功を妨げているものを変化させるにあたって、かなり指示的であるべきである（このセクションでは、そのことの理由について触れている）。さらに、ここからの後半の治療セッションでは、より創造性が要求されることがあり、治療者と家族のメンバーが、ここで紹介されたテクニックを用いるために、革新的な修正を行う必要が出てくることがある。たとえば、親が子どもを学校にどのようにして連れて行くか、親が子どもの教室から抜け出すためにはどのような方法があるか、公共の場で子どもがかんしゃくを起こしたときに親はどう対処したらよいか、登校したことに対するごほうびを、他のきょうだいに影響を及ぼさないように与えるにはどうしたらいいかなどについて、工夫が必要かもしれない。
　多くの側面で、セッション5と6は非常に似通っており、後者は前者の拡張である。親訓練の基本的なテクニック―指示、日課、結果の随伴性は、これらのセッションにおいても検討され続ける。強制登校法や日中の随伴性コントロールなどの手続きについても、さらに深めていく。このセクションでは、上記の手続きを拡張し、現在の治療状況のまとめを行う方法について説明する。より進歩がゆっくりの子どもに対しては、これまでの手続きをくりかえすことが適切であると考えられる。

親の指示の再構築

親が子どもに与える指示に関して，継続的に検討し，話し合う。（必要に応じて，**表 6.2** に示された親の指示に関するワークシートを使用する。）特に，明確な指示を出すことと，親同士が築いている共同戦線を妨げる課題や出来事（たとえば，注意をそらすもの）について検討し，子どもに，親の言うことが理解できているかを尋ねる。治療者もしくは親は，子どもからのフィードバックに基づき，指示に必要な修正を加える。以下はその例である。

ケース例

M：マシュー，テレビを消して学校に行く支度をしなさい。すぐに上着を着て，教科書を持ってきなさい。

C：え？ すぐやるよ。

M：こっちを見て（母は子どもとアイコンタクトを確立する）。ありがとう。私は今なんて言った？

C：来なさいって？

M：聞いて。テレビを今すぐ消して。（子どもは言われたとおりにする）。ありがとう。こっちを見なさい。すぐに上着を着て，教科書を持って。私は今なんて言った？

C：上着を着て，教科書を取ってきなさい。

M：聞いてくれてありがとう。じゃあ，やって。

親の指示の効果を時として損ねる，特別な状況に注意を払う。たとえば，注目を求めて不登校になる子どもの多くが，ひとり親の家庭で育っている。親を支え，不登校の子どもに意識を向けている間に他の子どもの対応をしてくれる大人が，他にいない。こうしたケースでは，親が子どものきょうだい，元夫（妻），あるいは学校関係者に，子どもに対して指示を出したり，学校に連れて行ってくれるようにお願いするよう働きかける。親にとってはこのことが困難な場合があるので，不快なこと（たとえば，別れて疎遠になった元夫（妻）と連絡をとること）をあまり無理強いしてはならない。しかし，二人の親・大人からによって裏付けられた有効な随伴性（たとえばペナルティ，強制登校法）で後押しされることにより，親の指示がより効果的になることがしばしばある。

さらに，親の指示は，家庭内で複数の子どもが一度に不登校になる際に損なわれることがある。たとえば，9歳の兄が不登校になり，結果として親から多くの注目を得ているのを見て，7歳の子どもが不登校になり始めることがある。治療者はまず，不登校の子どものうち，一番年長の子どもの対応から始めるとよい。多くのケースで，年長の子どもが最も深刻な問題行動を起こし，かつ家庭内の造反劇のリーダーでもある。こうしたケースでは，親は年長の子どもに対する適切な指示を構築して与えることに最大限の努力を注ぐ必要がある。年長の子どもの不登校行動の減少が，年少の子どもの適切なモデルとしての役割を果たすことがある。しかし，親は年少の子どもを完全に無視することがないようにも注意を払うべきである。もし，家庭内でこのような状況が起こっているならば，治療に影響すると考えられる家庭内のすべてのダイナミクスを特定し，そのことについて

親と話し合う必要がある（たとえば，年少の子どもが年長の子どもに憧れ，真似をしているなど）。

　最後に，親が指示を出そうとしなければ，親の指示の効果は当然失われてしまう。このような場合，治療を損ねる家族間のコミュニケーションと，親の気分や態度について検討する。場合によっては，家族や親の問題を先に解決する必要がある。ここでの問題とは，結婚関係に対する不満足，家族間葛藤，物質使用，経済的な圧力やその他のストレッサーが考えられる。他にも，親が意図的に治療プロセスを妨害したり，治療プログラムを最後までやり通せないケースがある。こうしたことが当該の家族に当てはまるならば，適切に対処する。

　治療のこの段階では，親は子どもに対する発言を，継続的かつ積極的に振り返る習慣を身につけていなければならない。親は互いに（ひとり親ならば，必要に応じて友達や治療者と）頻繁に話をし，互いのサポートを受けながら，指示の一貫性を向上させていくべきである。特に，指示の明確さ，一貫性および効果についての振り返りを行うべきである。朝の指示を夕方や夜の指示と比較し，下手な指示を特定し，どう修正したらよいかについて話し合うこと力と，それをしつづける意思を持つことが必要である。彼らは次第に，独力で自分たちの指示の効果を損ねる要因を探すことが出来るようになっていくだろう。理想的には，この振り返りのプロセスは，その日起こったことに関する夜の会話の中で実施し，翌朝を迎える前に行われるべきである。親はさらに，時に難しいこのプロセスのさなかにあって，互いをサポートすることに力を注ぐべきである。もし必要があり，かつそれが望ましければ，このプロセス中に起こるコミュニケーションの問題や諍いに対処するための援助をする。

　治療のこの時点では，親は朝の指示を明確かつ簡潔に出せるようになっていることが期待される。指示は数を抑えて，ニュートラルな態度で与えられる。すでにこの時点で確立されたごほうびやペナルティは，指示に従ったり従わなかったりした時に直ちに随伴すべきである。たとえば，子どもが指示に適切に従えば，親は子どもをすぐにほめるべきであるが，過度にほめすぎてはいけない。子どもには，指示に従うことに対して注目が与えられることを理解させなくてはならないが，あまり多くの注目を与えることによって，注目の価値を薄めてしまわないことが大切である。子どもが指示に従わなければ，ネガティブな結果（たとえばタイムアウト，問題行動に折り合いをつける，無視）を適切に随伴させるべきである。

　治療のこの時点で，子どもの先生が子どもに対してどのように話しかけ，どのように関わっているかについて調べる。先生やその他の学校関係者が子どもと効果的に関わっているようであれば，特に介入は必要ない。しかし，子どもが学校の中で反抗的であるようならば，先生を治療プロセスに加える。もちろん，この判断は最終的には親に委ねるべきであり，すべての悪影響の可能性が考慮されなくてはならない。たとえば，先生を治療の過程に含めることは，家族のメンバーに気まずい思いをさせ，治療を損ねるかもしれない。代替戦略としては，（親の許可の下）学校で先生と会うことが考えられる。この方法では，治療の基本的な要素を学校にも導入し，そこでの子どもの問題行動を減らすことができる。たとえば，子どもに対して短く，明確な指示を出し，毎日の様子を親に報告してもらうよう，先生に協力を仰ぐ。この報告に基づき，親は夜にごほうびとペナルティを与えることが可能となる。

規則正しい日課の確立

これまでのセッションと同様に，子どものために朝と夜の日課を構造化する努力を続ける。この頃には，子どもにとって日課はかなり予想可能なものになっており，親は日課からの大きな逸脱に対して，結果を即時に随伴させていることが期待される。子どもに対して，日課の感想を求めてもよいが，こうした内容の会話は最低限にとどめる。子どもからのフィードバックは，必要に応じて修正のために用いるが，子どもがこのプロセスの主導権を握ったり，多くの変化について交渉することを許してはならない。最終的には，家での日課の主導権は，親が握るべきことを忘れてはならない。

朝の日課

治療のこの段階では，子どもは朝，特定の時間に起床し，学校に行く準備をしていることが期待される。これは，子どもが現在学校に行っていなくてもするべき事柄である。その他の朝の日課についても，それぞれを行う具体的な時間を定めるべきである。子どもが朝の日課を遵守していれば，親は子どもを朝と夜にほめる。子どもが朝の日課を守っていなければ，ペナルティを与える。これには，朝行われる言語的な叱責などの即時的なペナルティと，放課後や夜に部屋から出ることを禁じられるなどの遅延されたペナルティの両方が含まれる。

朝の日課の最中には，親はネガティブな行動は無視するか，うまくやりすごすべきである。たとえば，子どもがかんしゃくを起こすならば，親は子どもを着替えさせ，可能な限りそれ以外の朝の日課も完了させてしまうように努める。そのために，授業開始後の時間を含めて，午前中のほとんどを費やしてしまってもかまわない。親は，子どもを午前中の途中か，必要とあらば午後の途中に，学校に連れて行く努力をすべきである。ここでの鍵は，登校が必須であり，その日の授業が始まったあとでも追及されるという明確なメッセージを子どもに伝えることである。この手続きは，親の側にかなりの労力を要求するものであり，学校関係者と連携して行われる必要があるかもしれない。

治療のこの時点では，朝の日課の後に学校に行くことが，子どもには期待されている。登校は一部の校時への出席か，別室（たとえば図書館）登校の形を取るかもしれないが，少なくとも1日のうちの一部の時間は学校で過ごさせるべきである。もし子どもが治療をはじめた時点で，朝暴れていたとしても，学校に通っていたならば，出席は維持されているだろう。この時点で子どもが学校に行っておらず，かつ適切と判断されるならば，強制登校法を用いることが考えられる（強制登校法に関する項を参照のこと）。

多くの子どもは朝，身体症状を訴える。これまでに，子どもの身体症状の確認をしていないならば，小児科や他の医師にリファーし，本当の身体症状がないことを確認するために診察してもらう。不登校とは独立した，その他の問題があり（たとえば，不登校の問題とは関連しない医療的な問題を持つ），身体症状を無視してはならないような場合も考えられる。

親が誇張された身体愁訴を無視していると，次の2つのうちのいずれかが起こる可能性が高い。1つは，子どもの過剰な身体愁訴がなくなったり減ったりするケースである。この場合には，親はこれまでどおりの対応を続けた方がよい。もう1つは，子どもの行動が悪化し，より深刻な症状

を訴えることで親から同情を得ようとするようになるケースである。この場合には，より明確なルールの設定をする必要があるかもしれない。ここではその方法に関する提案をいくつかしているが，これらの手続きは必ず子どもを医師に受診させた上で行うべきである。

　少なくとも37度以上の熱や，登校を完全に妨げる何らかの身体的条件がない限り（第4章のガイドライン参照），子どもは登校させることが望ましい。もちろん，個々のクライエントの置かれている状況を考慮せねばならず，違ったアプローチが必要になる場合もあるだろう。子どもにはその場でのルールを伝え，親がそれらのルールを厳密に遵守するよう働きかける。子どもがこうしたルールの限界を試しても，驚いてはならない。もし子どもが本当に病気で，学校を休まなければならないとしたら，学校のある間中，（自分の部屋の中というだけではなく）ベッドに行動範囲を制限する。更に，余分な言語的・身体的注目を与えることは出来る限り避け，（それが適切であれば）親が翌日は子どもが学校に行くと期待していることを伝えるべきである。その他の理由で子どもが学校を休まなければならない場合（たとえば，忌引き）にも，同じように子どもに伝え，可能な限り早く学校に復帰させるべきである。

日中の日課

　この時点で，子どもを登校させることができないならば，日中の日課と結果の随伴性を用いるべきである。不登校の状況が変化せず，両親がともに家にいられない場合には，必要に応じて，子どもの日中の処遇に関する手配をする。親が子どもを学校に連れて行き，退屈な課題をさせたり，（ほかの人からの言語的・身体的注目をなるべく受けないような状況で）一日中椅子に座らせたり，同じような対応をしてくれる友達や親戚や隣人のところに連れて行くことなどが考えられる。

　それ以外の場合には，少なくとも一人の親か大人が，日中家にいる子どもを監督しなければならない。このとき，子どもには余分な言語的・身体的注目を与えてはならない。加えて，子どもは一人で座り，退屈な課題をしたり，学校からもらってきた宿題を終わらせたりするべきである。ここでの目標は，不登校行動に対して注目を与えないようにすることにあるが，同時に，妨害的な行動に対するペナルティとして労力をかけさせること，および（または）学校の勉強についていかせることでもある。可能であれば，たとえ1, 2時間でも，その日に学校に行かせる。たとえば，子どもに対して毎時間「学校に行きなさい」という指示をくりかえすように働きかける。その後，適切な登校行動が生じたかどうかによってごほうびかペナルティを随伴させる。

夜の日課

　子どもが一日中家にいたならば，その夜に楽しい活動をさせてはならない。通常の学校の時間が終わったあと（たとえば3時），子どもが外へ出て遊びに行くことを許可する親もいる。しかし，このことは子どもに「十分に待ち」さえすれば，楽しい活動を享受することができるという印象を与えかねない。かわりに，親には先生からその日の学校の勉強をもらってきて，夜それをやらせるようにする。必要に応じて，テレビやゲーム，その他の社会的活動は禁止にする。

　子どもが登校したか否かにかかわらず，放課後と夜の日課は設定すべきである。放課後の活動，

宿題，およびその後の娯楽的な活動を行うための特定の時間が設けられ，登校と結びつけられる。たとえば，子どもが最終的には登校したが，朝学校を避けるために10分間動こうとしなかった場合，夜の外出を禁止する，余分な宿題をさせる，さらに（または）早く就寝させるなどの結果を伴わせる。子どもは学校を拒否した時間の2倍の間，外に出ることを禁じられたり，階段や部屋の隅に座るようにと指示される（たとえば，朝20分のかんしゃくを起こしたら，その夜は40分の謹慎時間が与えられる）。逆に，子どもが特に問題なく登校したら，親は十分な言語的注目を与え，一緒に過ごす時間を余分にとる。子どもは，登校が人生の重要な一部であることをはっきりと理解しなくてはならない。このため，学校に行かなかった時間はその朝だけでなく，日中，夜，そして場合によっては週末にも影響させる。たとえば，親に対して一週間中の謹慎時間の「借金」がたまってしまうことがある。この借金の代償として，週末に外出を禁じられたり，お手伝いを余分にすることになる。

　非常に頑固な不登校行動を示す子どもに対して，日課を導入し，ペナルティを施行するとき，場合によっては家族のメンバーが強い罪悪感と苛立ちを覚え，家を戦場のように感じることがある。また，ここで説明されている治療手続きが機械的すぎる，もしくは自分たちの通常の相互作用の方法からはかけ離れすぎていると感じる場合もある。不登校の子どもには緊張感を一週間ずっと持ってもらう必要はあるが，家族の団結や子どもの楽しみを損ねてしまってはならない。たとえば，頑固な不登校行動を示すケースで，週末は治療手続きを棚上げにして，ただ家族で楽しい活動にいそしむことが必要な場合も存在する。この時点で，治療者は家族の状況をよく理解していることが期待され，どうすることが最適かに関する臨床的判断を求められる。

強制登校法

　もし家族が子どもを学校に連れて行くことがうまくいっていたら，セッション3・4で概説された手続きを実施し続ける。もし状況が改善していなかったり，親にとって耐え難いものになっているようならば，手続きを変更するか，すべての手続きを中止することを提案する必要があるかもしれない。しかし，この時点で手続きを中止することは，極端な問題行動を取れば，親（と治療者）を折れさせることができるというメッセージを子どもに伝えてしまうかもしれない。このことは，子どもを学校に連れて行くための将来的な試みを損なうものである。

　ケースによっては，子どもを一日登校させるように強制することが感情的に難しいと親が感じる場合がある。あるいは，子どもを全校時へ出席させることが非常に困難であるケースも存在する。さらには，子どもが終日学校に行くことに対していくらかの不安を感じているが，その不安は一日欠席することを正当化するほどには強くないケースもある。こうしたケースでは，親は子どもを午後から学校に連れて行って，一日の終わりまで出席させることが考えられる。続く何日かには，子どもを登校させる時間を少しずつ早めていく（たとえば，毎日30分ずつ早めていって，最終的に通常の学校の開始時間に到達するまで延ばしていく）。このアプローチの利点は，昼休みや休み時間など，友達といられる時間ならば学校に行きやすく，親と離れるプロセスがそれほど難しくなくなる点である。加えて，子どもは，家に帰るまでのほんの数時間だけ学校にいればいいという見通しを持った状況にある。

しかし，この手続きの欠点は，他の子どもたちが，なぜその子だけ一日の途中から学校に来ているのかを不思議に思い，侵襲的な質問をしてくることである。子どもには，こうした状況に対処するための方略を持たせる必要があるかもしれない。例としては，話題を変えたり友達と笑ったりして侵襲的な質問をかわす，プライバシーを理由に答えることを断る（つまり，あなたには関係ないでしょう，と言う），正直に質問に答える，他の誰かに質問を差し向ける，などである。

別の方略としては，親が物理的に子どもを教室に連れて行く前に，子どもを図書館や学校のその他の場所に行かせることである。このためには学校関係者と連携する必要があり，事前に相談しなければならない。場合によっては，子どもは図書館にいて，終日学校の勉強やお手伝い（たとえば，本を元に戻すこと）をしていてもよい。その後，子どもを通常の教室に復帰させていく。はじめは短い時間（たとえば1時間）からはじめ，徐々に伸ばしていく。子どもの問題行動は，その夜に適切な随伴性によって対処するために，親に報告する。

強制登校法のもう一つの問題は，学校関係者が，親が学校に子どもを連れて行く手助けをしたり，子どもの出席状況について一日を通じてチェックすることは不可能であったり，する気がなかったりする場合があることである。こうした場合には，セラピストと親が先生やカウンセラー，生徒指導員，その他少しでも力添えをしてくれそうな人と，まずは知り合いになる。もしどうしても必要ならば，親が子どもを教室に連れて行き，自分で子どもを監督する。親はその後，だんだんと教室にいる時間を減らしていけばよい。しかし，忘れてならないのは，親が学校に一緒に登校するということは，多くの注目を求める子どもが求めていることそのものであり，この手続きは細心の注意で導入されるべき点である。親が治療者の設定した体系的なペースで，最終的に子どもの教室から撤退できるという強い見通しがある場合にのみ，この手続きを使用する。

過度の安心を求める行動

多くのケースで，過度の安心を求める行動が問題であり続ける。過度の安心を求める行動は，いくつかの形態をとりうる。これには，①同じ質問を繰り返しし続けること，②登校するが，家もしくは職場にいる親に，頻繁に電話をかけること，③登校するが，先生からの注目をつねに求め続けたり，家に帰されるようにわざと妨害的に振る舞うことなどが含まれる。

子どもは，特定の内容について同じ発言や質問を何度も繰り返すことがある。この内容にはしばしば，以下のものが含まれる。

- 自宅学習をしたい，あるいは先生や学校，クラスを変えてほしいという訴え
- 登校を遅らせたり，治療のプロセスを中止するための取引の提案（たとえば，「今週，一緒に職場に連れて行ってくれれば，来週からは学校に行く」や「クリニックにもう行かなくていいならば，明日は学校に行く」など）
- 身体愁訴や疲労
- 日中の送り迎えのスケジュールに関すること
- 学校の勉強の難しさや，勉強の予定に関すること

同じ質問を何度も繰り返す子どもへの対処法は，以下の手続きに従う。もし，子どもが質問をしたら，親は一度だけそれに答える。同じ質問をしたら，親は冷静に，子どもが答えを知っていることを，一度だけ告げる。さらに同じことを聞かれたら，子どもに背を向ける。たとえば，

  C：お母さん，月曜日は学校に行かないといけない？
  M：そうよ，セラピーのときに，その話はしたでしょう。（10分程度の時間が経つ）。
  C：本当に月曜日は学校に行かなければならないの？ 火曜日から行き始めてもいいでしょう？
  M：その質問の答えは分かっているでしょう。
  C：じゃあ，月曜日は家で勉強をして，火曜日から始めるのは？
   （親は子どもに背を向ける。子どもがそれ以外のことを話し始めたり，学校に関する，より適切な会話を始めたら，親は子どもに向き直り，注目を与える）

　場合によっては，1つの質問をしてもよい回数の制限を設定する必要があるかもしれない。過度の安心を求める行動を行うことが非常に多い年少の子どもに対する1つのルールは，学校に関する質問を1時間に1つに制限することである。1つの質問に対して親が答えた後，子どもの学校に関する質問は，1時間経つまで無視される。この時間間隔をしだいに延ばしていく（たとえば2，3，4時間というように）。しかし，このことは親の強い気力と，選択的に「聞かない」技術を要することを心に留めておく。

　過度の安心を求める行動は，登校はするが，家もしくは職場にいる親に，電話をかけ続けて心配を和らげようとする形で表現されるかもしれない。このことがもともとの問題である場合もあれば，子どもが登校を再開した後にこの問題が起こり始めることもある。いずれの場合にも，注目を得るための不適切な方法であるので，修正されるべきである。ほとんどのケースでは，親への電話は1日1回に制限されるべきであり，その電話の機会も，教室の中でのよい行動のごほうびとして与えられるべきである。重度のケースでは，より多くの回数からはじめ，少しずつ減らしていくことも考えられる。もちろん，電話の使用に関しては，学校関係者との連携において決定しなければならない。余計な電話は，夜のペナルティと結びつけられるべきである。注目を求める子どもには，携帯電話が使える環境を与えてはならない。

　最後に，登校はするが，先生からの注目を求めて，保健室に行ったり，早退しようとしたり，親に連絡をさせるように仕向ける子どもがいる。その他，妨害的な行動を行って，停学になったり，家に帰されたりしようとする場合もある。こうしたケースでは，親や先生と連携し，子どもの行動に対する教室内でのごほうびとペナルティを設定する。たとえば，ルール違反をすること（大して重要でないことについて，不適切に先生の邪魔をすることを含む）によって，カードの色が緑（適切），黄（警告），オレンジ（最後の警告），赤と変化するカードシステムを導入することが考えられる。赤のカードを受け取った際には，子どもは校長室に連れて行かれ，ペナルティを与えられたり，宿題をやらされたりする。年長の子どもや青年に対しては，より年齢に見合った方法を用いる（たとえばトークンエコノミー，言語的フィードバックと叱責，居残り）。しかし，この計画の中核的要素は，子どもが学校を離れられないようにすることにある。なぜなら，家に帰ることは子ど

もの問題行動を強化する機能しか持たないからである。そのためには，学校関係者との緊密な連携が不可欠である。さらに，親が夜，適切なごほうびやペナルティを施行できるように，毎日の成績表を家に送ることも考えられる。

不登校行動に対してペナルティを与える

ペナルティの検討を継続し，必要な修正を加える。必要に応じて，子どもからペナルティの効果に関するフィードバックを得て，場合によってはこのフィードバックを利用する。子どもの活動に対して日中に制限を設けているならば，その効果と親の（子どもに対する）注目の程度に着目し，必要な調整を加える。必要に応じて，最も深刻な不登校行動（たとえば，セッション2の中では，叩くことと動こうとしないこと）にペナルティの範囲を広げる。

登校行動に対してごほうびを与える

ごほうびの検討を継続し，必要な修正を加える。必要に応じて，子どもからごほうびの効果に関するフィードバックを得て，場合によってはこのフィードバックを利用する。必要に応じて，最も深刻な不登校行動を行わないこと（たとえば，叩かないことや動くことを拒否しないこと）にごほうびの範囲を広げる。すべてのペナルティとごほうびが，子どもに対して事前に明確に説明されていることを確認する。

ホームワーク

- 子どもに対して与えられている指示を調整する。無効な指示を防ぐためのホームワークを実施する。
- 朝，日中，夜の日課を実行し続ける。日課の遵守を向上させるホームワークを実施する。
- 次に深刻度の高い不登校行動を行うことに対するペナルティを導入する。
- 次に深刻度の高い不登校行動を行わないことに対するごほうびを導入する。
- 記録日誌を継続してつける。

セッション7・8：治療を終結する

セッション概要

- 親の出す指示についての検討と話し合いを継続し，必要に応じて調整を行う。
- 指示を最終的に整理して，親に対してまとめを返す。
- 朝と夜の日課を最終的に整理して，親に対してまとめを返す。
- 不登校行動に対するペナルティを最終的に整理して，親に対してまとめを返す。

■登校行動に対するごほうびを最終的に整理して，親に対してまとめを返す。
■ホームワークを出す。

　セッション7・8の時点までには，いくつかの重要な点で治療の手続きに変化が生じ始めることが期待される。まず，家族の治療が終わりに近づくに連れて，治療の手続きは子どもの環境の中で自然に起こっていることに，より近づいてこなければならない。たとえば，子どもは促されたり，無理強いされることなく自分で学校に行くようになってくるはずである。加えて，子どもに対して与えられるごほうびが，より言語的なほめことばに基づくようになってくる。さらに，朝と夜の日課の厳密さが，必要かつ適切であれば，少し緩和される。しかし，子どもを学校に戻す際に奏功した治療手続きから，あまり逸脱してはならない。

　治療者はまた，子どもの不登校行動が完全に，もしくはほとんど解消した場合，似た領域の問題へと拡張する方向で，治療手続きを変化させるかもしれない。たとえば，親は登校以外の場面（たとえば，週末）で与えられる指示を明確にすることや，いまだ問題として残っている他の行動に，焦点を当てはじめるかもしれない。しかし，子どもの不登校行動がコントロールできるようになるまで，早すぎる時期にこうした治療手続きを拡張してはならない。

　多くの側面で，セッション8はセッション7の拡張として機能しうる。つまり，治療手続きを最終的に取りまとめ，終結に向けての課題について話し合う。さらに，近い将来，またさらに先の子どもの行動に対して，どのように対処するのが最良かに関するアドバイスを行う。避けられるべき潜在的な落とし穴のリストを作成し，長期的なフォローアップセッションやブースターセッション（第8章参照）の予定を決める。

親の指示の再構築

　親が子どもに与える指示に関して，継続的に検討し，話し合う（必要に応じて，親の指示に関するワークシートを使用する）。もし，子どもが学校に行かなかったり，親の指示を理解しない状態が続くならば，必要に応じて，親が指示を修正できるよう援助をする。子どもによっては，親の指示をより単純化する必要があったり，1つの指示に従うたびにごほうびを与えなくてはならない場合がある。親がよい指示の特徴について正確に把握していることを確認するために，子どもの問題行動の仮想例を挙げ，どう反応するかを尋ねる。もし適切に反応していれば，ほめる。もししていなければ，過去のセッションの内容の復習をして，親が指示を適切に調整する手助けをする。

　子どもがほとんど毎日登校しているならば，親の朝の指示はそのままにしておく。もし他に懸案事項が残るならば，それらの対処に着手する。たとえば，親が朝の行動に意識を集中させ，子どもの行動の変容を図ったために，子どもが学校に行き始め，朝はきちんと振る舞っている場合がある。しかし，こうした子どもも，夜や週末には問題行動を起こすことが続くかもしれない。これらの問題行動には，この時点で対処する。加えて，子どもによっては学校に行き始めたが，その他の場面（たとえば，スーパーマーケット）では過剰に質問をし続けるなどの注目を求める行動を，継続して示す場合もある。必要があれば，こうした場面での親の指示と適切な行動についても話し合う。親が治療手続きをさまざまな場面で，さまざまな時に，さまざまな行動に対して用いた方が，注目

第 6 章　周囲から注目を得るために不登校になっている子ども　143

トピック 6.3　午前中遅くに登校する

　注目を得るために不登校になる子どもの多くは，親に欠席を黙認させようとして朝に問題行動を起こし，慢性的に学校に遅刻している。この状況は，ネガティブな感情を引き起こす刺激を回避するために学校に行かない子ども（第 4 章を参照）においても広く見られるものである。こうした子どもは，多くの場合，学校に行けている時間が結構あるため，ここで紹介する手続きを最も適用しやすい。

　このようなケースでは，学校関係者に，子どもが校舎になかなか入ろうとしないことを伝える。加えて，遅刻しても子どもを学校に連れて行くように，親に働きかける。学校関係者に朝，特定の時間に特定の場所で子どもを出迎えてもらい，可能であれば教室まで連れて行ってもらう。もし子どもが学校関係者によって教室に連れて行かれることに抵抗を示さなければ，親はその場を任せて，速やかに離れる。

　親が子どもを学校に連れていくことには成功しても，校舎の中に入らせることができない場合，**すぐに家に帰ってはならない**。すぐに帰ることは，泣いたり，学校を回避する行動を強化する。かわりに，親は学校の校庭や入り口にいたり，子どもと一緒に駐車場の車の中に座って過ごす。子どもに対して怒ったり，批判をするのではなく，淡々とした調子で話しかけるようにする。子どもがあらゆる心配事を吐露することは許容するが，学校に行くことが期待されていることを，子どもに伝え続ける必要がある。親は 15 分ごとに，子どもに校舎の中に入るよう促すべきである。これが何時間も続くとしても，最終的に子どもが学校に入るならば，一日全部を休むよりもよい。

　ここでの鉄則は，後戻りをしないことである。親は，子どもができるとわかっていることよりも課題のレベルを下げることを許してはならない。たとえば，もし子どもが学校の入り口まで行けるとわかっているならば，親はその場所で子どもと一緒に可能な限り長く待ち，15 分ごとに中に入るように励まし続ける。もし子どもが，生徒指導室や学校の図書館など，大人の監督がある場所に入ることができるならば，そこにつれて行き，教室に入るまでの時間，そこで過ごさせる。可能であれば，親は校舎を出て，学校関係者に教室まで連れて行ってもらう。最後に，一定の時間の後に子どもが教室に入ることができるならば，遅刻したとしても，それを許可してもらうようにする。

を求めて不登校になる子どもの再発のリスクは低くなる。最後に，必要に応じてこうした治療手続きを，家族のほかの子どもにも拡張する。

　セッション 8 までに，治療者と親は子どもに対する指示を最終的に整理する。子どもに対して，どのような種類の指示が最も効果があるかのまとめを親に返す。このまとめは，家族の特徴や，家族のもともとの問題にあわせて行う。その際，どの特定の明確な指示が，子どもが学校に戻ることを促進したかを指摘する。親に，指示に関するいくつかの基礎的なテーマを思い出させる。これらは，簡潔さ，明確さ，一貫性，子どもが指示に従ったり従わなかったりした時に即時的に反応すること，である。必要に応じて，親に適切な指示と，避けなければならない種類のコメント（質問のような指示，皮肉，侮辱）のリストを渡す。

　親が昔の行動パターンに戻ってしまうことは，起こりうることであると警告する。たとえば，子どもが登校するようになったとたんに，せっかく身につけた指示のスキルを使わなくなる親がいる。無関心，油断，苛立ちなど，その理由はさまざまであるが，治療期間中はすべての力を注いでも，治療終結後はやめてしまうことは少なくない。さらに，治療が終結して少し経つと，多くの子どもは親を試し，折れさせるために，不登校行動を増加させる。そこで，治療終結後もしばらくの

間，親とのコンタクトを保つ。治療者のサポートと，よい指示に対するフィードバックが，再発のリスクを減らす助けになる（第8章参照）。

規則正しい日課の確立

　親と一緒に，朝と夜の日課を構造化する努力を続ける。この頃には，子どもにとって日課はかなり予測可能なものになっているはずである。もし子どもが朝の日課を守っていないならば，親によってペナルティが与えられるべきである。このことは，朝の言語的な叱責のような即時的な結果と，放課後・夜の部屋での謹慎のように遅延された結果を含む。もし子どもが学校に行くことに関する困難を継続して抱えているようならば，親がこうした日課を必要に応じて調整する援助をする。たとえば，子どもによっては，より基礎的な日課で，ステップ数の少ないものに，よりよく反応する場合がある。

　子どもがほとんど毎日登校しているならば，朝の日課はそのままにしておく。もし他に懸案事項が残るならば，それらの対処に着手する。たとえば，子どもによっては，学校に行き始めた後にも，学校や家，夜や週末には十分な構造を与え続ける必要のある場合がある。どのような日課や活動を好むかについては子どもに尋ねてよいが，最終的な構造は主として両親に決定権をゆだねる。

　セッション8までに，治療者と親は，確立された朝と夜の日課を最終的に整理する（子どもが学校に復帰しているならば，この頃までに日中の日課は必要なくなるかもしれない）。子どもにとってどのような日課が最良であるかまとめたものを親に伝える。このまとめは，家族の特徴や，家族のもともとの問題に合わせて行う。その際，どの特定の日課が，子どもが学校に戻ることを促進したかを指摘する。親に，日課に関するいくつかの基礎的なテーマを思い出させる。これらは，規則性，予測のしやすさ，子どもが指示に従ったり従わなかったりした時に即時的に反応すること，である。必要に応じて，親に現在の日課と，避けられるべき落とし穴（子どもの影響を受けすぎること，柔軟性を欠くこと，日課からの逸脱に対処しないこと）のリストを作成して渡す。

　指示の時と同様に，親が昔の行動パターンに戻ってしまうことは起こりうることであることを警告する。特に，子どもが学校に戻ったとたんに，親は新しい日課を緩め始めるかもしれない。このことは時として，多少だらけることや指示を守らないことなど，深刻でない問題行動を許容する気持ちが親の側にあることに起因する。残念なことに，こうした態度によって，子どもが不登校行動に対して多くの注目を得られる状況が誘発される（それこそが治療を要した元々の問題である）。親は日課を厳密に遵守し，日課の最中には子どもに対してニュートラルに反応し，問題行動をやりすごすようにするべきである。また，過剰な身体愁訴を重要視せず，子どもが登校を拒否した日には，少なくとも一部の時間だけでも子どもを学校に連れて行くことができるように両親が協力しあう。治療終結後も，しばらくの間親とのコンタクトを保つことも，問題の再発を予防する助けになる。

不登校行動に対してペナルティを与える

　この時点では，子どもにとってかなり予測可能なものになっているであろう，不登校行動に対す

るペナルティの検討を続ける。もし子どもが学校に行くことに関する困難を継続して抱えているようならば，何がペナルティを無効にしているかに焦点を当てる。たとえば，子どもによっては，より強い，即時性がある，あるいは一貫性を持って適用されるペナルティにのみ反応する場合がある。もし現在，日中のペナルティを用いているならば，その効果について検討し，親が必要な調整を行う援助をする。この時期に，子どもの問題行動の仮想例を出し，親がペナルティとごほうびを使ってどのように反応するかを尋ねる。もし適切に反応していれば，ほめる。もししていなければ，過去のセッションの内容の復習をして，親が指示を適切に調整する手助けをする。

　子どもがほとんど毎日登校しているならば，ペナルティの設定はそのままにしておく。もし他に懸案事項が残るならば，それらの対処に着手する。子どもによっては，学校に行き始めた後にも，関連する行動に関して未だペナルティを要する場合がある。たとえば，一度不登校になった子どもは，攻撃性やその他の場面において指示に従わないこと，宿題をしないこと，夜尿および（または）親と寝ること，かんしゃく，家や学校における全般的な妨害行動，言い争うこと，どなることなどの関連する問題について，ペナルティを要する状態が続く。もし，こうした行動が残るならば，家族が治療を受けている間に対応する。親がペナルティの特徴を正確に把握し，さまざまな問題行動に一貫して用いる意欲があれば，再発のリスクは低まる。

　セッション8までに，治療者と親は不登校行動に対するペナルティを最終的に整理し，必要な修正を加えるべきである（この頃までには，日中のペナルティは必要なくなるかもしれない）。子どもにとって最も効果的なペナルティが何であるかについてのまとめを，親に提供する。このまとめは，家族の特徴や，家族のもともとの問題に合わせて行う。その際，どの特定のペナルティが，子どもが学校に戻ることを促進したかを指摘する。親に，ペナルティに関するいくつかの基礎的なテーマを思い出させる。これらは，公平さ，予測のしやすさ，一貫性，必要になった際の即時実行である。必要に応じて，親に現在のペナルティと，避けなければならない落とし穴（特定の行動の後，結果を随伴させる期間を長く取りすぎることや，ペナルティの強さが不十分であることなど）のリストを渡す。

　将来的に，ペナルティの与え方が不十分になることの危険について，親に警告する。たとえば，罪悪感や恥，全般的無関心や無頓着の気持ちが戻ってくるために，ペナルティを与えるのをやめる親がいる。そのようなことがなぜ起こりうるのかを探り，家族が治療を受けている間に問題に対処する。また，子ども（もしくは子どもたち）がさまざまな行動をとったとき，そのつど対処が異なる親がいるが，一貫性の重要さと必要性を強調する。最後に，親によっては，一貫性のある，事前に決定されたペナルティを，必要な機会をすべて捉えて与えるのではなく，強いペナルティを折に触れて与える習慣に陥ったり，それだけしかできない場合がある。強い身体的なペナルティを時折与えることで，慢性的な，あるいは危機的な問題行動をコントロールしようとする親もいる。しかし，親は子どもが問題行動をするたびに，適切なペナルティを使うべきである。身体的な罰の危険を親に再認識させ，治療中に導入された手続きを遵守するよう働きかける。

登校行動に対してごほうびを与える

　この時点では，子どもにとってかなり予測可能なものになっているであろう，登校行動に対して

用いられるごほうびの検討を続ける。もし子どもが学校に行くことに関する困難を継続して抱えているようならば，何がごほうびを無効にしているかに焦点を当て，親が必要に応じて修正できるよう援助する。たとえば，子どもによっては，より強い，即時性がある，あるいは一貫性を持って適用されるごほうびにのみ反応する場合がある。もし子どもがほとんど毎日登校しているならば，ごほうびの設定はそのままにしておく。もし他に懸案事項が残るならば，それらの対処に着手する。たとえば，前のセクションで示されたように，不登校に関連する行動を行わないことに対して，ごほうびを設定することが考えられる。

セッション8までに，治療者と親は不登校行動に対するごほうびを最終的に整理し，必要な修正を加えるべきである。子どもが登校し始めても，無関心になったり，将来的にごほうびをあげることを怠けたりしないように，親に警告する。たとえば，親によっては子ども学校に行き始めたら，ごほうびを与えなくなる親がいるが，このことはほとんど必ず，不登校の再発へとつながる。さらに，親によっては，登校することを当たり前と考え始め，忙しくなって子どもの行動を認めることを忘れたり，大きなごほうびを散発的に与え始めたりすることがある。こうした行動もまた，再発に繋がる。上記の悪習慣に繋がりやすい，親の無関心などの要因を特定し，対処する努力をする。

将来的には親が不登校以外の問題行動と，それに伴う結果の随伴性を具体的に定義し，治療手続きに対する今後の変更点をすべて子どもに伝えるように促す。親には「ペナルティを与える必要があるならば説明する必要はなく，説明する必要があるならば，ペナルティを与える必要はない」ことを伝える。言い換えれば，すべてのルール，随伴性，および望ましくない行動は事前に定義され，子どもによく理解させるべきである。

ホームワーク

- 適切な指示を与え続ける。治療者によって与えられた指示に関する落とし穴のリストを，定期的に復習する。
- 朝と夜の日課を実行し続ける。治療者によって与えられた，日課に関する落とし穴のリストを，定期的に復習する。
- 不登校行動を行うことに対する，事前に具体的に定められたペナルティを与え続ける。潜在的な落とし穴に注意を払う。
- 不登校行動を行わないことに対する，事前に具体的に定められたごほうびを与え続ける。潜在的な落とし穴に注意を払う。
- 必要に応じて，サポート，フィードバック，質問に対する答え，長期的フォローアップ，ブースターセッションのために，セラピストと連絡を取る。

第7章 学校の外で具体的な強化子を得るために学校に行かない子ども

セッション1:治療の開始

必要な教材

■契約書のサンプル

セッションの概要

■親と子どもとの間で契約交渉をする

　このセクションでは,学校の外で具体的な強化子を得るために学校に行かない子どもに対する治療の初歩について説明する。学校の欠席を隠すこと,言語的攻撃や身体的攻撃,逃避,友人たちと非常に長い時間遊ぶこと,学校外に留まるための破壊的な行動,敵意的な態度,対話の拒否,薬物の使用,ギャンブル,過度の睡眠などがこの機能を示すグループに共通して見られる行動である。

　治療において最も焦点を当てるのは,関わりのある家族メンバーである。その多くは親と不登校の子どもである。問題を解決する方法,葛藤を減らす方法,登校することによるごほうびの増やし方,欠席によるごほうびの減らし方のより良いやり方を家族に習得させることが治療の主要な目的である。そのためには,以下の事柄を実施する。

①問題の解決について相談するための時間と場所を決める
②問題となっている行動を明確にする
③問題に取り組むという契約書を親と子どもは作成する
④契約を実行する

　この治療計画は随伴性契約法を重要な要素としている。この手法について論ずる際に,上記の4つの内容について再び説明する。

　この治療計画においては,セラピストは恐らく,子どもの両親(もしくはひとり親)と子どもの

双方に等しく時間を割くことになるだろう。しかし，セラピストはまず最初に子どもに契約書についての話をするようにして，初期は契約について子どもと親を別々にして相談する。最初に当該の子どもと話すことは，治療プログラムに彼らを「乗せる」のに重要な役割を担うことがある。セラピストが親の視点よりも子どもの視点の方により近いということを子どもは知らなくてはならない。言い換えれば，セラピストと親が単に「結託して」彼らに対抗しようとしているのではないと思わせなければならない。このことは，治療に際して敵意を持っている思春期の子どもや，より治療に積極性を持ってもらいたい子どもや，より動機づけを持ってもらいたい子どもに対して，特に重要である。さらに，この治療パッケージにおける鍵となる要素は，参加するおのおのが，参加することに前向きであり，誠意を持った対応を確実に行うことである。それゆえ，セラピストは，家族おのおのとそれぞれ違った時に治療的な同盟を結ぶ必要があるだろう。そうすることによって，それぞれがより力づけられ，契約を守ろうとしたり維持したりすることにより前向きになる。

　契約を結ぶ際の鍵となる要素は，全員が誠意を持って取り決めることである。つまり，子どもや親は，自分たちのやっていることや感じていることは，不適切で役に立たないことなのだと合理的に説明できるよう努力しなければならない。そして誰かが治療について不安を持っていないかをよく吟味する。特に，子どもと親が満足するように，各契約の一行一行をしっかりと理解してもらうようにする。最後に，実施にあたっては子どものきょうだいも治療の手順について知らされるべきである。いくつかのケースでは，きょうだいが大きな意味をもつことがあり，治療にきょうだいが関わることは彼らに関する問題の予防に繋がる可能性がある。事実，多くのケースでは，契約のプロセスにきょうだいも加わる方が望ましく，そうすることで契約の実施状況を監視する役として役立つことがある。

問題の解決について相談するための時間と場所を決める

　この段階で，問題解決のためのプロセスと契約を結ぶプロセスのすべてを治療セッションで実施するべきである。そうすることで，契約の手順をセラピストが監督することができ，細かい部分において示唆を与えることができ，問題を即座に明確にすることができるからである。特に，家族が抱えるかもしれないコミュニケーションの問題のほかにも，問題解決を遅らせる行動（たとえば，家族の妨害行動，参加の拒絶）に注意を向けるようにする。もし問題解決を遅らせる行動が比較的小さい場合には，すぐにその行動に取り組むべきである。たとえば，家族の内の1人が自分の望みを表現することに困難を示している場合，いくつかの対処を提案する。しかし，もし問題解決を遅らせる行動が相対的に大きい場合（たとえば，ケンカ）には，その行動についてさらにアセスメントし，数回のセッションを通じて扱うのが望ましい。

　最初は問題解決のための手続きや契約を結ぶ手続きをセッション内に行うことが多い。しかし，子どもと親は問題について家で家族が話し合うことができる時間と場所について，次の週までに考えるようにする。治療の後半では，決められた時間と場所において契約は執り行われなくてはならない。皆が家にいる時はいつか，他の至急の問題がないのはいつか，家族の人たちがリラックスしている時間はいつか，何か気をそらされるようなものがないのはいつか，といったことを考えるように促す。この作業は，不可能ではないにしても，しばしば困難な課題である。しかし，問題解決

のための時間を作ることは，家族内の葛藤や子どもの不登校を軽減するためには必要不可欠な要素である。そういった時間を見つけ出すことが難しい場合には，セッション内でそのことに取り組むようにする。特によくある問題は，家族内の他のメンバーが「結託して」いるのではないかという恐れから，家族のミーティングに参加することを望まない，ということである。こういったことを回避するために，セッションや治療内で，動機づけの乏しい人物とのラポールを形成し，可能な限り共に取り組む関係を作ることが，おそらく最優先となるであろう。

問題となっている行動を明らかにする

　家族が参加した形での契約プロセスをとることができたならば，相対的に見て基本的で限局的な問題に関する最初の契約書を作成する。実際には，子どもの不登校に関係のない問題に取り組む方がよい。クライエントにとってはピンとこないかもしれないが，少なくとも一回は，単純なレベルの問題を適切に解決することに家族が取り組む必要がある。この作業は，セラピストにとって今後の治療の速度の目安となるだろう。もし家族が，最初の問題を簡単に解決したとすれば，治療はより迅速に進むだろう。単純な問題でさえも，解決するのに家族が四苦八苦するようであれば，治療の速度はよりゆっくりとなり，いくつかのセッションを通して練習を繰り返すこととなるだろう。また，当分の間不登校の問題を脇に置いておくことで，家族の強い緊張感と子どもに対するプレッシャーを減らす可能性がある。子どもを学校に戻すことに関して適度な危機感がある場合は，慎重に次の手順（たとえば，登校に関する契約）に進んでもよい。

　まず，最近起こった小さな問題を選ぶようにしよう。たとえば，家事をしなかった，時間通り就寝しなかった，親に所在を連絡しなかった，宿題をやらなかった，といったようなことでよい。家族には，一つだけの問題を選ぶように促す。家族全員がその問題を取り扱うことを妥当であると同意していなければならない。解決できない問題や，長期に渡っている問題，非常に複雑な問題は避けるようにする。たとえば，一年前に子どもが法に抵触したという問題（今は解決できない）や，家族の葛藤（長期に渡っている），家族の経済上の問題（非常に複雑である）といったことには焦点を当てない。シンプルな問題を取り扱う。

　問題となっている行動を選んだ後に，問題について明らかにするように各自に促す。各自の回答がさまざま異なっているということに驚く（あるいは驚かない）だろう。統合的な視点が必要となるかもしれない，ということを心に留めておく。たとえば，親は「彼に頼んでもゴミを出してくれることは決してない」と言う一方で，子どもは「いつでも自分はゴミを出さなければならないんだ」と言うかもしれない。それぞれの言い分は曖昧であるが，コミュニケーションに問題があることを明らかにしている。案としてセラピストは，「ゴミは定期的に出されてはいない」と問題を単純に記述するのがよい。そうすれば，誰も非難されず，問題が明確に定義される。

契約書を作成する

　上述のように，最初は子どもと親とはそれぞれ別々に契約について相談しなくてはならない。そうやって，双方を行き来しながら「往復外交」を行うことができる。問題となっている行動が十分

に明らかになった後に，問題を解決する可能性のあるものを可能な限り多く述べるように子どもを促す。「ゴミを捨てに行くためのお手伝いさんを雇う」といったユーモアのあるものも含めてよい。5～10程度の解決案をあげてもらうよう努力し，望ましい順にそれらをランクづけする。解決案が現実的であるか，具体的であるか，皆にとって受け入れられる可能性があるか，といったことを考慮して望ましい順をつける。子どもとこのプロセスを実施した後に，今度は親に解決案を挙げてもらい，望ましい順にランクづけをしてもらう。

　次に，もっとも望ましい解決案を一つ選ぶ。家族とそれぞれ誠実に交渉し，解決策が受け入れ可能かどうか家族はセラピストに確実に知らせるようにする。最もよい解決案が受け入れられるように優しく家族のそれぞれを励ますが，強い不服に対抗するような干渉はしない。歩み寄ることに焦点を当てる。「（子どもは）水曜日と土曜日にだけゴミを出すように頼まれることにして，頼まれた日には必ずゴミを出すようにする」というのが上述の問題の良い解決案であるかもしれない。もし，家族のそれぞれがこの提案に同意したら，次のステップに進むことができる。

　次のステップでは，契約を遂行したかしなかったかということによるごほうびとペナルティを決める。問題を明らかにしたやり方と同様に，可能なごほうびとペナルティについて家族のそれぞれと個別に話す。繰り返すが，全員にとって最も望ましいかどうか，全員が同意できるかどうかに焦点を当てることが大切である。最初の契約はきわめて単純なものにするべきである。たとえば以下のようなものがよいだろう。「（子どもは）頼まれれば，水曜日と土曜日にはゴミを出す」，「もし（子どもが），この雑用をきちんとこなせば，土曜日の夜の門限が30分延びるというごほうびがもらえる」，「もし（子どもが），この雑用をこなさなければ，通常よりも1時間早く家に戻らなくてはならない」といったものがよい。

　これまでに伝えたように，必要に応じてきょうだいも契約に加わってもらうことが望ましい。そうすることで，契約のなかに存在する何らかの抜け道をふさぐことになるだろう。また，たとえばこの契約においては，いつ子どもがゴミを出すのか，雑用の内容，雑用をきちんとやったかどうかを誰が判断するか，門限は何時にするか，といったことをはっきりさせておく必要があるかもしれない。抜け道をふさぐ作業のなかでは，親により多くの発言権を与える。契約をさぼったり逃げたりするための抜け道を積極的に探す子どももいることに注意する。そういったことがないかだちによく吟味する。さらに，長くても2～3日ぐらいの，契約を終わらせるタイムリミットをもうける。この方法によって，問題が生じた際にセラピストは，素早く把握することができる。

契約を実行する

　契約書のサンプルが完成したら，それぞれが契約を読み上げ，同意するかどうかを口に出して言わなければならない。もしそれができないのであれば，契約について交渉し直す。合意が得られたならば，それぞれの契約書にサインするよう求め，コピーを渡す。このプロセスを通して，家族は（子どもも含めて）各々の条件をそれぞれが守るようになる。そのため，条件について何度も言葉にするようセラピストは彼らを優しく促し，契約に本当に同意しているかどうかに注意する必要がある。理想的には，一度契約がまとめられれば，その契約を，家のなかでそれぞれが読むことができて，目に入る，日々接することができる場所に貼っておくべきである。冷蔵庫のドアは適切な場

> **トピック 7.1　504 プランと個別教育プログラム**
>
> 　学校に戻った際に課題が山積みになっていて，学年度の残りの期間を失敗に終わらせてしまうかもしれない，そういう時どうすればよいのか，と親も子どもはしばしば思いをめぐらす。そのような場合には，学校関係者に対して「504プラン」か「個別教育プラン individualized education plan; IEP」を導入することができないかを話すことを勧める。504プラン（訳者注：米国連邦法リハビリテーション法504条，米国連邦政府の補助を受けている基金やプログラムにおける障害を持つ人に対する差別の禁止）とは，学習を妨げる要因を抱える生徒に対して，学校側は適応を促す措置をしなくてはならないと命ずるものである。学習を妨げる要因とは，慢性的な医学上の身体疾患や，抑うつや不安，注意欠如・多動性障害といった精神的問題が含まれる。
>
> 　504プランでは，子どもが学校に出席しやすくなるように，授業スケジュール，課題，履修単位やその他の条件を変更することができる。たとえば，子どもが少なくとも一部の校時には出席できたり，いくつかの課題を終わらせることができたりしていれば，その事柄は504プランに組み込むことができる。どういったことが実行可能かについて知るために学校関係者と密接な関係でいる必要がある。もし子どもが，知的障害や自閉症，アスペルガー障害といった発達障害をもっている場合は，IEPの対象となるだろう。IEPも，授業スケジュールを変更したり，その他の配慮をすることで子どもが学校に戻ることを援助するものである。

所である。最終的に何か質問がある場合は，この時点で明らかにすべきである。

　また，成し遂げようとしていることについて，セラピストは家族に対して「激励」をしなくてはならない（同意した問題解決がもうすぐ達成できる，など）。そして，契約は実行されるはずだとセラピストは家族を信頼しなくてはならない。さらに，もしこの契約が成功したら自然に次のもっと困難な問題も解決できるということを告げる。もし問題が生じたらすぐに知らせるように子どもにも親にも伝え，なんらかの大きな問題について相談できるようにセッションとセッションの間にも連絡が取れるようにしておく。そのために，セラピストは次のセッションまで毎日家族と連絡を取り，可能な限りすぐに問題に対応できるようにする。

ホームワーク

- 今後，家族が問題解決について話し合うことができる時間と場所について考える。
- 次の契約で取り組む問題と解決になりそうなことについて考える。
- 今回の契約を実行し，必要であればセラピストと連絡を取る。
- 登校前の朝の準備も含めて，登校した際の通常のスケジュールに従うように心がける。朝早くに起きること，登校する場合と同じように着替えて準備をすること，学校の課題を終わらせることなどがそのなかには含まれる。
- 記録日誌に書き込むことを続ける。その週に起こった何か特別な問題や状況を書きとめる。

セッション2：治療を増強する

セッションの概要

- 家族に対して，家族内のミーティングを実施することを励まし，問題を解決する話し合いの時間と場所を設定するよう援助する。
- 最初の契約が成功した場合には，新しい契約書を作成することを交渉する。

このセクションでは，学校の外で具体的な強化子を得るために学校に行かない子どもに対する集中的な治療を実施する手順について説明する。すでに記述したように，治療において最も焦点を当てるのは，関連のある家族メンバーである。その多くは親と不登校の子どもであるが，きょうだいをそこに加えることもある。問題を解決すること，葛藤を減らすこと，登校することに対するごほうびを増やすこと，欠席に対するごほうびを減らすことのためのより良い方法を家族にもたらすことが治療の主要な目的である。繰り返すが，治療には以下のことが含まれる。すなわち，問題を解決するために相談する時間と場所を決めること，問題となっている行動を明らかにすること，問題をはっきりとさせるために親と子どもとの間に契約書を作成すること，そしてその契約を実行することである。

問題の解決について相談するための時間と場所を決める

この段階ではまだ，問題解決のプロセスや契約のプロセスのほとんどを治療セッションのなかで行うように導くのがよい。しかし，家族は，現在の契約についてや，次のセッションで契約をどう変えていくか，といったことについて話す時間を家庭内で定期的に持ち始めるべきである。このような家族ミーティングの時間は，できるだけ注意をそらすものが少なく，家族全員が参加できる時がよい。この時間は，家族が重要な問題について議論する練習となり，治療のプロセスに役立つだろう。後の治療においては，家庭内のミーティングで契約の内容を決める。

現段階では，セッション2とセッション3の間で，全員が座って契約やその他の関連する問題について話すことができる家族ミーティングを1回か2回行うようにスケジュールを立てる。最初のうちは，ぎこちないだろう。そのため，ミーティングは10分から15分にとどめておく。家族は皆等しく発言の時間を持っていることをしっかりと理解しておかなくてはならない。たとえば，もし4人家族であれば，話したいことを話す時間を各自3分持っていることとなる。もし必要ならば，誰かが時間を計っておいてもよい。家族ミーティングでのその他のルールを以下に示す。

- ミーティング時間より前に，誰がミーティングを招集するかについて同意しておく。もし可能であれば，必要に応じて招集の役割を家族内でローテーションしてもよい。
- 契約や家族それぞれが持っている不満や問題についてのみに議論の内容を可能な限り制限する。単純な発言をするようにし，脇道にそれないようにする。相手を傷つける発言も控えな

ければならない。
- ■全員が遮られることなく発言できるようにする。もし，誰かの発言に反応したいとしても，必ず自分の発言の番が回ってくるまで待つ。質問はできるだけ少なくする。
- ■ある特定の人物，特に親によってミーティングが支配されることのないよう考慮する。もし誰かが与えられた3分間の内の1分だけを発言したとしたら，残りの2分は黙って発言されたことについて他の人は考える。
- ■ミーティングの時間中はその場にいるように働きかける。もし，話したくなかったとしても，その場にただ座って他の人の発言を聞いてもよい。
- ■ミーティングへの出席について皆を賞賛する。
- ■ミーティングに問題が生じてうまくいかなかったら，終了させ，次回のスケジュールを決める。問題とは，無礼な振る舞いや，言語的争い，身体的争いなどである。家族が共にいることができないという極端なケースの場合は，セラピストに報告し，次の治療セッションでそのことについて話し合う。
- ■もしミーティングがうまくいき，健康的な話し合いがもたれていれば，延長しても構わない。しかし，もし誰か一人でもミーティングがうまくいっていないと感じていれば，再度スケジュールを決める。また，誰か一人が意図的にさぼったり，ミーティングを妨害したりした場合には例外が生じる。こういった場合には，可能な限りその秩序を乱す人物を容認しミーティングに出席してもらうが，もし必要であれば退席してもらうようにお願いする。セラピストは可能な限り早く問題を明らかにするために，この妨害行動について知っておくべきである。一般的なルールと同様に，この種の例外は絶対最小限にとどめるべきである。
- ■もし疑問が生じたら，ミーティング中にセラピストに連絡を取る（セラピストは，この種の連絡がどの程度受けられるか，といったことについての方針をクライエントと話しておくことが望ましいだろう）。

問題となっている行動を明らかにする

　最初の契約が成功であったか失敗であったかを家族と振り返る。もし契約が失敗，あるいは他の問題が生じていたら，なぜそうなったかを詳細に吟味する。家族内の争い，低いモチベーション，妨害行動，あるいはその他の契約の成功を妨げる要因を探す。成功を妨げた原因を明らかにするための時間を十分に設け，可能であれば契約を再度実行する。ケースによっては，他のケースよりも解決に時間がかかることや，より複雑な契約に取りかかる前により単純な契約を追加して実施することが必要な場合がしばしばあることを頭に入れておくべきである。

　もし最初の契約が成功したら，家族を褒めちぎり，問題は円満に効率的に解決されうるということを強調する。状況の深刻度によって，次に実践する契約は，不登校に関連のないより複雑な問題にするか，不登校行動を契約の1つの要素として取り入れるようにする。不登校が非常に重度であったり，長期に渡っているケース，家族内の相互関係に問題がある場合には前者を勧める。その場合，家族には困難な不登校の問題に取り組む前に，それより容易な問題の解決を実践する機会が必要だからである。

もし中程度から重度の不登校のケースか，中程度の家族相互関係の問題があるケースであれば，朝の登校準備といった不登校の問題を導入することで，契約をより複雑にすることができる。加えて，契約のなかにどういった不登校行動ではない行動を入れるべきかを話し合う。家での雑用を契約に含めることはお勧めである。なぜなら，後の契約では，ある程度の時間学校に出席した際には，子どもに家での雑用の減免という形でごほうびを支払うようにするかもしれないからである。しかしまずは，家族がどの雑用や行動や問題を特に取り扱いたいかを尋ねる。繰り返すが，解決不可能な問題や長期に渡っている問題，極めて複雑な問題は避けるようにする。

これまでと同様に，家族それぞれに，各行動と契約条件を決め，妥協案を作成するように促す。例としては，①「ゴミ捨て」の雑用，②登校準備，③門限に従う（後者の2つは現時点でなされていないと仮定して）。**それぞれの部分を詳細に決めるよう注意する**。たとえば，「朝に登校準備をすること」は決まった時間に着替えや朝ご飯を食べることであろう。また，「門限に従うこと」は決まった時間に夜帰宅することかもしれない。詳細を決める際には具体的な時間も決めなければならない。

契約書を作成する

前述の通り，新しい契約についての相談は，子どもと親を別々にしてするべきである。それぞれが，可能な限り多くの可能性のある問題解決法を見つけなければならない。繰り返すが，実際的かつ現実的で具体的でもある，全員が同意可能と考えられる解決方法に焦点を当てる。それぞれの問題について考えた解決方法のうち最も望ましいものを1つ選ぶ。たとえば登校への準備に関しては，子どものさまざまな行動（たとえば，食事や着替え）の時間を調整することがよい解決法となるかもしれない。また，門限に関してのよい解決法は，親にとっても子どもにとっても妥当な時間を選ぶことだろう。

もし家族それぞれが決定に関して同意したならば，次に各自の責務を果たした際のごほうびと果たさなかった際のペナルティについて相談する。全員にとって最も適切で同意可能なごほうびとペナルティにする。前述した様に，契約の抜け道は塞ぐようにし，契約を実行する期限を必ず設ける。最後に，治療過程に家族が取り組むと宣言する，という文言を加えるべきである。Stuart（1971）によって作成された，本章で述べた契約書のサンプルとなる書式を**図7.1**に掲載している。

契約を実行する

この契約書のサンプルは，最初の契約が成功し，家族の相互関係に困難な問題はなく，家族がこのサンプルにあるいくつかの契約を実行することが可能であるとセラピストが判断し，現在の不登校の問題が中程度から重度である場合においてのみ適切なものであるということを理解しておく必要がある。セラピスト自身の持つケースが上述と違っていた場合は（たとえば，最初の契約が失敗，非常に程度の甚だしい不登校の問題，家族の葛藤が存在している等），もっとゆっくりと進め，家族がより容易な契約を成功させる経験を積むように促したり，最初の契約を修正したりする。不登校の問題が中程度から重度である場合には，このサンプルとして提示した契約は適切であろう。な

契約書のサンプル

特権	義務
概要	
家族内の葛藤が減ること，および不登校行動の解決と引き換えに，家族全員が	この契約を維持することに可能な限り懸命に努力し，治療の全てに参加する努力をする
詳細	
週末の夜に30分門限が特別に遅くなるのと引き換えに，（子ども）は	水曜日と土曜日に，頼まれたらゴミを捨てる
もし（子ども）がこの義務を果たさなかったなら	いつもより1時間早く，家に戻ることを要求される
部屋にラジオとテレビを持ち込んでもよいという権利を得ることと引き換えに，（子ども）は	朝の7時に起き，7時40分までに着替えて朝ご飯を食べ，8時までに顔を洗い，歯を磨き，8時20分までに学校へ行く準備を終わらせる
もし（子ども）がこの義務を果たさなかったら	ラジオとテレビを取り上げられ，一日家にいなくてはならない
部屋にCDプレイヤーを持ち込んでもよいという権利を得ることと引き換えに，（子ども）は	登校日の前日は夜の9時の門限を守り，週末は11時の門限を守る
もし（子ども）がこの義務を果たさなかったら	CDプレイヤーを取り上げられ，一日家にいなくてはならない

（子ども）と親は，この契約条件を維持することに同意し，毎日この契約書を読み，イニシャルをサインする。

（子ども）と親の署名：

_____

_____ 日付：_____

図7.1　契約書のサンプル①

ぜならば，現段階では実際の登校というものはまだ要求されていないからである。このようなケースの多くは，登校することを直ちに子どもに促すことよりも，徐々に登校に近づく行動を形成することがより効果的である。一部の時間（たとえば，特定の授業）だけ子どもが学校に参加しないという状況のような，子どもが一部の校時のみ欠席するなど（たとえば，特定のクラス），不登校の程度が軽度である場合には，このサンプルを用いるか，あるいはより複雑な契約が適切であろう。

　契約が作成されたならば，家族はそれぞれ契約書を読み，同意したことを口にしなくてはならない。もしできない場合には，契約について再度交渉する。全員が同意したならば，契約書にそれぞ

れが署名するように促し，コピーを各自に渡す。この時点で最終的な質問がないかを明らかにする。さらに，それぞれが達成しようとしているものが何であるかを改めて思い出してもらう（たとえば，葛藤無く問題解決について同意ができるようになる）。問題が生じた場合にはセラピストに連絡をとらなくてはならない旨を伝え，契約や家族機能に関連する未解決の問題について話し合うためにセッションとセッションの間に連絡をとれるようにする。

この時点においてよくある問題

　子どもは，同意することに対して圧力を感じていたために，あるいは不満を感じて一刻も早く治療セッションから立ち去りたいために同意をするかもしれない。セラピストは，子どもとその日の夜か次の日に連絡をとり，よく考えた上で契約に変更してほしい部分はないか，治療の過程で何か気になる部分はないかを尋ねるのがよいだろう。この時点では，子どもはこの治療アプローチに対して協力することをしばしばためらっている。何らかの形で無視されていると彼らが感じたり，あるいは侮辱を受けたと感じていたり，裏切られたと感じていれば，彼らの協力は簡単に失われてしまう。それゆえ，彼らの関与をきわめて重視していることを理解してもらわなくてはならない。多くのケースで，セラピストは家族それぞれのさまざまな意見を聞いてまわり，全員が治療過程に対して関与し，動機づけを維持できる治療同盟を結べるようにしなくてはならない。また，子どもだけではなく親の関与や動機づけをも維持することを忘れてはならない。

　関連した種類の課題としては，契約などばかばかしくて役に立たないとか，あるいは自分の親が契約のどんな条件も遂行するはずがないと考えているような青年期のクライエントにセラピストは出会う可能性が挙げられる。契約の過程に対して子どもが完全に諦めてしまっているが，必ずしも通常の治療は必要でない場合，セラピストは別の問題解決方略に頼るか，この学校の外で強化子を得るという機能に対する別の手続き（後のセッションを参照）を重点的に取り組まなくてはならない。別の手続きとは，コミュニケーションスキル訓練や，登校への同行や，断り方スキルの訓練や，学校の成績の回復のことである。もし，契約の手順を実行するという家族の動機づけを弱めている解決困難なダイナミクスを明らかにする必要がある場合には，その他の家族療法的アプローチ（たとえば，構造的，戦略的，多世代的，体験的）も有用だろう。

　最後に，何を得ることができるか確認するために状況を操作している子どもや，どのような環境下においても学校に戻る意思がない子どもにセラピストが出くわした場合について述べる。これらのケースでは，子どもに対して過度に迎合することは親を遠ざけることとなり，セラピストの有効性を弱める。セラピストは早い段階で治療の目標を明確にするべきであり，もし可能であれば，全校時への出席という長期目標を全員（特に子ども）にもってもらう。もしそれが難しい場合には，どういった目標であれば受け入れられ適切であるかを探ったり，代わりとなる学業上のプログラムの実現可能性や望ましさを調べたり，心理社会的治療に家族の状況が本当に適しているかどうかを吟味するべきであろう。

ホームワーク

- 家族が問題について話し合うことができる時間と場所を設定する。次のセッションまでの間に1〜2回そのような非公式の場を設ける。その場では，これまでに述べられたルールに従う。また，もし要望があり，家族全員の同意が得られるならばセラピストのために会話を記録する。
- 次の契約に関する問題と解決案について考える。
- 今回の契約を実行し，必要であればセラピストに連絡をとる。契約を妨げるような問題について記録しておく。
- 記録日誌に書き込むことを続ける。その週に起こった何か特別な問題や状況を書きとめる。

セッション3・4：治療を深める

セッションの概要

- 家族に対するコミュニケーションスキル訓練を始める
- 断り方スキルの訓練を子どもに教える

　治療におけるこの段階では，契約は子どもの特定の不登校行動に特に焦点を当てるべきである。もし子どもが学校をずる休みしているか，家庭内での破壊的行動が続いている場合は，子どもの一日の生活を契約のテーマにする方法も必要であるかもしれない。子どもの多様な行動に対する家族の問題解決方法を変化させたい，とセラピストが望むようなケースがあるかもしれない。しかし，ここで不登校のような特定の問題について焦点を当てた契約書を作成することで，変化したいという新たな家族の動機づけをうまく利用したり，差し迫った問題に対して家族が解決法を用いるように促したり，この手続きが効果的であるという証拠を家族に提供したりできる。不登校行動に対する介入の早い段階での成功は，この治療手順を他の問題にも将来的に活用するという家族の動機づけをも高めるだろう。

　セッション3と4は非常によく似ている。セッション4はセッション3を発展させたものである。このセクションでは，セッション1と2の内容を再確認しながら，学校の外で具体的な強化子を得るために学校に行かない子どもに対する治療の展開について説明する。さらに，コミュニケーションスキル訓練，断り方スキルの訓練，代替となる契約のアイデア，学校生活のなかで子どもがいくつかの授業に欠席し続ける場合にはどうすればよいか，といったことに焦点を当てる。

問題の解決について相談するための時間と場所を決める

　家族は，現在の契約と次の治療セッションの際に変更するべき点について，家で話し合う時間を定期的に持つべきである。このようなミーティングは週に1〜2回行うのがよい。家族のそれ

> **トピック 7.2　オルタナティブ・スクール**
>
> 　10代の青年が不登校になった場合，通常学級にすべての時間出席することができなくなるもしくは望ましくないと判断される基準を超えてしまうことがあるかもしれない。あるいは，高校の単調な日々がどうしようもなく退屈でただ出席しない場合もある。また，全日制の学校への出席に対する親や学校側のサポートが不十分だということもあるだろう。これらの青年に対しては，オルタナティブ・スクール（フリースクールやサポート校など）を探す必要がある。
>
> 　もちろん，それぞれの学校の学区は違っている。そのため，クライエントのために代替教育を考慮する際には，子どもの参加が認められる地域の担当の学校関係者に問い合わせる。学区によっては，午前中のみ，夜間，週末のみといった定時制の学校もある。職業訓練学校も候補として考えられる。また，自宅と学校双方を拠点とした学校や，サマースクールなども挙げられる。通常の学校に出席することを子どもが望まない場合や，通常の学校への子どもの出席を親やその他の人々がかなり妨害している場合には，オルタナティブ・スクールに参加することは最良の選択だろう。

ぞれに対して，家でのミーティングが前進したかどうかを尋ねる。実際にスケジュールを立てたか，ミーティングを実施したか，ミーティング中の会話や葛藤，同意できた点と不一致だった点，賞賛や侮辱的な言動，特定の誰かが沈黙あるいは欠席していなかったか，改善が必要な全般的な部分について明らかにする。もし重大な問題が生じた場合には，ミーティングの録音を聞いて分析し，敵意的なコミュニケーションがないかを確認する。さらに，ミーティングを変更するか，止めることを家族に伝えることもよいし，セッションにおいてセラピストがより掘り下げた家族療法を行うこともよい。もしミーティングが非常に順調であれば，それを続けるように家族を促す。もし適切な場合，セッション4までに，セラピストと彼らが治療セッションでやっているのと同じように家族がお互い交渉するように促す。このことは，問題解決とコミュニケーションスキル訓練をさらに促進することとなるだろう。

コミュニケーションスキル訓練

　治療におけるこの段階では，問題解決に役立つ交渉スキルの練習をするように家族に促す。これはコミュニケーションスキル訓練の基盤にもなる。コミュニケーションスキル訓練において，言語的な嫌がらせ，敵意，曲解，妨害，放棄などすることなく会話することを家族に教える。この段階で，深刻な葛藤が家族内で生じた場合や，コミュニケーションの問題が契約の過程を妨害しているような場合には，コミュニケーションスキルについて指導する。

　コミュニケーションスキル訓練は，多くの場合はロールプレイとフィードバックを通じて実施される。基本的なレベルでは，家族の誰かが発言したり質問している時には，他の家族は黙ってそれを聞くようにするというようなことを訓練する。最初の発言者に引き続き，次の発言者は前の発言者の発言を繰り返すか言い換えるかして，しっかりと傾聴し，理解したことを伝える。以下に例を挙げる。Cは子ども，Fは父親を表している。

　　　C：友達と一緒に全然何もできない

　　　　F：友達ともっと一緒にいられる時間が欲しいってことかな？

　この最初のステップの間，コミュニケーションにおける基本的な問題を明らかにすることに集中するべきである。たとえば，最初に話している人の発言を遮ったり，誤った言い換えをしたり，役目を果たすことを拒んだり，沈黙したり，ネガティブな関わりをエスカレートさせたりするようなことである。表7.1には，よくみられる発言側や聴く側の問題と，推奨される代替手段について記載した（Foster & Robin, 1997より）。不適切なコミュニケーションがあった時には，可能な限り早期に介入し，必要に応じて修正のフィードバックを与えなくてはならない。その後，それぞれに続けるように促す。

　この段階では，短くて明確なメッセージでの発言すること，傾聴，正しく言い換えることに家族を集中させるべきである。これらのスキルを家族は治療セッション中や家庭内の会話のなかでも練習することができる。もし可能なら，コミュニケーション上の主要な問題についてリストを作るように家族を促す。

問題となっている行動を明らかにする

　これまで同様に，前回の契約について家族と一緒に振り返る。もし契約が失敗に終わっていたら，なぜそうなったかについて詳細に検討する。また，妨害行動がなかったか，問題のある家族内の関わりがなかったか，動機づけが低くはなかったか，その他の契約の成功を大きく妨げる要因がなかったかを探る。問題を明らかにするために十分な時間を使い，もし適切かつ可能であるならば契約を再実行する。たとえば，契約には書かれていないなんらかの問題となっている行動があったという理由で，子どもがもらう資格のある強化子を親が出し渋ることに子どもは不平を持っているかもしれない。このようなケースでは，家族全員が意見を述べることを許されるべきであり，契約への同意は特定の行動に対して限定されているものであることを確認する。状況に応じては，もらう資格のあるごほうびはその日に与えるか，セラピストが契約を再実行するように家族を促すことになるだろう。

　もし前回の契約が成功であったら，家族を十分に褒め，問題は円満かつ効果的に解決できることを繰り返す。これまで同様に，状況の深刻さによって次の契約は，不登校行動に関連のないより複雑な問題についての契約か，あるいは不登校行動を1つ取り入れた契約にする。前述の通り，子どもの不登校行動の程度が深刻であったり，家族の相互関係の問題が深刻であるほど，前者のアプローチを用いるべきである。

　もし家族の改善が非常に進んでいるようであれば，次の契約はより複雑で，子どもが登校することにより焦点を当てた内容でよいだろう。最もよい方法は，家庭内の雑用とおこづかいと登校をうまく結びつける方法である。この方法では，子どもは学校に参加することで直接金銭を得るというよりも，雑用をこなすことで金銭を得る機会を持つことになる。もちろん，この方法は慎重に進められなくてはならず，親の要望や家族の経済的な状況，雑用とそれに伴うごほうびというものが親や子どもに受け入れられるかどうかといった多くの要因を考慮しなくてはならない。家族と一緒に雑用と問題となっている行動のリストを作成し，そのリストを使って新しい契約条件を設定する。

表7.1 よくみられる発言側と聴く側の問題と，その代替方法

問題のある行動	考えられる代替手段
発言者の行動	
非難するような発言，とがめるような発言，防衛的な発言。例：「あなたのせいで気が変になりそう！あなたは門限を守っていないわ」	私を主語とした言い方をする（「もし○○が起こったら，私は○○だわ」。例：「あなたが門限を守らなかったら，私は腹が立つわ」
けなしたり，こき下ろしたり，恥をかかせる。例：「あなたは大した人物にはならないでしょうね」	責任を引き受ける。私を主語とした言い方をする。例：「あなたが留年することを私は心配しているのよ」
発言の途中で遮る	傾聴する。発言したいときには手を挙げるなどのジェスチャーで示す。短く言ってもらうよう発言者に促す。
過度の一般化，破局化，極端な思考，柔軟性のない発言。例：「全く役に立たないあなたが気に入らない」	限定する。一時的な言い方をする（「時々」「かもしれない」）。正確な程度を表現した発言にする。例：「あなたが自分に課せられた雑用をやらないときは，あなたのことが好きじゃないな」
説教じみた言い方，道徳的な言い方。例：「妹と仲良くすることの大切さをあなたにわからせる必要がある。兄弟姉妹との関係というものは家族において非常に大切で，妹とのよい関係性なしにしては成り立たない。私が小さいころは…」	短くて問題を明確にした発言（「○○してほしい」）。例：「あなたとスージーの喧嘩が減ってほしい」
第三者を間において話す。例：「先生，スージーに自分の部屋を掃除してもらいたいのです」	お互いが直接に話す。例：「スージー。自分の部屋を掃除してほしいわ」
話題から外れる	本来の問題に立ち戻る。関係のない問題は将来の話し合いの議題にまわす。
命令する。例：「週末は11時までに，平日は9時までに帰ってきなさい」	その他の解決策を提案する。例：「平日は11時までに，週末は9時までに帰ってくるというのはどう？」
会話を独占する	交互に話す。短く話す。
過去にこだわる。例：「先週は全然宿題をしなかったでしょ」「そんなことない！月曜日にはやった。その後はやらなかったけど」	現在や将来のことに専念する。将来的に問題を解決するような変化を提案する。例：「宿題を間に合うようにできるような方法を一緒に考えましょう」
小難しく話す。抽象的に話す。例：「問題になっているのは親に対する尊敬が欠如していることよ」	明確に話す。10代の人たちがわかるような簡単な言葉を使う。抽象概念を理解するのに役立つような行動について話す。例：「怒った時にあなたが私たちをののしると，私は傷つくし腹が立つわ」
心を読む。例：「ママは私の楽しみを邪魔したいだけなんだわ」	解釈なしにそのまま伝える，言い換える，確認する。例：「ママ。私が楽しんでいるのをママは望んでいないような気がするんだけど，そうなの？」

表 7.1 つづき

問題のある行動	考えられる代替手段
発言者の行動	
心理学的に分析する。例：「根本的に養子に出されるのではないかと不安に思っているから，彼は私たちに言い返すんだわ」	行動を引き起こす状況や，行動の因果関係について調べる。例：「ジョー。一体どの状況があなたを怒らせたのかな？何がわずらわしかった？」
脅す。例：「もし嘘をつくことを止めなかったら，お父さんの家に行ってもらいますよ」	他の解決法を提案する。例：「もしあなたが本当のことを言ってくれるなら，ペナルティの決まりを減らすっていう方法もあるわよ」
聴く側の行動	
馬鹿にする，軽視する。例：「家政婦を雇うなんて馬鹿みたいな考えだわ」	言われたことをそのまま繰り返す，確認する。例：「家政婦を雇えば問題の解決になるかもしれないけど，そんな余裕がないわ」
皮肉なトーンや声で話す	自然なトーンで話す
アイコンタクトを避ける	発言者を見る
そわそわする，落ち着きなく動く，相手が話している間にジェスチャーをする	ゆったりと座る。落ち着きがないことを詫びる
言葉ではあることを表し，ボディーランゲージでは他のことを表す	気持ちに一致した言葉を使う。気持ちを正直に話す。
沈黙を続ける，反応しない	言われたことを繰り返す，確認する，ネガティブな気持ちを表現する

　もし家族が雑用や金銭を用いることに反対であれば，他の強化子と課題を探す必要がある。子どもが最も欲しいと思う具体的なごほうびに焦点を当てる。

　セッション4の間に，登校に関する契約の成功，あるいは失敗について家族と振り返る。今回の契約が登校に特に焦点を当てた初めての契約であることから，契約の成功を妨げた問題については詳細に話し合う。前述のとおり，問題とは家族内での喧嘩，低いモチベーション，妨害行動などである。

　さらに具体的に述べると，多くの子どもは登校に関することが契約に入って来るまでは従順である。この時点になると多くの子どもは，言うことと行動が食い違い始める。たとえば，治療セッション中においては学校へ登校することに同意したにも関わらず，次の日には学校に行かないかもしれない。また，欠席を隠すことがうまくなっている場合，学校に行っていなくても子どもは学校へ行ったと主張するだろう。このような可能性をよく頭に入れ，何が突然の契約の失敗を招いているのかを探るようにする。

断り方スキルの訓練

　契約がうまくいかないときによく見られる理由は，友人が学校をさぼるよう働きかけてくるというものである。言い換えれば，子どもは学校に本心から行くつもりであったかもしれないが，他の人から学校をさぼるように誘われたりけしかけられたりしているというものである。したがって，そういった圧力に耐えられるように，友人の誘いを断るスキルを教えるということが有効な手だてであろう。断り方スキルの訓練は，より建設的な方法で他者と話をするということに焦点を当てていることから，コミュニケーションスキル訓練ともうまく調和する。最初に，学校で友人が何と言って学校をさぼるように誘ってきたかを子どもに説明してもらう。以下は例である。Tはセラピスト，Cは子どもを表している。

ケース例

　　T：そうか。ジャスティン，あなたは昨日登校しようと思っていたんだけど，君の友人が午後に学校をさぼろうと言ってきたんだね？
　　C：うん。廊下で会っちゃって，お昼ご飯に学校の外に出ようってしつこく迫ってきた。結局外でブラブラして午後の授業をさぼっちゃった。
　　T：友達は学校をさぼろうって誘う時にどんな風に言ってきた？
　　C：わからない。とにかくしつこかった。みんなで楽しくやろうぜとか，勉強は後からやればいいとかずっと言ってた。ちょっとの時間昼ご飯のために抜け出すだけだって言ってたけど，結局一日中抜け出すことになっちゃった。

　次に，学校をさぼろうという誘いを適切かつ確実に断ることができる他の言い方を，セラピストと子どもは一緒に考えて作る。他の言い方について話し合う際，ロールプレイとフィードバックを用いる。当然，セラピストは社会的に排除されるかもしれないという不安を子どもが抱えていることを配慮しなくてはならず，子どもの面目をつぶすようなことのない言い方にしなくてはならない。学校への出席の責任を親やセラピストに負わせることで子どもの責任を（一時的に）免除することが，子どもの役に立つ場合がある。また，興味のある授業がある，終わらせなくてはならない課題がある，登校することでごほうびがもらえる，学校をさぼるつもりがない，と友人に伝えるのもよいだろう。この時点では，友人からの圧力への役に立つと考えられる対応の要点見つけるようにし，もし必要な場面があったら学校で実践してみることを子どもに伝える。たとえば，

　　T：よし。ジャスティン，学校をさぼるように友人が圧力をかけてくる状況を避ける方法をいくつか私と話し合ってきたね。私たちはいろいろ考えて，あなたも納得してくれた案は，昼ごはんのスケジュールを変えるというものだね。あなたは昼ごはんをいつもより早めに食べて，彼らとあまり会わないようにする。でも，友人が一日中あなたを追いかけて，さぼるようしつこくいってきたとしよう。あなたは彼らになんて言えばいい？
　　C：わからない。たぶん，行きたくないとか，行けないとか言うのかな。

T：そうだね。そういう風に言えるかもしれないね。でも，はっきりとした理由を言っていないよね。もしあなたが「行きたくない」と言ったとしたら彼らはまだ誘う余地があると考えてしつこく迫ってくるかもしれないと私は思うんだ。あなたが何か特別な理由を伝えるのはどうかな？ 親のこととか宿題のこととか。

C：親のことが言えると思う。実際に僕の場合は親が学校に行けって言うから。それか，科学の宿題を終わらせなくちゃいけないからって言えると思う。それに，「また別の時にね」とだけ言って歩き去るっていうこともできる。

T：すばらしい！ 友人が学校をさぼるように言ってきたら，是非それらの方法を試してみて。これから何日かこの方法がうまくいくかどうか確認しよう。わたしもこの方法がうまくいっているかどうか確認するためにあなたに電話をしますね。

　登校に関する契約の成功を妨害する主要な原因が友人からの圧力である場合には，断り方スキルの訓練が最も役に立つ方法である。また，これらのスキルは欠席に関連する可能性のあるドラッグの誘いを断るにも有用である。しかし，もし契約の失敗が，単純に子どもがセッション内ではセラピストや親への「リップサービス」として契約に同意したということであれば，断り方スキルの訓練は役に立たず，より徹底した別の方法が必要であろう。

契約書を作成する

　これまで同様に，契約が全員に受け入れられるように相談し，歩み寄り，確約を得られることに力を注ぐ。わかりやすくて適切な解決法，効果的なごほうびとペナルティ，抜け道を塞ぐこと，期限を設けること，変わろうという気持ちになることに焦点を当てる。このセッションで作成する契約は，これまでの契約と非常に近い内容でありながらも，必要に応じて変更するべきである。また，コミュニケーションスキル訓練を問題解決や契約の手順に結びつけるような試みもするべきである。たとえば，家族が集まって次の契約について相談する際に，傾聴や繰り返しの練習を一緒にさせるのもよいだろう。すでに述べた問題（「問題となっている行動を明らかにする」参照）に基づいた契約書の例を図7.2に示した。

　この段階において，全校時への出席を促す必要はない。子どもが好きな授業にまず一日のうちいくつか出席することを勧めるのがよいだろう。たとえば，朝の10時に登校し，午後2時に下校するといったように。後に全校時登校できるような基盤を作るようにすることは，学校の外で時間を過ごすことが多かった生徒を含めて，全ての子どもにとって受け入れやすい方法である。もちろん学校の許可が必要な場合には，学校側に対して遅い登校と早い下校時刻について説明し，許可をもらうべきであろう。

　もし家族が，登校と金銭を結びつけた契約を受け入れがたいと考えている場合には，他のアイデアを提案することもできる。たとえば，門限の時間を延ばす，友人と遊ぶ時間を増やす，家事の手伝いを減らす，一人で食事をしたり友人と食事をする，買い物をする，ゲームをしたりや映画を見る，学校に車で送ってもらえる，食べ物をもらえる，などである。

契約書のサンプル

特権	義務
概要	
家族内の葛藤が減ること,および不登校行動の解決と引き換えに,家族全員が	この契約を維持することに可能な限り懸命に努力し,治療の全てに参加する努力をする
詳細	
次のセッションまでの間に約束の雑用をこなしたことに対してごほうびを与えられる権利と引き換えに,(子ども)は	次のセッションまでの間,全校時登校する
もし(子ども)がこの義務を果たさなかったなら	ごほうびなしに約束の雑用をしなくてはならない
部屋にラジオとテレビを持ち込んでもよいという権利を得ることと引き換えに,(子ども)は	朝の7時に起き,7時40分までに着替えて朝ご飯を食べ,8時までに顔を洗い歯を磨き,8時20分までに学校へ行く準備を終わらせる
もし(子ども)がこの義務を果たさなかったら	ラジオとテレビを取り上げられ,一日家にいなくてはならない
5ドルのごほうびと引き換えに,(子ども)は	次のセッションまでの間,リビングに掃除機をかけ,トイレの掃除をする
もし(子ども)がこの義務を果たさなかったら,あるいは不適切なやり方で義務を実行していたら(親によって判断される),	ごほうびは支払われない

(子ども)と親は,この契約条件を維持することに同意し,毎日この契約書を読み,イニシャルをサインする。

(子ども)と親の署名:

_____

_____ 日付:_____

図7.2 契約書のサンプル②

契約を実行する

　この契約書の例は,家族が満足のいく形で進展している,とセラピストが現時点において感じている場合に適切な例である。もしそのように感じられない場合には,セッション1と2の手順をもう一度繰り返す。最初はこの契約の期限は短くして,3～5日以内に次のセッションの予定を入れるようにしなければならない。これは,家族が契約を実行するために必要な時間であり,セラピストが何らかの問題が生じた際に介入するに適切な時間でもある。**多くの場合,登校に取り組む最**

トピック7.3　警察への通報

　年少のうちに学校を離れてしまう子どもの親が，学校や警察に連絡すべきかどうかをセラピストに尋ねることがあるかもしれない。小学校の低学年の子どもの場合そういったことは必要なことである。中学年や高学年の生徒の場合には，はっきりとは言いがたく，臨床上の判断が必要な場合がある。しかし，親が子どもの居場所を把握できていない，あるいは子どもが薬物使用，無防備な性交渉，無謀な運転，違法な行為などに関与している場合には，学校や警察と連絡をとることを勧める。

　学校を離れた年少の子どもの居場所をもし親が把握できているような場合には，**親が子どもを探し出し，可能なら学校に連れ戻す**ように勧める。学校がある時間に学校外で楽しみを得るということを経験させないことが重要である。また，契約の規定に従ってこういった行動に親はペナルティを与えるべきである。もし子どもが学校をさぼり続けるようであれば，登校と授業の間は誰かが子どもに付き添うことを検討する。

初の契約の実行が最も難しい。それゆえ，家族に対するセラピストのフィードバックによるサポートがこの段階では重要になる。適切な場合は，これまでの契約に含まれていたもの（たとえば，門限）をまた使用するのがよいだろう。

子どもの登校に付き添う

　契約にも関わらず，期限が来ても契約を実行しようと未だに子どもがしていないことがある。たとえば，多くの子どもは登校に同意し続けるにも関わらず，友人からの誘いがなくとも学校をさぼったりするだろう。結果的に，契約から得られる適切なごほうびは支払われることはなく，子どもは学校の外で適切ではない強化子を得続けることになる。

　そういったケースでは，誰かが一日中授業の間に子どもに付き添う必要があるだろう。学校関係者が一日中子どもを見守り続けるということはしばしば難しく，親のうちどちらか（あるいは，信頼できる他の大人）が，付き添う必要がある。当然ながら，これは多大な労力と時間を費やすこととなる。しかし，登校を確実なものとし，子どもが適切なごほうびを得ることができるという理由から，この手順は効果的である。治療における現段階においては，登校に関する契約がうまくいかない場合に考慮してもらうように，この手順を軽く家族（子どもも含めて）に提案しておくだけでよい。登校への付き添いについてほのめかすだけで，学校に家族が来る恥ずかしさから，契約への子どもの取り組みがよくなることもある。しかし，もし至急に登校できるようにならなくてはならないという理由があるようであれば，付き添いはすぐに実行しても構わない。その際には，親はセラピストと十分に手順について相談してから実行する。

ホームワーク

■次のセッションまでの間に1〜2回非公式の形で家族がミーティングを持つことを続ける。現在の契約のうち，まだ問題がある部分やその最も効果的な解決方法について話し合う。どんな風に家族がコミュニケーションをしているか，何が変わったかについても話し合う。で

■きればセラピストのために会話を記録する。適切にコミュニケーションスキルを実践する。
■次の契約で扱う問題と解決案について考える。
■現在の契約を遂行し，必要であればセラピストに連絡をとる。
■友人に断り方スキルを使ってみる。また，必要に応じて登校の付き添いをする
■記録日誌に書き込むことを続ける。その週に起こった何か特別な問題や状況を書きとめる。
■徐々に登校の程度を増やしていく。**第4章のトピック4.6は子どもが徐々に再登校できるようになるための他の方法が書かれており参考になる。**そのなかに以下の5つの方法が紹介されている。①午前中の一定時間登校するようにし，それから徐々に時間を増やしていく。②通常学校が終わる午後2時を下校時刻にし，そこから遡って徐々に学校にいる時間を増やしていく。③昼食だけ登校し，それから徐々に昼食の前後の時間を増やしていく。④一日のうちの好きな授業や気に入りの時間だけ登校し，そこから徐々に時間を増やしていく。⑤図書館のような教室以外の学校の場所に登校し，それから徐々に教室での時間を増やしていく。

セッション5・6：治療をさらに深める

セッションの概要

■家庭内で実施された家族ミーティングを振り返る

　セッション5と6では，治療の応用的な展開が行われる。つまり，家庭内で実際に起こっていることや問題を維持させているものが何であるかを詳細に分析する。この時までに，全ての日常的な手順（家族ミーティング，契約，断るスキル）が「稼動」し，家族の状況にうまく合っている状態になければならない。この段階では，セラピストは極めて直接的に未だに残されている問題が何かを話すべきである。そして，治療の成功を妨げているもの（原因となる可能性があるものも含めて）を確実に変化させる。さらに今後のセッションでは，より創造的であることが要求され，セラピストと家族は本書にあるテクニックを工夫して修正する必要があるかもしれない。たとえば，家族コミュニケーションの増進や学校をさぼる誘いを断ることへの援助といった契約について，セラピストや家族は創造的になる必要があるだろう。

　セッション5と6は非常に似ており，セッション6は5を拡張させたものである。契約を結ぶことの基本的な要素（問題を明らかにし，解決策を相談する）は，今回のセッションのなかでも続けて行われる。コミュニケーションスキル訓練や断り方スキルの訓練といったその他の手順も，続けてもよい。ゆっくりとした速度で前進している子どもにとっては，これまでの手順を繰り返す方が適切であろう。

問題の解決方法を相談する時間と場所を決める

　家庭内で実施した家族ミーティングについて振り返る。特に，問題解決の過程で家族がどれくらい上手に相談することを練習したかを確認する。もし必要性があれば，ミーティングの録音テープを分析する。お互いに傾聴ができているか，お互いの言語的メッセージを正確に繰り返すことや言い換えることができているかを確認する。これまでと同様に，発言を遮る，間違った言い換え，沈黙，敵意的な関わりがないかを確認する。もしあれば，家族内のコミュニケーションで現れている主要な問題のリストを読み返し，この場で取り組む。コミュニケーションスキル訓練の早期の段階でもし家族がつまずいていたら，これまでに説明した傾聴と言い換えの手順にもう一度焦点を当てる。もし家族が非常に程度の大きいコミュニケーションの問題を抱えているのであれば，より広範囲におよぶ家族療法の実施や他の問題について検討することが適切であり，ここで説明される手順を補ってくれることになるだろう。

コミュニケーションスキル訓練の応用編

技　法

　ここ数日もしくはセッション内において，家族が傾聴や言い換えの技法がうまく用いることができていれば，コミュニケーションスキル訓練の次の段階に進んでよい。次の段階は，敵意の無い会話である。まず，会話中に避けるべきことをルールとして提示する。中傷しない，侮辱しない，嫌味を言わない，不適切な提案をしない，叫ばない，といったことである。もしこういった行動が問題ではない場合には，アイコンタクトがない，明確でない言い方をする，というようなより深刻ではない問題を明らかにする。

　家族内での会話は，最初は短くし，一対一に限り，セラピストが近くでしっかりと見守るべきである。前述のロールプレイやフィードバックの手順を用いる。家族同士で話す前に，まずは家族のうちの誰かとセラピストが一対一で会話をしてもよい。次にあげるロールプレイは，10代の息子に対して話す父親役をセラピストが演じている。このテクニックは，もし互いに深刻なコミュニケーションの問題を持っている，あるいは長い間コミュニケーションをしてこなかった場合に特に有益である。このテクニックの目的は，他の家族を利用して（この例では父親）適切な会話を真似るということである。

ケース例

　　　C：どうして学校へ行かなくちゃいけないのかが僕にはわからない。僕はもう16歳なのに，みんな小さな子どもみたいに扱う。
　　　T：（父親役を演じていて，子どもをしっかりと見つめる）君は怒っているみたいだけど，そうなのかい。
　　　C：うん，そうだよ。どうしてみんな僕をほっといて，好きなようにさせてくれないの？

T：もっと詳しく話してくれる？ 君が言っていることがよくわからないんだ。
C：僕はもっと友達と一緒に過ごしたいんだ。僕が外出したいときにいつでも外出できるようにするべきだ。
T：なるほど。君は制限されているように感じていて，友達と一緒に過ごす時間もないって感じているということだね，合っているかい？
C：そうだよ。家でやるべきことをやってから，イライラせず外出するっていうのはだめ？

　この短いロールプレイの後に，全員に対して会話のなかの適切な行動についてフィードバックする。重要なポイントは，落ち着いた口調で，口を挟むことなく，相手の立場を理解して，正しい言い換えをして，侮辱したり偉そうに言ったりしないことである。この例では，セラピスト（父親役）は評価的，防衛的な態度ではなく子どもからの情報を集めていた。このようにして，問題（この例では，友人と一緒にいる時間）が明らかとなり，正しく定義されて，否定的な感情は適切に発散される。
　このフィードバックの過程では，家族が持つどのような疑問も明らかにする。この一対一の子どもとの会話における，傾聴などのいくつかの重要なポイントの補強練習をする。そして，セラピストは家族内の当該人物（今回は父親と息子）に直接短い会話を交わすように言う。念入りにこの会話を観察し，もし問題があるようなら口を挟み，フィードバックをする。以下に例を示す。

ケース例

C：さっきも言ったように，僕はいつもイライラしてるし，友達と一緒に過ごす時間が足りないよ。
F：理解できない！ 君はいつも友達と一緒にいるじゃないか。
T：ウィリアムスさん，息子さんが言ったことをただ繰り返すということをやってみてくれますか。
F：息子は，友人と過ごす時間が足りないって言っています。
T：そうですね。息子さんが一体何にひっかかっているのかを正確に掴むようにしましょう（身振りでも示す）。
F：わかりました。本当は一体何が気になっているんだ？
C：僕は自分の分の雑用も宿題も終わらせてる。だから，友達に会いに行くのを許されるべきだ。今はもっと学校に行かなくちゃならなくなったから，友達に会う時間が減っちゃうんだ。
F：わかった。どれくらいの時間友達と会うのに必要なんだい？（セラピストはこの発言を支持していることをうなづいて知らせる）
C：わからないけど，夜に2〜3時間くらい。それが何だって言うのさ？
T：ジョン，質問に答えることにだけ専念しよう。嫌味な言い方やとても否定的な発言はしないようにしてみよう。

　　　　C：わかりました。僕は少なくとも夜に2〜3時間くらい友達と過ごす時間が欲しい。週末は出来ればもっとたくさんの時間欲しいけど。(セラピストはうなずく)
　　　　F：そうか。じゃあ，平日は雑用と宿題と夜ご飯が済んだ後の2時間ってことだな。合っているかい？
　　　　C：うん，そうだよ。

　適切な会話を練習するために，別の問題についての一対一の対話も紹介する。セラピストは，次のステップに進むためにはこの短い会話をどれくらい続ける必要があるかを伝える必要があるだろう。次のステップは，別の組合せでの一対一の会話（たとえば，母親と子ども）かもう少し多い人数での話し合いの場面となる。たとえば，特定の親と子どもとの対話がうまくいくようになったら，もう一方の親が加わってみるとよいだろう。しかし，コミュニケーションの過程にダメージを与えるような過度に強い同盟関係は排除するように心がけるべきである（たとえば，親 vs. 子ども）。敵意的な発言といったような問題が生じた際にも，優しく介入し，フィードバックを与える。以下に例を示す。

ケース例

　　　　C：友達と会っているときは，自分のしたいようにしていいはずだ。
　　　　F：そうか。つまり，もっと自由にやれるようなりたいっていうことかい？
　　　　C：そう。うん，そうだよ。僕はもうほとんど大人なんだから。
　　　　F：そうか，君はもうすぐ大人になるんだから…
　　　　M：（父親に向かって）フランク，彼はまだ大人じゃないのよ。
　　　　F：わかっているよ。でも，ジョン自身は大人になりつつあるって感じているんだ。(子どもの方を向いて) そうだろ？
　　　　C：そうだよ。だからもっと好きにさせて欲しいんだ。
　　　　M：あなたの好きなようになんてできませんよ。お父さんと私があなたのやっていいこといけないことを相談して決めます。
　　　　T：ウィリアムスさん，ジョンが言ったことだけに専念して言い換えてみてください。そして，そのことについてもっと情報を集めるようにしてください。
　　　　M：わかりました。彼は，彼のしたいようにさせて欲しいと言いました。(子どもの方を向いて) どういうことをしたいの？(セラピストはうなずく)

　傾聴と言い換えができるようになり，それほど問題なく短い会話をうまくできるようになったら，コミュニケーションスキル訓練はさらに次の段階へと進む。自然な会話のなかでなされるような発展的な会話を練習する。これまでと同様に，ロールプレイとフィードバックを利用し，発展的な会話の最初のデモンストレーションはセラピストと家族の誰か一名が行う。家族がこの会話の練習をする際には，近くで見守り，否定的なコミュニケーションを明らかにする。また，賞賛やその他の社交辞令をもっと増やすように家族を促す。発言をより肯定的な伝え方のものになるように家族を

援助することに焦点を当てる。たとえば，「時間ぎりぎりに宿題を終わらせたわね」というような言い方は，「時間までに宿題を終わらせたのが嬉しいわ」と言い換えられるだろう。

潜在的な問題

いくつかの要因がコミュニケーションスキル訓練による即時の効果や効果そのものを妨害することがある。悲観主義，ある反対意見者からのひどい扱い，沈黙などがその要因である。深刻な不登校のケースの多くは，家族は数カ月か数年にわたって諍いを続けている。その結果，否定的なパターンの会話は定着し，家族は変化することに対して悲観的になってしまっている。まず，悲観主義に陥っている状況においては，基本的なレベルではお互い興味を持つことができており，それは将来の変化への期待の表れであるとみなすことが大切である。それゆえ，このレベルにおいても練習することは必要であろうし，その場合は単純な肯定的な会話ができることが現実的な最終目的となるだろう。2つ目は，ある人が家族内の他の一人に対して会話中に批判を続けている場合の問題である。そういった状況では，片方に話をさせて，その発言をセラピストが言い換えて一方に提示するという形で媒介者の役目を担う。そうすることによって，家族内で生じている他の敵意的な会話を引き起こし続けている未解決な問題をも明らかにすることができる。3つ目に，もし沈黙が問題であれば，よく話すことができる人たちに焦点を当て，その人たちの会話を黙ったままの人に観察させるようにする。黙ったままの人との一対一の面接では，ラポールを形成するようにし，参加することのメリットを伝え，可能な限り治療過程に引き込むようにする。

短い期間の間に家族内の敵意的な会話がすべて完璧に変化させるということは難しい。しかし，治療における現段階では，何がよい変化をもたらし，何がよい変化を妨げるのかを家族は理解していなければならない。また，家族はお互いに傾聴する技術や言われたことを正確に言い換える技術は身につけるようになるべきである。こういった新しいコミュニケーションの方法を家庭での家族ミーティングや新しい契約書を作成する際にも用いるようにしなくてはならない。もしそれがまだできていなかったなら，これまでのセッションで説明した手順をもう一度説明する。さらに，家族の肯定的な会話を妨げているその他の問題や家族ダイナミクスを，別の方略かあるいはより強力な家族療法の手順を用いて検討する必要がある。

問題となっている行動を明らかにする

前回の契約の成功あるいは失敗について家族と振り返る。これまで同様，契約成功の妨げとなった問題について詳細に調べる。たとえば，契約の成功をしばしば妨げる要因として学校外の友人との活動が挙げられるだろう。契約を邪魔する力を持つ活動は，程度の幅が広く，小さな程度（たとえば，少しの時間ファストフード店で昼食を食べる）から，中程度（たとえば，午後いっぱいショッピングモールぶらぶらする），大きな程度（日中のパーティ，薬物の使用，性的な行為，長時間に渡るギャンブル）まである。治療における現時点では，セラピストと親は，契約の成功を遅らせるものは何か，平日に子どもがどこにいるのか，何をしているのか，ということを知っていなければならない。もし知らなければ，原因として考えられるものや子どもの活動について詳細に話し合

う。たとえば，親は子どもの行動をより綿密に観察し，より早く問題に対応する必要があるだろう。

　もしこれらの活動が登校の契約を阻害し続けるようであれば，より本格的な方法をとる必要があるだろう。それは，登校契約を遂行することに対するより強力なごほうびや，遂行しないことに対するより厳格なペナルティ（家族みなが同意したならば），日中の親からの指導を増やすこと，法的な介入（たとえば，親が違法薬物のパーティを警察に通報する）などである。しかし，この種の法的な介入は，治療過程においてよい意味でも悪い意味でも多大な影響を及ぼすため，十分に考慮した上で慎重に用いなくてはならない。もし実際的で適切であるならば，セラピストは地元の警察か弁護士に連絡をとり（許可を得てから）情報を渡し，ケースについてアドバイスをもらうべきである。当然，なんらかの合理的な理由で児童虐待を疑われた際には，セラピストにも報告義務があることを考慮しなくてはならない。

　登校に関する契約を妨げるもう一つの原因として，朝起きられないことが挙げられる。これは，学校の外で過ごすことがあり，朝早く起きることに慣れていない子どもにより顕著に見られることがある。多くの若者にとって，起きることが困難だということは正常で一時的なものである。それとは別に，医学上の問題を抱えていたり，注意が必要な睡眠障害を抱えているという場合もある（もしそうであれば，アセスメントと治療のために適切な医者か睡眠障害を専門としているクリニックに相談する）。よくある子どもと若者の睡眠の障害について**表7.2**（Durand, Mindell, Mapstone, & Gernert-Dott, 1998 より）に示した。

　また，非常に遅くまで起きていたために十分に睡眠がとれなかったという場合や，あるいは学校に行かないために疲れたように装う場合もある。このようなケースでは，セラピストと家族は子どもをベッドから引き出し，登校の準備をさせる画期的な方法を考える必要がある。朝と夕の日課と就寝時間を設定したり（第6章参照），決めた時間に起きられればごほうびを増やしたり，目覚まし時計を早めにセットしたり，子どもを起こすべく絶え間なく親が声をかけたり，遅くまで起きていてもよい代わりに自分で歩いて登校するようにさせたりする。しかし，後半の方法については，これまで以上の監視が必要となる。また，ベッドから転がり落とす，冷たい水をかけるといったもっと強烈な方法を試す親もいるが，そのような非常に強制的な方法は勧めない。むしろ，問題を解決するにはどうすればよいかを子どもと相談し，次の契約にその内容を組み込むようにするのがよい。

　治療のこの段階においては，家族は契約において問題となっている行動を明らかにする技術を習得しているべきである。家族のそれぞれは，問題となっている行動（たとえば，不登校，友人との時間が不十分，寝坊）をどうやって明らかにするかについての意見や，適切なごほうびやペナルティについての意見を言えなくてはならない。もしそれができていないようであれば，これまでのセッションで説明した方法を繰り返す。

　最後に，家族と子どもと共に，欠席していた間に蓄積された学校の課題を埋め合わす方法を考え出し，適切な学業成績を維持するようにする。そのなかには，放課後のプログラム，補習，宿題を見てもらう時間，日々の報告カード，毎週の報告書，授業スケジュールの調整，課題をもらうために教師に会う時間なども含まれる。登校継続の優れた予測因子としては，学業成績の良さがしばしば挙げられる。課題をうまくこなすことができる子どもの方がより教室に居続けやすい傾向にある。治療が進むにつれて，学業上の問題やその解決法についても明らかにするようにし，それらを分け

表 7.2　睡眠の障害に適した介入

睡眠の治療	説　明
就寝時間を徐々に合わせる	就寝時間の乱れ，あるいは就寝と起床のスケジュール管理が難しい場合用いる介入方法。まず，子どもにとってほとんど問題なく常に眠りに落ちる時間（たとえば 11 時 30 分）を親は就寝時間に設定し，徐々にその時間を 15 分刻みで望ましい時間になるまで早めていく。
認知	このアプローチは，眠りに対する非現実的な予想や信念（たとえば「毎日 8 時間寝なければならない」，「8 時間眠れなかったら病気になってしまう」）を変化させることに焦点を当てる。セラピストは，正常な睡眠量や睡眠不足を補うことができる人間の能力といった内容についての情報を提供することで，睡眠に対する信念や態度を変化させる。
認知的リラクセーション	眠ることができなくて不安になる際に用いる。就寝時や中途覚醒時に瞑想やイメージを用いてリラックスする方法である。**年長の子どもや青年により適応できる。**
就寝時の手順を決める	就寝時間の 30 分前からするべき，眠りに誘う行動（たとえば，お風呂，本を読む）をしっかりと決めて変えない。**入眠困難を抱えている全ての年齢の子どもに用いることができる。**
段階的消灯	就寝時にぐずったり，夜泣きのある子どもに用いる。子どもが自力で眠りに落ちるまで，親は子どものベッドルームを確認に行き，その確認の間隔時間を徐々に長くしていく。
逆説的志向	この技法は，本来望むべき行動と逆の行動を教示する。眠れないと言うことの不安から解放するために，ベッドに横たわって可能な限りの時間起きているよう寝つきの悪い人に伝える。
漸進的リラクセーション	眠気を引き出すために体の筋肉をリラックスさせる技法。
計画的な目覚め	中途覚醒を繰り返す子どもに用いられる。子どもが夜よく起きてしまう時間の約 60 分前に子どもを起こす。睡眠が深い段階から起こされた場合にはすぐにまた眠りに戻るということを子どもに教えるのにこの方法は役立つ。
睡眠衛生学	日中の習慣が夜の睡眠を妨げる場合がある。睡眠によくない影響を与える，カフェイン，ニコチン，アルコール，寝る直前の運動，ある種の食べ物，薬について教える。
「睡眠」の条件	実際に眠っている時間だけ睡眠時間とする。ゴロゴロと寝返りをうって寝ようと努力した時間は含めず，眠っていた時間だけを睡眠量とする。
刺激統制	眠い時だけベッドに入り，眠るためだけにベッドを使うようにさせる（読んだり，テレビを観たり，食べたりしてはいけない）。もし眠れないときにはベッドから離れ，眠った時間に関係なく朝決まった時間にベッドから出る。

契約書のサンプル

特権	義務
次のセッションまでの間に，平日は夜2時間（午後6時半～8時半），週末は夜3時間（午後7時半～10時半）友人と遊んでもいいということの引き換えに，（子ども）は	登校に関する契約のすべてに従い，どこに行くのかを出かける前に親に伝え，もし友人と会って場所を変えるときもそれを報告する
その義務を（子ども）が怠ったら，	2日間夜は外出禁止となる
（子どもは）友人と一緒にいるときに違法な活動に関わらない。もしこのことを（子ども）が守ることができなければ，	この契約は終了し，（子ども）は次の治療セッションまでの間，夜は外出禁止となる

（子ども）と親は，この契約条件を維持することに同意し，毎日この契約書を読み，イニシャルをサインする。

（子ども）と親の署名：

_____

_____　日付：_____

図7.3　契約書のサンプル③

て契約に組み込むよう家族を促す。

断り方スキルの訓練

　治療における現時点では，子どもは，学校に行かないよう誘う友人にどう対応するかを知っていなくてはならない。特に，馬鹿にしたり拒絶するような態度ではなくそういった誘いを断る決まった言い方や会話の方法を知っているべきである。また，学校から離れることを誘惑するような刺激が何かを理解し，それを避けることができるようにもなっているべきである。

　しかし，友人からの圧力が未だに問題として残っているようであれば，子どもの断るスキルを確認し，それを用いているかどうかを確認する。もし必要かつ可能であれば，学校の特定の場所を避けたり，特定の友人と話さないようにしたり，図書館で宿題を終わらせるといったような他の対処スキルを学ぶようにするべきである。また，友人についてや学校をさぼる誘いを断ることについての，子どもが持っている何らかの間違った思考を修正する認知再構成法の手順を用いることも望ましいだろう。たとえば，学校をさぼる誘いを断ってしまった後，友達ではなくなってしまったり，馬鹿にされたり，屈辱を感じたりするのではないかと心配していることがよくある。もしそういったことが実際に起こる可能性があれば，認知再構成法は有効な方法ではないだろう。しかし，もし何の合理的な根拠もなく誘いを断ることを子どもが恐れているのであれば，社交不安の子どもに対

> **トピック 7.4　起床に関する問題**
>
> 　一部の10代の若者にとっては，朝起きることが非常に困難なために登校できないことがある。もしクライアントがこのような問題を抱えていたら，十分な睡眠を確保させる。その際には以下の事柄が役立つだろう。
> - 眠るためだけにベッドに入る。本を読んだり，テレビを見たり，電話をしたり，宿題をするといった活動はベッドの上ではしない。
> - ベッドに入ったら，起床時刻の8時間か9時間前程度の早い時間から電灯を消す。
> - 就寝前のカフェイン，ニコチン，アルコール，運動は避ける。
> - 就寝前にリラクセーションをする（第4章参照）。
> - 就寝前の毎日の決まりを実行する。電灯を消す30分前からそれを始める。
> - 少なくとも就寝時刻の2時間前に門限は設定する。
> - もし必要であれば，睡眠薬について親が小児科に相談するよう促す。
>
> 　親が非常に早く起き，スヌーズアラームのように段階的に子どもを起こすことはお勧めである。たとえば，もし子どもが朝の6時に起きなくてはならないのであれば，親は朝の5時15分に起き，5時30分，5時40分，5時50分，5時55分に子どもを起こす。その際に，起床まで後何分かを子どもに知らせる。部屋中に響く大きな音のアラームをセットする。それでも子どもが起きない時は，5分ごとに話しかけ続け，眠ることができないようにする。また，起床に関するごほうびとペナルティを契約に取り込むのがよい。親が諦めて，子どもをずっと寝かせておき，登校ができない状態にさせてはならない。最終的に子どもが起きて，1時間遅れて学校に行ったとしたら，それは学校にほとんど行かなかったり，完全に行かなかったりするよりずっと良いことなのである。

する認知的技法（第5章）は役に立つだろう。

契約書を作成する

　登校に関する前回の契約が不成功であったなら，効果的な契約を作り出すことを邪魔した未解決の問題は何であるかを調べる。もし契約が成功であったなら，セラピストは契約をさらに新しいものにすることを家族に依頼したいと思うだろう。しかし，親や子どもが希望し，全員が同意することで契約は変更となる。また家族は，友人と一緒にいる時間（**図7.3**参照），過眠，学業上の問題といった他の問題を明確にする二つめの契約書を作成するのがよい。そうすることによって，各問題を詳細に明らかにでき，全員が受け入れやすい解決法が導き出される。

　治療における現段階では，家族は特定の問題についてのよい契約をまとめられるようになっていなくてはならない。また，もし可能なら，契約書を作成する過程でよいコミュニケーションスキルを練習するよう全員に促す。たとえば，次の契約に組み込む改善可能な事柄についての短い一対一の会話をやってみる。可能なかぎり多くの家族がこの過程に取り組むことができるようにする。

契約を実行する

　これまで説明してきた手順にそって，登校あるいはそれ以外に関する契約を実行する。セッショ

ン6の最後までには，家族は，契約に関連する問題を理解し，それらを明確にすることができるようになるはずである。もしそうならなければ，そのスキルをさらに治療セッション内で学ぶようにしなくてはならない。なぜなら，この領域の問題は将来的に再発する可能性があるからである。契約を壊すように見えるものすべてについて話し合わなくてはならない。特に，低い動機づけや，親側の妥協といった問題を吟味する。

子どもの登校に付き添う

　学校で授業と授業の間に子どもに付き添うことが必要であると親が感じた場合，その子どもが登校することでごほうびを受けるようにしなくてはならない。さらに，もし子どもが学校から離れたら誰に連絡をとるのか，どうやって親は付き添いから徐々に引き上げていくのかということをセラピストは親に教える。現段階でこれを行うことは，親のモチベーションを見極める良いテストとなり，セラピストからの自立を促すことになる。一般的に，親は子どもを見守るようにお願いしたり，子どもの報告をすることを通して，学校関係者（たとえば，教師，カウンセラー，子ども調査官，警備員）を次第に頼るようになる。この方法によって，子どもは登校を常に確認されている状況になる。可能な限りたくさんのごほうびやペナルティを登校や不登校に関連した行動の直後に与えるようにする。

　不登校行動が長く維持される場合には，契約の実行，ペナルティの管理，学校や授業への付き添いを続けることが困難となることがある。そのような際には，家族の誰かが罪悪感や欲求不満を感じたり，家庭内の葛藤が起こったりする。ある一週間の間は，不登校を解決することに強く焦点を当てることを続ける。しかし，家族は結束力や楽しみを持ち続ける必要もある。たとえば，不登校が持続するケースでは，週末は治療の手順は無視して，家族が一緒に何か楽しい活動をするということが必要であろう。セラピストはこの段階における家族の状況をよく把握し，何が最も適切であるかを臨床的に判断しなくてはならない。

ホームワーク

- 次のセッションまでの間に1〜2回非公式の場で家族が相談することを続ける。必要であればセラピストのために会話を記録する。現在の契約の問題や効果について話し合う。適切で必要であればコミュニケーションスキルを練習する。
- 次の契約に関わる問題と解決案について考える。契約の成功を妨げるものを減らすような方法を続ける。
- 適切に断り方スキルを用いることを続ける。
- 契約を遂行し，必要であればセラピストに連絡をとる。
- 記録日誌に書き込むことを続ける。その週に起こった何か特別な問題や状況を書きとめる。

セッション7・8：治療を終結する

　セッション7までに，治療の手順は重要な部分で変化させ始める。まず，治療の終結が近づくにつれて，治療の方法は子どもの環境において自然なものにより近づけるようにすることが大切である。たとえば，子どもは「ブツブツ」言われたり，強制されたり，付き添われたりしないで学校へ行くようになるべきである。可能であれば，子どもに対して与えられるごほうびはより自然なものにするのがよい。また，家族はセラピストに頼らないようにして契約の内容を家族で相談するよう練習するべきである。しかし，子どもの登校を導くという治療の手順から家族が外れ過ぎてはいけない。

　次に，子どもの登校に関する問題が，完全にあるいはほとんど解決された場合には，他の関連した領域の問題に治療は拡大適応してもよい。たとえば，問題が残っている時間（たとえば，週末），や行動（たとえば，言い争い）についての契約を作成してもよい。しかし，子どもの不登校の問題がうまくいくまではこういった治療の展開は控えるようにする。

　いろいろな意味で，セッション8はセッション7で行ったことの延長線上にある。治療の手順はまとめに入り，最後の問題が話し合われる。近い将来と遠い将来に起こりうる問題となっている子どもの行動やその他の問題を最もうまく対処する方法についての提言を作成するべきである。落とし穴を回避するためのリストを作成し，長期的なフォローアップの連絡とブースターセッション（第8章参照）のスケジュールを決めてもよい。

問題の解決について相談するための時間と場所を決める

　家庭で行われた家族ミーティングを振り返ることを続ける。特に，相談やコミュニケーションをいかに上手に練習できたかを調べる。もしあれば，コミュニケーションのなかで表れる家族の大きな問題のリストを振り返り，それらを明らかにする。問題を解決することや契約書を作成することが未だに家族にとって困難であるようならば，別の領域での相談やコミュニケーションを修正できるようにこれまでのセッションの資料を見直す。

　相談とコミュニケーションのスキルを家族にしっかりと身につけさせ，仮説的な問題を家族に提示して，それについて話し合ってもらう。特定の誰かが議論を独占していないか，問題のある側面が見落とされていないか，妨害などのコミュニケーションの問題が生じていないか，ある問題について家族が発言をためらうようなことはないかを確認する。

　子どもの登校がほぼ定期的になされるようになったなら，家族内のミーティングや相談やコミュニケーションのプロセスは現状を維持する。もし他の領域の問題が残っていれば，それを明らかにすることを始める。たとえば，不登校に関する葛藤を解決することは上手であるが，それ以外の領域のことを解決することが苦手な家族もいる。夫婦間の問題，子どものその他の問題となっている行動，家族外の活動，経済上のこと，きょうだいの行動に関する争いがしばしば続くことがある。必要ならば，そういった問題に対しても相談やコミュニケーションのスキルを展開することが望ましい。このような他の問題を家族が適切に処理することができなければ，不登校の問題は再発する

可能性があることを伝える。

　セッション8までに，家庭で実施している家族ミーティングを振り返ることや，家族内での相談やコミュニケーションのスキルの詳細を振り返ることを終結させる。セラピストは，お互いが適切に話すことについての概要を家族に伝える（たとえば，中傷しない，嘲笑しない，侮辱しない，邪魔せず傾聴する，言い換える，短い会話）。セッション3と4で提示されたコミュニケーションの問題や，家族内の特定の側面や元々の問題に基づく概要を伝える。そうすることによって，特定の相談やコミュニケーションのパターンが子どもの登校を促進するということに目を向けるようになる。単純，明快，相手を尊ぶ，会話は交互にといった相談やコミュニケーションにおける基本的な事項をもう一度家族に確認する。

　比較的穏やかな家族内の雰囲気が維持されるようになると，コミュニケーションのパターンが元に戻りやすくなるということを家族に警告する。特に，主張するために沈黙したり怒鳴ったりすることに陥りやすいことを伝える。また，子どもの良い行動を親が当然のことのように扱い，ごほうびをあげることを忘れてしまったり，深刻な行動上の問題が生じるまでペナルティを与えないようになってしまう可能性もある。そういった逆行を妨げるために，家族でのミーティングを定期的に続け，治療過程で学んだ相談とコミュニケーションのスキルを練習し続けることを促す。

問題となっている行動を明らかにする

　前回の契約の成功あるいは失敗について家族と振り返る。これまで同様に，契約の成功を妨げたものを詳細に調べる。友人からの圧力が未だに問題であるようならば，子どもの断り方スキルの上達ぶりを確認し，そのスキルを使っているかどうかを確認する。必要であれば，断り方スキルだけでなく，その他の対処スキルにも焦点を当てるようにする。問題を解決することや契約を発展させることが未だに難しいようであれば，問題となっている行動，ごほうび，ペナルティについてもう一度明らかにするように家族を促す。必要であれば，契約をよりシンプルでより時間的制限をつけた段階に戻す。家族が問題を明らかにする方法をしっかり身につけていることを確認するために，曖昧な問題に関する仮説的な例を家族に提示し，その問題を特定するようにさせる。セラピストはそれを観察し，必要に応じて問題を明らかにする。

　もし子どもがほぼ定期的に学校に通うようになっていれば，契約の過程は現状を維持するようにする。もしその他の領域に関する問題が残っているようであれば，それらを明らかにし始める。たとえば，多くの家族は不登校の問題を明らかにするほどは上手に明確にできない他の問題を抱えているものである。そういった他の問題にここで焦点を当てることは，今後家族がそれらを処理するのに役立つ。さらに追加となるような問題をリストアップするように家族を促す。不登校に関連した行動の例は，攻撃，他の状況での不従順，宿題を終わらせない，社会的ひきこもり，かんしゃく，移動を拒絶すること，家庭内や授業中での一般的な妨害行動，他の人にわめいたりどなったりすること等である。このような問題が未だにあるようであれば，今後これらの問題を取り扱うために，問題を明らかにしておくように家族を促す。

　また，「ヨシュアは未だに学校で自信がない」，「サラは他の人に対する尊敬の念に欠けている」，「アンドリューは悪い子だ」というような曖昧な不平を未だに述べる親もいるだろう。侮辱する可

能性のある類の発言はやめ，否定的な言い方を肯定的でわかりやすい言い方に再構成するように家族を促す。たとえば，「ヨシュアは成績をBに上げる必要がある」，「サラと親は標準的な声のトーンで会話する必要がある」，「アンドリューは前向きな課外活動にもっと参加する必要がある」というような言い換えを提案する。一般的に，曖昧で罰するような言い方は，わかりやすい肯定的な言い方に比べて望ましい効果が得られないと言うことを伝える。

　セッション8までに，セラピストと家族は行動上の問題定義の最後の一連の課題を終わらせていることが望ましい。鍵となる問題となっている行動を明らかにすることに関する例と概要のまとめを家族に伝える。その家族に特有の側面と本来的な問題に基づいてまとめる。将来起こりうる問題を予測するように努め，適切な場合は例示する。子どもの登校を促す上での問題をどのように明らかにするかという方法を指摘する。シンプルに，詳細に，一度に一つの問題を把握する，家族全員がそれぞれの定義を伝える，という問題を明らかにする際のいくつかの基本的な事項をもう一度確認する。

　家族には，いったん比較的穏やかな家族関係を取り戻すようになると，昔の非効率的な方法で問題を見なすようになってしまうことがあると警告する必要がある。特に，家族は問題となっている行動を具体的に（学校に行く必要がある），だが完全にではなく（どのくらいの長さ？）定義しはじめる。また，友人からの学校をさぼる誘いに抵抗するためのサポートがしばしば継続的に必要であるということを家族は覚えておかなくてはならない。最後に，今後の不登校を予防するための鍵となることは，適切な学校の成績の維持であるということも覚えておくべきである。これらの問題を明らかにするために，家族は治療過程で学んだスキルの練習を続け，学校関係者とよく連絡を取り合うことを続けなくてはならない。

契約書を作成する

　これまで同様，現況に適した新しい契約書を作成するよう家族を助ける。その過程を可能な限りセラピストから自立してできるように促す。適切であるようなら，契約の制限期間を引き延ばす（たとえば，1～2週間）。この過程の間にコミュニケーションスキル訓練をまとめ，できるだけ多くの人が試すことができるようにする。もし，家族が契約書を作成することに困難を抱え続けているようであれば，これまでのセッションのなかの教材で家族の役に立つものを振り返る。

　家族が契約書を作成する方法をしっかりと身につけていることを確認するために，セラピストは曖昧な問題の仮説的な例を家族に提示し，いかにうまく契約書を作成するかを確認する。また，契約作成の過程で新しいコミュニケーションスキルをいかにうまく取り入れているかにも注目する。今後の契約の効果を台無しにする可能性のある残された問題を解決するように試みる。

　子どもの登校がほぼ定期的になされるようになったなら，家族の契約作成の方法は現状を維持する。もし他の領域の問題が残っていれば，それを明らかにし始める。たとえば，将来に備えて契約書の例を作成してもよい。

　セッション8までに，セラピストと家族は最後の契約を終えていることが望ましい。契約書を作成するための例と概要のまとめを家族に提示する。その家族に特有の側面と本来的な問題に基づいてまとめる。家族全員の同意，具体的で緻密な条件，十分に適切なごほうびとペナルティ，時間

の制限，署名，家族全員が毎日確認する，といった契約書を作成する際の基本的な事項を繰り返し伝える。そうすることによって，具体的な契約がいかに子どもの登校を促すかということに注目させる。

　契約の過程には時間と努力が必要なため，治療に従うことにうんざりしてしまうことがある。特に，子どもが「A」をすれば親が「B」をするような行き当たりばったりの同意に基づいた「口頭での契約」を使い始めるかもしれない。このようなやり方は二つの大きな問題がある。一つは，慎重に契約書を作成する時間が費やされておらず，そのために抜け道や誤解や忘却を導くということ。二つめは，子どものある活動（たとえば，登校）については親はごほうびを与えるが，活動をしなかった場合（たとえば，不登校）にペナルティを与えないという暗黙の了解である。こういった可能性に抵抗するために，正式な契約のプロセスに従うように家族を促す。

契約を実行する

　最後に，家族はこの新しい契約をこれまで説明を受けた手順に沿って実行する。もし契約の実行に困難を抱え続けているようであれば，彼らのコンプライアンス（計画の遂行等）の改善に役立つようにこれまでのセッションを振り返る。また，適切なようであれば，授業と授業の間に付き添いを続けている親に，付き添う時間や学校に行く時間を減らしていくように促す。可能であれば，子どもを見守ることについて，もっと学校関係者に頼るようにし，子どもについての日々の報告をするように親に伝える。

　もし子どもがほぼ定期的に通学するようになっていれば，これまでと同様に契約を実行するように家族を促す。もし他の領域に関する問題が残されていれば，それを明らかにし始める。たとえば，家族から提案されたその他の行動を契約に付け加えたいと考えるかもしれない。特に再発の危険性が少しでもありそうな場合には，契約には多すぎる条件を盛り込みすぎないようにする。最後に，契約書を毎日読むように家族に繰り返す。

　セッション8までに，セラピストとのセッションのなかで作成された最後の契約を家族は実行していなければならない。これまでに説明された手順を用いて契約は実行されているはずである。契約を用いる際に妨害となるすべての問題について議論する。特に，治療から離れた後にしばしば家族内に生じる可能性のある問題について話し合う。たとえば，出発点から到達点までの途中の段階で契約を変更しようとする家族もいる。そうすることの目的が，抜け道を塞ぐことであれば問題はない。しかし，子どもはしばしば制限を緩めるように，契約をもっと自分たちに都合のいいものに変更するように，親にせがむことがある。また，時折十分な話し合いを持たずに契約の期間を延ばすことがある。これは，子どもの好みや生活に合わせた変更とは考えにくく，契約を陳腐化しかねない。それゆえ，全ての契約に従い，少なくとも週に一回は契約に立ち返るよう家族を促す。

ホームワーク

　以下のホームワークを，セッション7と8の後に与える。

■少なくとも週に二回は正式な場で家族が問題について相談することを続ける。コミュニケーションスキルを練習する。もし家族の誰かが問題を提示したい場合には，家族それぞれができるだけ詳細に問題を明確にする。

■そのミーティングの間は，適切であれば問題を明確にするために契約を定式化する。制限期間内に契約を実行する。現在の契約の問題と効果について話し合う。契約の成功を妨げるものを減らすようにする。

■適切に断り方スキルを用いることを続ける。学校の課題を適切な形式にする。

■セラピストによって渡された治療内容におけるそれぞれの落とし穴のリストを定期的に読み返す。

■援助，フィードバック，質問への回答，長期のフォローアップ，ブースターセッションの必要に応じてセラピストと連絡をとる。

第8章 つまずきと再発の予防

　本章では，つまずきおよび再発とは何かを説明し，不登校行動へと戻るのを予防するために子どもや家族にどのような支援ができるのかを概観する。第1章で述べたとおり，長期間の不登校行動は長期にわたって問題を引き起こす。したがって，できるかぎり悪化を予防し，新しい問題が生じたときにはすぐ対応をするように努めなければならない。本章では一般的な対応について解説するが，ケースによっては個別の対応が必要になることもある。

つまずきと再発

　つまずきとは，**単発**のトラブルや治療後に数回悪化することを指す。つまずきには，これまでの問題行動に少しだけ逆戻りしたり，家族の機能が少しだけ損なわれる場合も含まれる。また，高いストレスによって1日か2日学校を休む，特定の授業を短期間回避する，学校を休んで家にいるために何らかの軽い問題行動を起こす場合もつまずきとなる。つまずきは治療後によく見られ，特に長い週末や長期休暇の後など習慣が途切れるときに多く生じる。

　一方，再発とは，これまでの問題行動へ逆戻りして治療を開始した段階にまで大きく後退してしまうことである。数日間または数週間学校を休む，高いレベルの苦痛が続く，社会的活動や学校で評価される場面の多くを回避する，注目や具体的な強化子を得るために重大な問題行動を起こす，子どもの不登校行動について家族が過度に衝突するなどが再発に含まれる。

もしつまずきが生じたら

　つまずきが生じると，親がどう解決するかを子どもが「試している」ような状態になることもある。そのような場合には，本書で紹介されている治療技法のポイントを再確認する（第4〜7章を参照）。必要があれば，エクスポージャー，リラクセーションや適切な呼吸法，衝突が生じた際の対応，認知再構成法の練習，親の指示，登校や不登校に対する親の毅然とした態度や一貫性，強制登校法，契約，コミュニケーションスキル，およびその他の関連する治療技法のうち，担当しているクライエントにとって重要なものを再検討する。クライエントと一緒に「再発予防シート」を作成し，再発が生じそうな場合に何をするべきかを思い出せるようにしておくとよい。親や子どもは定期的にこれらのシートを確認することができる。

　表8.1は，再発を予防するための親の対応をそれぞれの治療パッケージごとにまとめたものであ

表 8.1 再発を予防するための親の対応

ネガティブな感情を引き起こす刺激を回避するために学校に行かない子どもの場合（第 4 章参照）
1. 週に 1 回，さらに必要に応じてリラクセーションと呼吸法を練習する。
2. 1 日のうちストレスの多い時間を記録し，夜に親と話し合う。
3. 安全確保行動をとらないようにし，1 日に 1 つストレスの強い活動に取り組む。
4. 適切なエクスポージャーを行ったときの自己強化法を練習する。

対人場面や評価される場面から逃避するために学校に行かない子どもの場合（第 5 章参照）
1. ストレスの多い時間に生じる自動思考を記録する。
2. 必要に応じて，思考を問題に対処できる有益なものに変える練習をする。
3. 1 日につき 3 人と 5 分間話をするように提案し，実行する。
4. 課外活動に 1 つ参加する。

注目を得るために学校に行かない子どもの場合（第 6 章参照）
1. 毎日子どもに出す指示を見直す。
2. さまざまな場面や時間で問題行動が生じたら，直後の結果事象をコントロールする（たとえば，登校前にかんしゃくが生じても耐えるなど）。
3. 子どもの朝の日課を継続させる。
4. 1 時間につき 1 つ子どもが質問をすることを許可する。

学校の外で具体的な強化子を得るために学校に行かない子どもの場合（第 7 章参照）
1. 毎日子どもの登校状況を把握する。
2. 週に 1 回教師か学校関係者に連絡を取り，子どもの学習状況について情報交換する。
3. 家族の問題解決会議を週に 1 回開く。
4. 月に 2 回契約を作成し実行する。

る。もちろんこのリストは必ずしも完全で最適なものではない。多くの場合，それぞれの家族の来歴や問題に合わせて再発予防を計画する必要がある。特に，再発予防シートには，特定の不安喚起場面における子ども自身の対処や，ホームワーク，出席の記録，家庭でのルール，契約，対応の難しい子どもの行動への適切な対処（たとえば，もし子どもが学校から脱走したり，授業を回避したら家族は何をすべきか）を円滑に実施するための方法が盛り込まれることが多い。

つまずきが生じたときは，家族に落胆しすぎないように伝える。親の中には子どもが登校を拒否したり不安が強くなったら，これまでの治療が無駄になってしまうと信じている人もいる。これは誤解である。つまずきは中だるみによってで生じることが多く，親や子どもの能力が不足しているわけではない。むしろ，つまずきは治療で身に付けたスキルを練習するためのいい機会だと，親や子どもに考えてもらえるようにする。さらに，親が学校と密接に連絡を取り合って出席状況を把握すること，登校を妨げる可能性があるものについて子どもと毎晩 10 分話をすること，学校が休みの日でも治療で身に付けた方法を練習すること，学校に登校することに関する子どもの小さな不満を無視すること，非常にまれな状況以外は登校すると予測し悪化を最小限にすることに留意する。

つまずきが続いたり，不登校行動が再び生じたことに親や子どもがいら立っている場合には，セラピストに連絡を取らなければならない。実際には，治療後も必要に応じてセラピストがクライエントに時折連絡をとって，治療後の進展やつまずきの原因となる新しい問題（たとえば，クラスのスケジュールの変更，学業の問題，その他のストレッサー）について話し合うべきである。しかし，親と子どもがフィードバックを求めてセラピストに依存しすぎないようにしなければならない。その代わりに，セラピストは親や子ども自身が治療で身に付けたスキルを使って，新しい問題やつまずきを解決するように促す。

もし再発が生じたら

つまずきが頻繁に生じ，子どもの不登校行動が継続しそうな場合には，家族とセラピストがこのことについて話し合う必要がある。セラピストは何をすべきかフィードバックしたり，追加の治療セッションの予定を決めることができるかもしれない。**再発への対応をせずに夏休みの後まで様子を見るのはやめるように親に伝える。**長期休暇の前に子どもの不登校が再び生じると，落胆して何もせずに長期休暇が明けるのを待ってしまったり，こんな時期に不登校行動への対応をしても無駄だと信じ込んでしまう親もいる。しかし長期休暇の前に不登校行動が成功してしまうと，子どもは1カ月以上登校しないことになってしまうかもしれない。このことで秋に学校に復帰するのが難しくなる。長期休暇になる前に（場合によってはセラピストが手助けをして）子どもを学校に復帰させ，家の外で行われている活動（たとえば，プール教室，部活動，サマーキャンプなど）に参加させるようにした方がよい。こうすることで，不登校行動が生じたら親がすぐに対応することを子どもに示すことができる。

もし再発が生じても落胆しすぎないようにと親に伝える。特に不登校行動が重度であればあるほど，再発は起こりうるものである。しかし，本書にあるどの対応方法よりも忍耐が重要であることが多い。さらに努力を続ければ，長期的に登校に成功する可能性が高いことを家族に伝える。次に，つまずきや再発を予防する方法と今後起こりうる再発への対応について説明する。

つまずきと再発を予防する

つまずきと再発を予防する際には，さまざまな方法がある。治療が終結した時に実行する方法もあれば，終結後に適用する方法もある。

写真および学校に戻るエピソード

再発予防のための1つ目の方法は，現実場面でのエクスポージャーや脱感作をしているときに写真を撮ることである。この方法は学校で強い苦痛や対人不安を抱えていた子どもに特に効果的である。また，正の強化を求めて学校を休んでいる子どもや，初めて一人で登校に挑戦する子どもにも有効である。どんな理由であれ，写真は子どもの達成を強化する良い方法である。親は写真や報告カード，絵，その他子どもが何かを達成した記録を家の目立つ場所（たとえば，冷蔵庫や寝室の

ドア）に張り付けることができる。このようにして，子どもは継続的に自分の進歩を確認することができる。

子どもの進歩を家族が強化する2つ目の方法は，エクスポージャーの際に撮った写真を使ってポスター，日記や物語を作成することである。学校の椅子に座っている写真，教師と話をしている写真，友だちとやり取りをしている写真，スクールバスに乗る写真，クラスの前で発表をしている写真などを用いることが多い。子どもがそれぞれの写真にタイトルをつけたり，写真の状況を説明する文章を書いたりできるように，親が援助をしなければならない。写真に子ども自身の言葉を書き込むことで，治療プログラムの中で特に努力をした時間を思い出したり強化することができる。

コマーシャル

再発を予防するもう1つの方法は，コマーシャルである。具体的には，セラピストが不登校行動の問題をどうやって克服するかを他の子どもに伝えるために「コマーシャル」ビデオの作成を手伝ってほしいと子どもに依頼する。ビデオの作成は治療終盤で行うことが多い。フィリップ・ケンドール博士が，このユニークでつまずきや再発の予防に効果の高い方法を考案した。コマーシャルの作成にあたって，セラピストは「ディレクター」となり，子どもは不登校の専門家およびコマーシャルの主人公となる。子どもに不登校行動の克服についての専門家として協力してもらうことで，子どもの自尊感情と自信を高める。

セラピストとして子どもを援助しながら，ビデオに治療の重要なポイントが盛り込まれるようにする。たとえば，子どもの治療でリラクセーションや呼吸法を実施した場合は，これらの方法の実演をビデオに収録するようにする。子どもに不安の3つの要素（身体感覚，考え，行動）と，うまくいっているときにはこれらの要素がどのように相互作用しているのかを説明するように指導する。認知的方法（STOP「きそらし」）についても，適切な例を用いて子どもに説明してもらうべきである。ビデオカメラが利用できる場合には，子どもが現実場面おける「できるよSTIC」（たとえば，スクールバスに乗る，学校の食堂で食事をするなど）に取り組んでいる様子を親に撮影してもらう。

プログラムの参加者の中には，ビデオ作製のために創造的な台本を考えてくる子どももいた。たとえば，ある子どもはクイズ番組の司会者として，家族やセラピストにネガティブな感情を克服するため方法についてクイズを出すビデオを作製した。また別の子どもは，リポーターとして不登校行動の問題を「調査」し，子ども自身が発見したネガティブな考えや「回避による悪化」について報告していた。このビデオは，どうやって問題を克服するのかを他の子どもに教えるために作成することになっているが，実際には作成した子どもがビデオを保管して自分のために使用する。こうすることで，親は定期的にビデオを子どもに見せてプログラムの内容を思い出させ，ストレスが高まる時期（始業式の前，試験期間中など）のつまずきを予防するようにする。

家の外での活動プログラムに参加する

夏休みなどの長期休暇中は時間が十分にあるため，子どもの不適切な習慣や不安が戻ってきて，つまずきの原因となることがある。再発する子どもは，ネガティブな感情や不安を経験する傾向が強い。通常は，長期休暇中に治療で身に付けた方法や手続きを忘れてしまったり，やめてしまうこ

とが多い。また，「現状のままでよし」と考えて，重要な手続きやスキルの練習をやめてしまう傾向がある。再発を予防するために，長期期間中もできるだけ学校があるときと同じ生活習慣で過ごすようにする。すなわち，いつもの時間に起きて，いつも通り朝の日課をこなし，いつもの時間に就寝する。こうすることで，子どもの睡眠・覚醒サイクルを乱すことなく十分に睡眠時間を取ることができる。夏休みの間は，学校が始まる約3週間前には通常の生活習慣に戻さなければならない。具体的な強化子を得るために学校を拒否していた子どもに対しては，徐々に門限を定めて友人と過ごす時間を制限するようにする。このようにして，学校が始まった時と同じ生活習慣を開始することができる。

　長期休暇の間，平日は子どもが家の外の活動プログラムに参加し，他の子どもや大人と過ごす時間を作るようにする。たとえば，アウトドア教室，ボランティア，スポーツ教室などに参加すれば，家族以外の人と会う機会を作ることができる。これらの活動プログラムに参加することで，子どもは不安のマネジメントスキルを練習して上達させることができる。特に注目を得ようとしている子どもに関しては，より主体的に活動に参加することによって，事あるごとに親へ依存してしまうのを予防できる。参加可能な活動プログラムがない場合には，近所の親と活動グループや遊びのグループを作って，順番にそれぞれの家に遊びに行くようにすることもできる。これらの活動は，子どもが他の人と接触せざるをえない状況を作るため，日常場面における脱感作やエクスポージャーとしての機能を果たす。分離不安の子どもにとっては，親と離れて自分1人で物事に対応する練習となる。

ブースターセッション

　セラピストや学校によっては，以前不登校をしていた子どもに対してブースターセッションを実施することもある。ブースターセッションは個人もしくはグループ単位で実施する。通常，新年度が始まる前や長期休暇が終わる前，試験期間中など緊張やストレスが高まる時期に行うことが多い。ブースターセッションの目的は，スキルを再確認し，子どもが直面する可能性のある問題について話し合うことである。このような問題を想定して事前に対応しておくことで，子どもは学校に戻りやすくなる。特に小学校から中学校，中学校から高校に進学する子どもにとって，ブースターセッションは非常に重要である。不登校，不安や抑うつを経験した子どもにとって進学は大きな障壁となることがあるため，ブースターセッションを実施した方がよい。ブースターセッションは短期間で子どものニーズに合わせて計画的に行うことが多い。

新しい学校に進学する

　多くの子どもが対人関係や学業といった環境の変化に対応する際に問題を抱えるため，新しい学校（たとえば，中学校や高校）に進学する場合には特に，授業が始まる前に学校を見学する機会を作るようにする。スクールカウンセラーに協力を仰いでもよい（ただし，子どもがカウンセラーやカウンセリング室を安心するための手段として見ないように気をつける）。ロッカー，教室，食堂，図書室，体育館，職員室，昇降口などが見学対象となる。地図があると役に立つだろう。ただし，親は子どもができるだけ主体的になれるように促す。以前不登校行動を示していた子どもは，迷子になるのではないか，馬鹿に見られるのではないかと心配することが多いので，新しい学校の見学

をすることによって予期不安を低減させ，自己効力感を増やすことができるだろう。参加可能な部活についての情報も入手しておく。親は部活に参加して対人関係を積極的に作るように子どもを促してもよい。

慢性的な不登校行動を示す子ども

　慢性的なもしくは重度の不登校行動を示す子どもに対してつまずきの予防をする場合，セラピストの手腕が問われる。このようなケースのフォローアップは，短期の不登校行動のケースに比べて頻繁かつ集中的に実施する必要がある。慢性的なケースのつまずき予防では，家族の対立の解決，子どもの指示不従事や妨害的行動の低減，親の態度の変容，課外活動への参加，適切な対人関係の構築，登校に対する動機づけの維持，（該当する場合は）医学的介入の継続など，さまざまな対応が求められる。親に長期欠席に関連すること以外にも目を向けるように伝える。慢性的な不登校のケースの場合，治療後にクライエントをより密接に連絡を取るようにしてもよい。

　また，慢性的な不登校行動を示す子どもは，一部の校時に出席したり，通常の授業とは別のカリキュラムに参加することが多いため，出席を妨害する可能性のあるカリキュラムの変更を把握しておく必要がある。たとえば，財政難を抱えている学区は，子どもが参加している放課後のプログラムを削減するように求めてくるかもしれない。この場合，クラスへの出席に役立つ別のプログラムを日中，夜または長期休暇中に用意する必要がある。さらに，親は子どもが新しく登校を阻害する行動（薬物乱用，抑うつ）を示していることに気付くかもしれない。このような場合には，親はセラピストに連絡をしてアドバイスを求め，セラピーを再開したり他の専門家から治療を受けられるようにしなければならない。

　慢性的な不登校行動を示す子どもの再発予防では，少なくとも数カ月子どもの出席状況と関連する行動を綿密に把握することが非常に重要である。したがって，親は子どもや学校の関係者（たとえば，教師やカウンセラー）と良好な関係を続けて，問題をできるだけ早く見つけ出し対応できるようにしなければならない。このようにして，親や周囲の人間は再発の可能性を小さくすることができる。

その他の特別な事情

　セラピストは，これまでの章で述べてこなかった特別な事情を抱えている家族を担当することもあるかもしれない。たとえば，子どもの登校時間の前に親が出勤していることがある。この場合，親は登校時間に別の大人が子どもと一緒にいて登校したことを確認するように取り計らわなければならない。もし誰にも依頼できない場合は，タクシーやその他の送迎サービスを利用することもできる。親は子どもが本当に学校に行ったかどうか，もし行かなかった場合は何が悪かったのかを確認しなければならない。出席の問題が継続していて，子どもを学校に連れていく大人が誰もいない場合には，親は学校に子どもを送った後に出社できるように仕事の都合をつける必要がある。

　また，家族の中の別の子どもが登校を拒否している場合もある。この点については第6章で簡単に触れているが，ここでもう一度説明する。もし家族の中に学校を拒否している子どもが2, 3人いる場合は，最も長く学校を休んでいる子どもか最も重度の不登校行動を示している子どもに重

点を置いて対応したほうがよい。一番上のきょうだいがこれに該当することが多い。このようなケースでは，**一番年上の子どもに集中して**本書にある対応方法を適用する。一番年上の子どもの登校が増加したときに，他の子どもが見習うようになるのが理想的である。また，一番年上の子ども以外が重度の不登校行動を示している場合は，その子どもを学校に登校させることに集中する。最終的に，親は子どもたちに学校の準備をさせて学校に連れていくために，他の大人の援助を求める必要がある。

他にも，学校を拒否している子どもの中には発達障害を持つ子どももいる。たとえば，学校の成績に悩んでいる学習障害の子ども，自閉症や知的障害といったより重度の発達障害を持つ子どもが含まれる。このような場合は，学校の関係者と密接に連絡を取り，登校を促進するための方法が含まれる504プラン（**トピック7.1**を参照）や個別の教育支援計画（第7章を参照）を立案する。これは特に，一部の校時に出席する場合に重要となる。さらに，学校の関係者に頻繁に連絡を取って，学校でどのような問題を解決できるのかを検討する。たとえば，読字障害を持つ子どもの授業に対する動機づけが下がっている場合には，ごほうびを用いた方法が有効であるかもしれない。

子どもの長期欠席を理由に，家族が裁判所に呼び出されることもある。学校関係者が教育上のネグレクトで子どもが十分な教育を受けることができていないと裁判所に通報するかもしれない。このような状況が生じたら，今後どのような事態が予想されるのかについて，できるだけ情報を集めるようにする。親は弁護士に相談したり，少年拘置所 juvenile detention center の担当者に会う必要があるかもしれない。少なくとも一部の校時への出席を達成するために，親，学校や司法関係者と緊密に連携するようにする。著者らの経験上，学校や司法関係者は正式な起訴や裁判所の判断に基づく制裁措置よりも，出席状況が改善しているかどうかを気にかけることが多い。

最後に

不登校行動への対応は，親や子ども，セラピストにとってつらい経験になるかもしれない。不登校行動は困難を伴う問題であるため，著者らは回復のカギとなる不登校行動を特定し，適切なタイミングで治療ができるようにガイドラインを提供してきた。セラピストが本書にある技法の中から有効なものを見つけ出せることを願っている。また，本書の内容についてのコメントや意見があれば，著者までご一報いただければ幸いである。

付録　アセスメント尺度

●不登校機能アセスメント尺度（子ども版）SRAS-C

子どもはいろいろな理由で学校に行かないことがあります。学校でいやな気持ちになる子もいれば，他の人とうまくいかない子もいたり，家族と一緒にいたいという子もいたり，学校以外の場所でもっと楽しいことをするのが好きという子もいます。

このプリントではあなたがどうして学校に行きたくないのか質問します。それぞれの質問について，ここ数日の自分に一番よくあてはまる数字を選んでください。1つの質問に答えてから次の質問に移るようにしてください。質問はとばさないようにしましょう。

正しい答えやまちがった答えはありません。学校に行くことについて，自分の気持ちに一番よくあてはまる数字を選びましょう。選んだ数字に○をつけてください。

やり方の例が下にあるので，やってみましょう。あなたに一番よくあてはまる数字に○をつけてください。

例：

買いものに行きたいと思うことがどのくらいありますか？

まったく ない	ほとんど ない	ときどき	しばしば	たいてい	ほとんど いつも	いつも
0	1	2	3	4	5	6

次のページに進んで質問に答えてください。

●不登校機能アセスメント尺度（子ども版）SRAS-C

名前：＿＿＿＿＿＿＿＿＿＿＿＿＿＿＿＿＿＿＿＿＿＿＿＿＿＿＿＿＿＿＿＿＿＿

年齢：＿＿＿＿＿＿＿＿＿＿＿＿＿＿＿＿＿＿＿＿＿＿＿＿＿＿＿＿＿＿＿＿＿＿

日付：＿＿＿＿＿＿＿＿＿＿＿＿＿＿＿＿＿＿＿＿＿＿＿＿＿＿＿＿＿＿＿＿＿＿

質問に一番よくあてはまる答えに○をつけてください。

1. 学校に関係のあること（たとえば，テスト，通学バス，先生，火災報知機など）がこわくて学校に行くのがいやになることがどのくらいありますか？

まったくない	ほとんどない	ときどき	しばしば	たいてい	ほとんどいつも	いつも
0	1	2	3	4	5	6

2. 学校で他の子と話すのが大変なので学校に行かないことがどのくらいありますか？

まったくない	ほとんどない	ときどき	しばしば	たいてい	ほとんどいつも	いつも
0	1	2	3	4	5	6

3. 学校に行くより親と一緒にいたいと思うことがどのくらいありますか？

まったくない	ほとんどない	ときどき	しばしば	たいてい	ほとんどいつも	いつも
0	1	2	3	4	5	6

4. 平日（月曜日から金曜日）に学校を休んでいる時に，家から出て何か楽しいことをしに行くことがどのくらいありますか？

まったくない	ほとんどない	ときどき	しばしば	たいてい	ほとんどいつも	いつも
0	1	2	3	4	5	6

5. 学校に行くと悲しい気持ちや憂うつな気持ちになるので学校に行かないことがどのくらいありますか？

まったくない	ほとんどない	ときどき	しばしば	たいてい	ほとんどいつも	いつも
0	1	2	3	4	5	6

●不登校機能アセスメント尺度(子ども版) SRAS-C

6. 学校でみんなの前に立つと恥ずかしい思いをするので学校に行かないことがどのくらいありますか?

まったく ない	ほとんど ない	ときどき	しばしば	たいてい	ほとんど いつも	いつも
0	1	2	3	4	5	6

7. 学校にいる時に親や家族について考えることがどのくらいありますか?

まったく ない	ほとんど ない	ときどき	しばしば	たいてい	ほとんど いつも	いつも
0	1	2	3	4	5	6

8. 平日(月曜日から金曜日)に学校を休んでいる時に,(家族以外の)だれかと話したり会ったりすることがどのくらいありますか?

まったく ない	ほとんど ない	ときどき	しばしば	たいてい	ほとんど いつも	いつも
0	1	2	3	4	5	6

9. 家で友だちと一緒にいる時の気持ちと比べて,学校にいる時の方がいやな気持ち(たとえば,こわい,緊張する,悲しい)になることがどのくらいありますか?

まったく ない	ほとんど ない	ときどき	しばしば	たいてい	ほとんど いつも	いつも
0	1	2	3	4	5	6

10. あまり友だちが多くないので学校に行かないことがどのくらいありますか?

まったく ない	ほとんど ない	ときどき	しばしば	たいてい	ほとんど いつも	いつも
0	1	2	3	4	5	6

11. 学校に行くより親と一緒にいる方がいいと**どのくらい強く思いますか**?

とても弱い	弱い	少し弱い	どちらでも ない	少し強い	強い	とても強い
0	1	2	3	4	5	6

12. 平日(月曜日から金曜日)に学校を休んでいる時に,いろいろな楽しいこと(たとえば,友だちと一緒にいる,どこかに出かける)をするのが**どのくらい好きですか**?

とても嫌い	嫌い	少し嫌い	どちらでも ない	少し好き	好き	とても好き
0	1	2	3	4	5	6

●不登校機能アセスメント尺度（子ども版）SRAS-C

13. 土曜日や日曜日に学校について考えるといやな気持ち（たとえば，こわい，緊張する，悲しい）になることがどのくらいありますか？

まったく ない	ほとんど ない	ときどき	しばしば	たいてい	ほとんど いつも	いつも
0	1	2	3	4	5	6

14. 学校の中でだれかと話さなくてはならないような場所（たとえば，廊下，たまり場になっているところなど）に行かないようにすることがどのくらいありますか？

まったく ない	ほとんど ない	ときどき	しばしば	たいてい	ほとんど いつも	いつも
0	1	2	3	4	5	6

15. 学校で先生に習うよりも家で親から習う方がいいと**どのくらい強く思いますか**？

とても弱い	弱い	少し弱い	どちらでも ない	少し強い	強い	とても強い
0	1	2	3	4	5	6

16. 学校の外で楽しいことがしたいから学校に行かないことがどのくらいありますか？

まったく ない	ほとんど ない	ときどき	しばしば	たいてい	ほとんど いつも	いつも
0	1	2	3	4	5	6

17. もし学校についてのいやな気持ち（たとえば，こわい，緊張する，悲しい）が少なくなったら，学校に行きやすくなると思いますか？

まったく ない	ほとんど ない	ときどき	しばしば	たいてい	ほとんど いつも	いつも
0	1	2	3	4	5	6

18. もし新しい友だちがもっと簡単にできたら，学校に行きやすくなると思いますか？

まったく ない	ほとんど ない	ときどき	しばしば	たいてい	ほとんど いつも	いつも
0	1	2	3	4	5	6

19. もし親が一緒に来てくれるとしたら，学校に行きやすくなると思いますか？

まったく ない	ほとんど ない	ときどき	しばしば	たいてい	ほとんど いつも	いつも
0	1	2	3	4	5	6

●不登校機能アセスメント尺度(子ども版) SRAS-C

20. もし放課後に自分の好きなこと(たとえば,友だちと一緒にいる)がもっとできるようになるとしたら,学校に行きやすくなると思いますか?

まったく ない	ほとんど ない	ときどき	しばしば	たいてい	ほとんど いつも	いつも
0	1	2	3	4	5	6

21. 同じ年の子たちと比べて,学校についてのいやな気持ち(たとえば,こわい,緊張する,悲しい)が**どのくらい強いと思いますか?**

とても弱い	弱い	少し弱い	どちらでも ない	少し強い	強い	とても強い
0	1	2	3	4	5	6

22. 同じ年の子たちと比べて,学校の人たちをさけることがどのくらいありますか?

まったく ない	ほとんど ない	ときどき	しばしば	たいてい	ほとんど いつも	いつも
0	1	2	3	4	5	6

23. 親と一緒に家にいたいと思うことが,同じ年の子たちよりも多いですか?

まったく ない	ほとんど ない	ときどき	しばしば	たいてい	ほとんど いつも	いつも
0	1	2	3	4	5	6

24. 学校の外で楽しいことをしたいと思うことが,同じ年の子たちよりも多いですか?

まったく ない	ほとんど ない	ときどき	しばしば	たいてい	ほとんど いつも	いつも
0	1	2	3	4	5	6

ここから下は記入しないでください

1. _____	2. _____	3. _____	4. _____
5. _____	6. _____	7. _____	8. _____
9. _____	10. _____	11. _____	12. _____
13. _____	14. _____	15. _____	16. _____
17. _____	18. _____	19. _____	20. _____
21. _____	22. _____	23. _____	24. _____

全体スコア: _____ _____ _____ _____
平均スコア: _____ _____ _____ _____
相対評価 : _____ _____ _____ _____

■不登校機能アセスメント尺度（保護者版）SRAS-P

名前：＿＿＿＿＿＿＿＿＿＿＿＿＿＿＿＿＿＿＿＿＿＿＿＿＿＿＿＿＿＿＿＿＿＿＿＿

日付：＿＿＿＿＿＿＿＿＿＿＿＿＿＿＿＿＿＿＿＿＿＿＿＿＿＿＿＿＿＿＿＿＿＿＿＿

質問に一番よくあてはまる答えに○をつけてください。

1. お子さんが学校に関係のあること（たとえば，テスト，通学バス，先生，火災報知機など）がこわくて学校に行くのがいやになることはどのくらいありますか？

まったく ない	ほとんど ない	ときどき	しばしば	たいてい	ほとんど いつも	いつも
0	1	2	3	4	5	6

2. お子さんが学校で他の子と話すのが大変なので学校に行かないことがどのくらいありますか？

まったく ない	ほとんど ない	ときどき	しばしば	たいてい	ほとんど いつも	いつも
0	1	2	3	4	5	6

3. お子さんが学校に行くより親と一緒にいたいと思うことがどのくらいありますか？

まったく ない	ほとんど ない	ときどき	しばしば	たいてい	ほとんど いつも	いつも
0	1	2	3	4	5	6

4. 平日（月曜日から金曜日）に学校を休んでいる時に，お子さんが家から出て何か楽しいことをしに行くことがどのくらいありますか？

まったく ない	ほとんど ない	ときどき	しばしば	たいてい	ほとんど いつも	いつも
0	1	2	3	4	5	6

5. お子さんが学校に行くと悲しい気持ちや憂うつな気持ちになるので学校に行かないことがどのくらいありますか？

まったく ない	ほとんど ない	ときどき	しばしば	たいてい	ほとんど いつも	いつも
0	1	2	3	4	5	6

■不登校機能アセスメント尺度(保護者版) SRAS-P

6. お子さんが学校でみんなの前に立つと恥ずかしい思いをするので学校に行かないことがどのくらいありますか?

まったく ない	ほとんど ない	ときどき	しばしば	たいてい	ほとんど いつも	いつも
0	1	2	3	4	5	6

7. 学校にいる時に,お子さんが親や家族について考えることがどのくらいありますか?

まったく ない	ほとんど ない	ときどき	しばしば	たいてい	ほとんど いつも	いつも
0	1	2	3	4	5	6

8. 平日(月曜日から金曜日)に学校を休んでいる時に,お子さんが(家族以外の)だれかと話したり会ったりすることがどのくらいありますか?

まったく ない	ほとんど ない	ときどき	しばしば	たいてい	ほとんど いつも	いつも
0	1	2	3	4	5	6

9. 家で友だちと一緒にいる時の気持ちと比べて,学校にいる時の方がお子さんがいやな気持ち(たとえば,こわい,緊張する,悲しい)になることがどのくらいありますか?

まったく ない	ほとんど ない	ときどき	しばしば	たいてい	ほとんど いつも	いつも
0	1	2	3	4	5	6

10. あまり友だちが多くないのでお子さんが学校に行かないことがどのくらいありますか?

まったく ない	ほとんど ない	ときどき	しばしば	たいてい	ほとんど いつも	いつも
0	1	2	3	4	5	6

11. お子さんは学校に行くより親と一緒にいる方がいいと**どのくらい強く**思っていますか?

とても弱い	弱い	少し弱い	どちらでも ない	少し強い	強い	とても強い
0	1	2	3	4	5	6

12. 平日(月曜日から金曜日)に学校を休んでいる時に,いろいろな楽しいこと(たとえば,友だちと一緒にいる,どこかに出かける)をするのが**どのくらい好き**ですか?

とても嫌い	嫌い	少し嫌い	どちらでも ない	少し好き	好き	とても好き
0	1	2	3	4	5	6

■不登校機能アセスメント尺度（保護者版）SRAS-P

13. お子さんが土曜日や日曜日に学校について考えるといやな気持ち（たとえば，こわい，緊張する，悲しい）になることがどのくらいありますか？

まったくない	ほとんどない	ときどき	しばしば	たいてい	ほとんどいつも	いつも
0	1	2	3	4	5	6

14. お子さんが学校の中でだれかと話さなくてはならないような場所（たとえば，廊下，たまり場になっているところなど）に行かないようにすることがどのくらいありますか？

まったくない	ほとんどない	ときどき	しばしば	たいてい	ほとんどいつも	いつも
0	1	2	3	4	5	6

15. お子さんは学校で先生に習うよりも家で親から習う方がいいと**どのくらい強く思っていますか？**

とても弱い	弱い	少し弱い	どちらでもない	少し強い	強い	とても強い
0	1	2	3	4	5	6

16. 学校の外で楽しいことがしたいからお子さんが学校に行かないことがどのくらいありますか？

まったくない	ほとんどない	ときどき	しばしば	たいてい	ほとんどいつも	いつも
0	1	2	3	4	5	6

17. もし学校についてのいやな気持ち（たとえば，こわい，緊張する，悲しい）が少なくなったら，お子さんが学校に行きやすくなると思いますか？

まったくない	ほとんどない	ときどき	しばしば	たいてい	ほとんどいつも	いつも
0	1	2	3	4	5	6

18. もし新しい友だちがもっと簡単にできたら，お子さんが学校に行きやすくなると思いますか？

まったくない	ほとんどない	ときどき	しばしば	たいてい	ほとんどいつも	いつも
0	1	2	3	4	5	6

19. もし親が一緒に行けば，お子さんが学校に行きやすくなると思いますか？

まったくない	ほとんどない	ときどき	しばしば	たいてい	ほとんどいつも	いつも
0	1	2	3	4	5	6

■不登校機能アセスメント尺度（保護者版）SRAS-P

20. もし放課後に自分の好きなこと（たとえば，友だちと一緒にいる）がもっとできるようになれば，お子さんが学校に行きやすくなると思いますか？

まったく ない	ほとんど ない	ときどき	しばしば	たいてい	ほとんど いつも	いつも
0	1	2	3	4	5	6

21. 同じ年の子たちと比べて，お子さんが学校についてのいやな気持ち（たとえば，こわい，緊張する，悲しい）がどのくらい強いと思いますか？

とても弱い	弱い	少し弱い	どちらでも ない	少し強い	強い	とても強い
0	1	2	3	4	5	6

22. お子さんが同じ年の子たちと比べて，学校の人たちをさけることがどのくらいありますか？

まったく ない	ほとんど ない	ときどき	しばしば	たいてい	ほとんど いつも	いつも
0	1	2	3	4	5	6

23. お子さんが親と一緒に家にいたいと思うことが，同じ年の子たちよりも多いですか？

まったく ない	ほとんど ない	ときどき	しばしば	たいてい	ほとんど いつも	いつも
0	1	2	3	4	5	6

24. あなたのお子さんは学校の外で楽しいことをしたいと思うことが，同じ年の子たちよりも多いですか？

まったく ない	ほとんど ない	ときどき	しばしば	たいてい	ほとんど いつも	いつも
0	1	2	3	4	5	6

ここから下は記入しないでください

1. _____	2. _____	3. _____	4. _____
5. _____	6. _____	7. _____	8. _____
9. _____	10. _____	11. _____	12. _____
13. _____	14. _____	15. _____	16. _____
17. _____	18. _____	19. _____	20. _____
21. _____	22. _____	23. _____	24. _____

全体スコア： _____

平均スコア： _____

相対評価　： _____

文　献

Achenbach, T. M. (1991a). *Manual for the Child Behavior Checklist 4–18 & 1991 Profile*. Burlington: University of Vermont Department of Psychiatry.

Achenbach, T. M. (1991b). *Manual for the Teacher's Report Form & 1991 Profile*. Burlington: University of Vermont Department of Psychiatry.

Achenbach, T.M. (1991c). *Manual for the Youth Self-Report & 1991 Profile*. Burlington: University of Vermont Department of Psychiatry.

Achenbach, T. M., & Rescorla, L. A. (2001). *Manual for the ASEBA school-age forms & profiles*. Burlington: University of Vermont Research Center for Children, Youth, & Families.

Albano, A. M., Detweiler, M. F., & Logsdon-Conradsen, S. (1999). Cognitive-behaviorial interventions with socially phobic children. In S. W. Russ & T. H. Ollendick (Eds.), *Handbook of psychotherapies with children and families* (pp. 255–280). New York: Plenum Press.

Beck, A. Ta., Rush, A. J., Shaw, B. F., & Emery, G. (1979). *Cognitive therapy of depression*. New York: Guilford Press.

Beidel, D. C., & Turner, S. M. (1998). *Shy children, phobic adults: nature and treatment of social phobia*. Washington, DC: American Psychological Association.

Benson, H. (1975). *The relaxation response*. New York: Avon Books.

Berney, T., Kolvin, I., Bhate, S. R., Garside, R. F., Jeans, J., Kay, B., & Scarth, L. (1981). School phobia: A therapeutic trial with clomipramine and short-term outcome. *British Journal of Psychiatry, 138,* 110–118.

Bernstein, G. A., Garfinkel, B. D., & Borchardt, C. M. (1990). Comparative studies of pharmacotherapy for school refusal. *Journal of the American Academy of Child and Adolescent Psychiatry, 29* (5), 773–781.

Chorpita, B. F., Albano, A. M., Heimberg, R. G., & Barlow, D. H. (1996). A systematic replication of the prescriptive treatment of school refusal behavior in a single subject. *Journal of Behavior Therapy and Experimental Psychiatry, 27* (3), 281–290.

Church, J., & Edwards, B. (1984). Helping pupils who refuse school. *Special Education Forward Trends, 11*(2), 28–31.

Conners, C. K. (1990). *Manual for Conners' Rating Scales.* North Tonawanda, NY: Multi-Health Systems.

Conners, C. K. (1997). *Conners Rating Scales—Revised.* North Tonawanda, NY: Multi-Health Systems.

Durand, V. M., Mindell, J., Mapstone, E., & Gernert-Dott, P. (1998). Sleep problems. In T. S. Watson & F. M. Gresham (Eds.), *Handbook of child behavior therapy* (pp. 203–219). New York: Plenum Press.

Forehand, R. L., & McMahon, R. J. (1981). *Helping the noncompliant child: A clinician's guide to parent training.* New York: Guilford Press.

Foster, S. L., & Robin, A. L. (1997). Family conflict and communication in adolescence. In E. J. Mash & L. G. Terdal (Eds.), *Assessment of childhood disorders* (3rd ed., pp. 627–682). New York: Guilford Press.

Ginsburg, G. S., Silverman, W. K., & Kurtines, W. S. (1995). Cognitive-behavioral group therapy. In A. R. Eisen, C. A. Kearney, & C. E. Schaefer (Eds), *Clinical handbook of anxiety disorders in children and adolescents* (pp. 521–549). Northvale, NJ: Jason Aronson.

Kearney, C. A. (1995). School refusal behavior. In A. R. Eisen, C. A. Kearney, & C. E. Schaefer (Eds.), *Clinical handbook of anxiety disorders in children and adolescents* (pp. 19–52). Northvale, NJ: Jason Aronson.

Kearney, C. A. (2001). *School refusal behavior in youth: A functional approach to assessment and treatment.* Washington, DC: American Psychological Association.

Kearney, C. A. (2002a). Case study of the assessment and treatment of a youth with multifunction school refusal behavior. *Clinical Case Studies, 1,* 67–80.

Kearney, C. A. (2002b). Identifying the function of school refusal behavior: A revision of the School Refusal Assessment Scale. *Journal of Psychopathology and Behavioral Assessment, 24,* 235–245.

Kearney, C. A. (2005). *Social anxiety and social phobia in youth: Characteristics, assessment, and psychological treatment.* New York: Springer.

Kearney, C. A. (2006). Confirmatory factor analysis of the School Refusal Assessment Scale-Revised: Child and parent versions. *Journal of Psychopathology and Behavioral Assessment, 28,* 139–143.

Kearney, C. A., Drabman, R. S., & Beasley, J. F. (1993). The trials of childhood: The development, reliability, and validity of the Daily Life Stressors Scale. *Journal of Child and Family Studies, 2*(4), 371–388.

Kearney, C. A., Pursell, C., & Alvarez, K. (2001). Treatment of school refusal behavior in children with mixed functional profiles. *Cognitive and Behavioral Practice, 8,* 3–11.

Kearney, C. A., & Silverman, W. K. (1990). A preliminary analysis of a functional model of assessment and treatment for school refusal behavior. *Behavior Modification, 14*(3), 340–366.

Kearney, C. A., & Silverman, W. K. (1993). Measuring the function of school refusal behavior: The School Refusal Assessment Scale. *Journal of Clinical Child Psychology, 22*(1), 85–96.

Kearney, C. A., & Silverman, W. K. (1995). Family environment of youngsters with school refusal behavior: A synopsis with implications for assessment and treatment. *American Journal of Family Therapy, 23*(1), 59–72.

Kearney, C. A., & Silverman, W. K. (1996). The evolution and reconciliation of taxonomic strategies for school refusal behavior. *Clinical Psychology: Science and Practice, 3*(4), 339–354.

Kearney, C. A., & Silverman, W. K. (1999). Functionally-based prescriptive and nonprescriptive treatment for children and adolescents with school refusal behavior. *Behavior Therapy, 30,* 673–695.

Kendall, P. C., Chansky, T. E., Kane, M. T., Kim, R. S., Kortlander, E., Ronan, K. R., Sessa, F. M., & Siqueland, L. (1992). *Anxiety disorders in youth: Cognitive-behavioral interventions.* Boston: Allyn and Bacon.

Kennedy, W. A. (1965). School phobia: Rapid treatment of fifty cases. *Journal of Abnormal Psychology, 70*(4), 285–289.

Kovacs, M. (1992). *Children's Depression Inventory.* North Tonawanda, NY: Multi-Health Systems.

La Greca, A. M., & Stone, W. L. (1993). Social Anxiety Scale for Children—Revised: Factor structure and concurrent validity. *Journal of Clinical Child Psychology, 22*(1), 17–27.

Lazarus, A. A., Davison, G. C., & Polefka, D. A. (1965). Classical and operant factors in the treatment of a school phobia. *Journal of Abnormal Psychology, 70*(3), 225–229.

Leventhal, T., & Skills, M. (1964). Self-image in school phobia. *American Journal of Orthopsychiatry, 34,* 685–695.

Mash, E. J., & Barkley, R. A. (Eds.). (2006). *Treatment of childhood disorders* (3rd ed.). New York: Guilford.

Moos, R. H., & Moos, B. S. (1986). *Family Environment Scale manual* (2nd ed.). Palo Alto, CA: Consulting Psychologists Press.

Ollendick, T. H. (1983). Reliability and validity of the Revised Fear Survey Schedule for Children (FSSC–R). *Behaviour Research and Therapy, 21*(6), 685–692.

Ollendick, T. H., & Cerny, J. A. (1981). *Clinical behavior therapy with children.* New York: Plenum Press.

Patterson, G. R. (1982). *Coercive family process: A social learning approach.* Eugene, OR: Castalia.

Reynolds, C. R., & Paget, K. D. (1983). National normative and reliability data for the Revised Children's Manifest Anxiety Scale. *School Psychology Review, 12*(3), 324–336.

Ronan, K. R., Kendall, P. C., & Rowe, M. (1994). Negative affectivity in children: Development and validation of a self-statement questionnaire. *Cognitive Therapy and Research, 18*(6), 509–528.

Silverman, W. K., & Albano, A. M. (1996). *Anxiety Disorders Interview Schedule for DSM–IV: Child Version, Parent Interview Schedule.* San Antonio, TX: The Psychological Corporation.

Silverman, W. K., & Kurtines, W. M. (1996). *Anxiety and phobic disorders: A pragmatic approach.* New York: Plenum Press.

Silverman, W. K., & Nelles, W. B. (1988). The Anxiety Disorders Interview Schedule for Children. *Journal of the American Academy of Child and Adolescent Psychiatry, 27*(6), 772–778.

Sperling, M. (1967). School phobias: Classification, dynamics, and treatment. *Psychoanalytic Study of the Child, 22,* 375–401.

Spielberger, C. D. (1973). *State-Trait Anxiety Inventory for Children ("How I Feel Questionnaire").* Palo Alto, CA: Consulting Psychologists Press.

Stallings, P., & March, J. S. (1995). Assessment. In J. S. March (Ed.), *Anxiety disorders in children and adolescents* (pp. 125–147). New York: Guilford Press.

Stuart, R. B. (1971). Behavioral contracting within the families of delinquents. *Journal of Behavior Therapy & Experimental Psychiatry, 2,* 1–11.

Wolpe, J. (1969). *The practice of behavior therapy.* New York: Pergamon Press.

河口てる子(1993)中学・高校生における家族環境尺度日本版の信頼性・妥当性の検討:Moos の Family Environment Scale. 学校保健研究, 35;254-264.

ケンドール P. C., ケイン M. T., ハワード B. L., シークランド L. ／市井雅哉監訳(2000)子どものストレス対処法:不安の強い子の治療マニュアル. 岩崎学術出版社

真志田直希・尾形明子・大園秀一・小関俊祐・佐藤寛・石川信一・戸ヶ崎泰子・佐藤容子・佐藤正二・佐々木和義・嶋田洋徳・山脇成人・鈴木伸一(2009)小児抑うつ尺度(Children's Depression Inventory)日本語版作成の試み. 行動療法研究, 35;219-232.

岡島義・福原佑佳子・山田幸恵・坂野雄二・La Greca, A. M. (2009) Social Anxiety Scale for Children-Revised (SASC-R) と Social Anxiety Scale for Adolescents (SAS-A) 日本版の作成. 児童青年精神医学とその近接領域, 50;457-468.

曽我祥子(1983)日本版 STAIC 標準化の研究. 心理学研究, 54; 215-221.

監訳者あとがき

　平成24年度の文部科学省の統計によると，国内における不登校児童生徒の人数は小学校で2万人，中学校で9万人を上回っている（文部科学省，2013）。不登校児童生徒が相談を求めた専門家として最も高い割合を占めているのがスクールカウンセラーであり（文部科学省，2006），わが国の不登校対策においても心理学的支援が重要な役割を果たしていることがうかがわれる。

　不登校への心理学的支援を考える際に立ちはだかる壁の1つが，不登校事例の多様性である。すべての不登校事例に共通するのは「登校に問題がある」という一点だけであり，不登校に至るまでの過程や状態像は実にさまざまである。不登校事例の多様性に対応するために，これまでにも多くの専門家が不登校の分類法について論じているが，本書の中核をなしている「機能分析 functional analysis」もこうした試みの1つである。

　不登校への機能分析的アプローチが従来のさまざまな不登校の分類法と大きく異なっている点として，分類が具体的な認知行動療法の技法と対応している点が挙げられる。従来の分類法には不登校事例の理解を促すものはあっても，具体的な介入技法と直接的に結びついているものは限られている。不登校の機能分析的アプローチでは，不登校行動がなぜ続いているのかという観点からアセスメントが実施され，「不登校行動の機能」に基づいた分類が行われる。多様な不登校事例に対応する際に，臨床家が選択すべき技法についての示唆を具体的に得ることのできるアセスメントを備えている点は，極めて有用性が高いと言える。

　また，本書で紹介されている認知行動療法の技法は，不登校に対するエビデンスに基づく心理療法としての評価も高い。King et al.（2000）は米国心理学会臨床心理部会のガイドラインに準拠し，不登校に対する認知行動療法を最も高いエビデンス水準である「十分に確立された治療法 well-established treatment」に相当すると報告している。現時点において不登校の心理療法として「十分に確立された治療法」の基準を満たすのは認知行動療法のみであり，本書の技法が国際的にも広く認められていることがうかがわれる。

　本書はセラピスト向けのマニュアルとして執筆されたものであるが，姉妹本として『不登校の認知行動療法：保護者向けワークブック』の邦訳版も岩崎学術出版社より出版されている。本書と保護者版とを併用することによって，治療がより効果的に進むことが期待される。わが国において，本書で紹介されているエビデンスに基づく心理療法の技法が，少しでも多くの不登校に悩む子どもたちや保護者たちにとって役立つことがあれば，編訳者として望外の喜びである。

佐藤容子・佐藤　寛

著者の紹介

　クリストファー・A・カーニー博士（Christopher A. Kearney, PhD）はネバダ大学ラスベガス校の教授（心理学担当）であり，同大に併設された子どもの不登校・不安障害クリニックの所長も務めている。子どもの不登校行動や不安障害に関する多くの学術論文や書籍を執筆している。代表的な著作として，『School refusal behavior in youth：A functional approach to assessment and treatment』『Helping school refusing children and their parent：A guide for school-based professionals』などがある。また，カーニー博士は『Behavior Therapy』『Journal of Clinical Child and Adolescent Psychology』『Journal of Abnormal Psychology』『Journal of Psychopathology and Behavioral Assessment』『Journal of Anxiety Disorders』『Journal of Gambling Studies』といった学術雑誌の編集委員を務めている。普段の臨床活動や研究活動に加えて，カーニー博士はアメリカ国内各地の教育現場に深く関わりながら，子どもの苦痛を少しでも軽くして登校できるようになるための支援方法の開発に尽力している。

　アン＝マリー・アルバーノ博士（Anne Marie Albano, PhD, ABPP）はコロンビア大学ニューヨーク州精神医学研究所において准教授（精神科領域における臨床心理学担当）として勤務しており，コロンビア大学不安障害クリニックの所長も兼任している。アルバーノ博士は1991年にミシシッピ大学から臨床心理学の博士号を授与され，ニューヨーク州立大学オールバニ校の恐怖症・不安障害クリニックにおいて博士研究員を務めた。また，米国臨床児童青年心理学資格認定委員会による認可を受けており，認知療法アカデミーの設立会員であり，米国行動療法認知療法学会の元会長である。アルバーノ博士は米国国立精神衛生研究所によって行われた多施設臨床研究『Child/Adolescent Anxiety Multimodal Treatment Study（CAMS）』や，同じく米国国立精神衛生研究所のもとで実施された『Treatment for Adolescents with Depression Study（TADS）』といった重要な研究プロジェクトにおいて研究責任者を務めている。いずれの臨床研究も，子どもに対する認知行動療法，薬物療法，併用療法，偽薬の効果を比較検討したものである。アルバーノ博士は青年期の社会恐怖に対する集団認知行動療法『CBGT-A『プログラムの著者としても有名であるが，パトリシア・ディバートロ博士との共著による不登校行動の治療マニュアルと保護者向けガイドブックや，ウェンディ・シルバーマン博士との共著による Anxiety Disorders Interview Schedule for Children（子ども用不安障害診断面接）なども執筆している。アルバーノ博士は，臨床研究，心理学と精神医学分野の博士研究員に対する研究と臨床のスーパーバイズ，上級者の実践家を対象とした診断と治療への認知行動的アプローチの応用に関するトレーニングに携わっている。

索 引

あ行

安全確保行動　72
いじめ　3
うつ病　3
エクスポージャー　1
エビデンス　3
親の指示　120
オルタナティブ・スクール　10

か行

外在化問題　3
学業不振　3
学習障害　3
家族療法　4
学校の外で具体的な強化子を得るために学校に行かない子ども　1
過度の安心を求める行動　139
河口　19
かんしゃく　2
完璧主義　99
記述的機能分析　19
機能　5
気持ちの温度計　45
虐待　171
教員　28
強制登校法　6, 129
記録日誌　25
警察　165
系統的脱感作　3
契約書　149
健康的な考え　104
攻撃行動　8
交渉スキル　1
校長　28
広汎性発達障害　9
呼吸法　51
子どものストレス対処法：不安の強い子の治療マニュアル　56
断り方スキル　162

個別教育計画　28
ごほうび　1
コマーシャル　184
コミュニケーションスキル訓練　1, 167

さ行

再発　181
自己強化　1
実験的機能分析　23
自動思考　98
社会的スキル　1
社会的スキル訓練　1
社交不安（障害）　1, 8
周囲から注目を得るために学校に行かない子ども　1
馴化曲線　61, 93
消去バースト　124
身体感覚の条件づけ　75
身体コントロール法　1
身体疾患　2
身体愁訴　3
心理教育　1
随伴性契約法　1
随伴性マネジメント　1
スクールカウンセラー　28
精神病　3
セルフトーク　83
漸進的筋弛緩法　58
全般性不安　3
双極性障害　3
ソクラテス式質問法　57
素行障害　3

た・な行

対処スキル　1
対処的な考え　104
対人場面や評価される場面を回避するために学校に行かない子ども　1
注意欠如・多動性障害　6
つまずき　181

動機づけ　32
動機づけの欠如　3
登校行動　118
ドロップアウト　41
内在化問題　3
日課　115
認知行動療法　4
ネガティブな感情を引き起こす刺激を回避するために学校に行かない子ども　1

は行

発達障害　3
パニック発作　75
反抗挑戦性障害　8
比較試験　4
不安障害　36
不安と回避の階層表　45, 49
不安モデル　47
フィードバック　41
ブースターセッション　185
物質乱用　3
不登校行動　1
　実質的な——　2
　早期の——　2
　慢性的な——　2
　——の機能分析モデル　1
分離不安　6
分離不安障害　8
別室登校　72
ペナルティ　1
ホームスクーリング　52
ホームワーク　36
ポジティブな考え　104

ま・や・ら・わ行

モデリング　3
問題解決スキル　1
薬物療法　4
養護教諭　28
リラクセーション　45, 51
ロールプレイ　3

A-Z

Anxiety Disorders Interview Schedule for DSM-IV：Child and Parent Version　15

School Refusal Assessment Scale-Revised　19
STIC　96
STOP　84

人　名

Achenbach, T.M.　18, 19
Albano, A.M.　4, 15
Alvarez, K.　4
Barkley, R.A.　4
Barlow, D.H.　4
Beasley, J.F.　18
Beck, A.T.　84
Chorpita, B.F.　4
Conners, C.K.　18, 19
Drabman, R.S.　18
Foster, S.L.　159
Heimberg, R.G.　4
市井雅哉　56
Kearney, C.A.　4, 12, 18, 19
Kendall, P.C.　17, 56, 184
Kovacs, M.　17
Kurtines, W.M.　84
La Greca, A.M.　18
March, J.S.　18
Mash, E.J.　4
真志田直希　18
Moos, R.H.　18
岡島義　18
Ollendick, T.H.　18
Paget, K.D.　18
Pursell, C.　4
Reynolds, C.R.　18
Robin, A.L.　159
Ronan, K.R.　17
Rowe, M.　17
Silverman, W.K.　4, 15, 19, 84
曽我祥子　18
Spielberger, C.D.　18
Stallings, P.　18
Stone, W.L.　18

監訳者略歴

佐藤容子（さとう・ようこ）
1977 年　広島大学大学院教育学研究科博士課程前期修了
1986 年　宮崎大学教育学部専任講師
2003 年　宮崎大学教育文化学部教授
現　在　宮崎大学教育学部名誉教授，文学修士
著訳書　自尊心の発達と認知行動療法（共訳，岩崎学術出版社，1992），子どもの社会的スキル訓練―社会性を育てるプログラム（共訳，金剛出版，1993），臨床心理学（共著，有斐閣，1996），学校におけるSST実践ガイド：子どもの対人スキル指導（共編著，金剛出版，2006），認知行動療法を活用した子どもの教室マネジメント：社会性と自尊感情を高めるためのガイドブック（共監訳，金剛出版，2013）

佐藤　寛（さとう・ひろし）
2006 年　筑波大学大学院人間総合科学研究科博士課程修了
2006 年　日本学術振興会特別研究員（PD）
2008 年　オレゴン大学，Oregon Research Institute 客員研究員
2010 年　関西大学社会学部助教
2011 年　関西大学社会学部准教授
現　在　関西学院大学文学部准教授，博士（心理学）
現　職　日本認知・行動療法学会理事，日本認知・行動療法学会編集委員長，日本認知療法・認知行動療法学会常任編集委員
著訳書　児童の抑うつ症状に影響を及ぼす認知的過程（単著，風間書房，2008），認知行動療法事典（共訳，日本評論社，2010），60のケースから学ぶ認知行動療法（共著，北大路書房，2012），学校でできる認知行動療法：子どもの抑うつ予防プログラム（小学校編）（共著，日本評論社，2013）
担当章　第1章，第2章，付録

訳者略歴

佐藤美幸（さとう・みゆき）
2007 年　筑波大学大学院人間総合科学研究科博士課程修了
現　在　京都教育大学教育学部准教授，博士（心身障害学）
担当章　第3章，第8章

戸ヶ崎泰子（とがさき・やすこ）
1994 年　早稲田大学大学院人間科学研究科修士課程修了
現　在　宮崎大学教育文化学部教授，修士（人間科学）
担当章　第4章

尾形明子（おがた・あきこ）
2007 年　広島大学大学院教育学研究科博士課程後期修了
現　在　広島大学大学院教育学研究科准教授，博士（心理学）
担当章　第4章

石川信一（いしかわ・しんいち）
2005 年　北海道医療大学大学院心理科学研究科博士後期課程中退
現　在　同志社大学心理学部教授，博士（臨床心理学）
担当章　第 5 章

笹川智子（ささがわ・さとこ）
2007 年　早稲田大学大学院人間科学研究科博士後期課程修了
現　在　目白大学人間学部准教授，博士（人間科学）
担当章　第 6 章

下津咲絵（しもつ・さきえ）
2004 年　早稲田大学大学院人間科学研究科修士課程修了
現　在　京都女子大学発達教育学部准教授，修士（人間科学）
担当章　第 7 章

不登校の認知行動療法 セラピストマニュアル

ISBN 978-4-7533-1083-8

佐藤容子・佐藤寛 監訳

2014年10月27日　初版第1刷発行
2024年 5月15日　初版第3刷発行

印刷 ㈱新協　／　製本 ㈱若林製本工場

発行 ㈱岩崎学術出版社　〒101-0062 東京都千代田区神田駿河台3-6-1
発行者　杉田　啓三
電話 03(5577)6817　FAX 03(5577)6837
©2014　岩崎学術出版社
乱丁・落丁本はお取替えいたします　検印省略

必携 児童精神医学――はじめて学ぶ子どものこころの診療ハンドブック
グッドマン R./スコット S. 著　氏家　武・原田　謙・吉田敬子 監訳
臨床実践への示唆に満ちた新しいスタンダード　●B5判・336頁・5,000円

子どもの発達と情緒の障害――事例からみる児童精神医学の臨床
本城秀次 監修　野邑健二・金子一史・吉川　徹 編
事例を中心に子どものこころの理解と支援を考える　●A5判・280頁・3,800円

自尊心の発達と認知行動療法――子どもの自信・自立・自主性をたかめる
ポープ A.W./クレイグヘッド W.E./ミッキヘイル S.M. 著　高山巖 監訳
統合された治療パッケージ　●A5判・240頁・3,800円

認知行動療法による子どもの強迫性障害治療プログラム
J・S・マーチ／K・ミュール 著　原井宏明・岡嶋美代 訳
児童思春期における強迫性障害の治療マニュアルの決定版　●A5判・352頁・3,600円

方法としての動機づけ面接――面接によって人と関わるすべての人のために
原井宏明 著
注目の高まる「動機づけ面接」の本邦初の解説書　●A5判・296頁・3,400円

山上敏子の行動療法カンファレンス with 下山研究室
山上敏子・下山晴彦 著
ケース検討から学ぶ心理療法のエッセンス　●A5判・164頁・2,300円

双極性障害の認知行動療法
ラム D.H., ジョーンズ S.H., ヘイワード P. 著　北川信樹・賀古勇輝 監訳
双極性障害治療の包括的なCBTマニュアルの決定版　●A5判・344頁・4,000円

ライブ講義 発達障害の診断と支援
内山登紀夫 著
適切な支援とそれを導く診断のための入門講座　●A5判・104頁・2,500円

実践満載 発達に課題のある子の保育の手だて
佐藤曉 著
子どもの「困り感」に寄り添うための具体的なヒント集　●A5変・120頁・1,800円

どの子もこぼれ落とさない授業づくり45
佐藤曉 著
発達障害のある子もない子も元気がでる授業　●A5判・168頁・1,600円

子どものこころが育つ心理教育授業のつくり方
下山晴彦 監修　松丸未来・鶯渕るわ・堤亜美 著
学校における心理教育の具体的進め方を平易に示す　●B5判・160頁・2,500円

表示の価格は本体価格です。ご購入のさいには消費税が加算されます。また価格は変更する場合がございますのでご了承ください。